~~[illegible]~~ atlas historique
de tous les États de l'Europe
Oldenburg 1808 in fol

ATLAS
HISTORIQUE
DE
TOUS LES ETATS DE L'EUROPE
DEPUIS
LEUR ORIGINE JUSQU'A L'AN 1800 APRES JESUS-CHRIST.

POUR SERVIR
A L'INSTRUCTION DE LA JEUNESSE
ET
A L'INTELLIGENCE
DE TOUS LES ECRITS ANCIENS ET MODERNES
RELATIFS A L'HISTOIRE DE CETTE PARTIE DU MONDE,
COMPOSE D'APRES LES MEILLEURES SOURCES,

PAR
C. KRUSE,
CONSEILLER DE CONSISTOIRE A OLDENBOURG.

PREMIERE LIVRAISON,
comprenant la première et la seconde livraison de l'original Allemand.

A OLDENBOURG,
CHEZ SCHULZE, LIBRAIRE.
1808.

AVERTISSEMENT.

L'expérience et l'exemple de nos Ancêtres prouvent qu'on peut acquérir des notions plus ou moins étendues, en géographie, sans le secours des cartes géographiques; mais on doit avouer que ces connoissances sont toujours vagues et incertaines, et que la représentation locale que nous nous faisons d'un pays éloigné est toujours défectueuse, si l'on n'en trace pas l'image à nos yeux. Les cartes géographiques, si multipliées de nos jours, en remédiant à ces inconvénients, ont non seulement servi de guide, dans l'étude de la Géographie, mais encore facilité celle de l'Histoire. En effet, comment les jeunes gens pourroient-ils suivre les révolutions d'un si grand nombre de peuples, dans une longue série de siècles, si les noms de ces peuples et celui des contrées qui ont été le théâtre des événements, étoient entassés confusément dans leur mémoire, sans qu'ils pussent leur assigner une place sur la carte? On conviendra donc que des cartes qui représentent à la vue, nonseulement l'étendue successive des pays dont parle l'Historien, mais aussi les contrées limitrophes, sont pour l'Histoire d'une nécessité aussi indispensable qu'elles le sont pour l'étude de la Géographie.

En appliquant ce principe à l'Europe, j'ai donc crue rendre un service essentiel à la jeunesse, de faire correspondre, de siècle en siècle, un Atlas à des tables Historiques, sur cette partie du monde, la plus intéressante pour nous. Il existe sans doute des savants assez versés dans l'Histoire de tous les peuples et de tous les âges, pour pouvoir se représenter, même sans le secours des cartes, et dans chaque siècle, les rapports géographiques de chaque état de l'Europe, et les nations voisines de l'Asie et de l'Afrique. Mais des connoissances aussi exactes et aussi approfondies ne sont pas à la portée de tout le monde. La plupart, même d'entre les savants, se bornent à un apperçu général des principaux événements, et ils n'étendent leurs recherches jusqu'aux détails, que dans l'Histoire de leur patrie ou de quelqu' autre état. Dans ces recherches plus limitées, un Atlas comme celui que je présente au public n'est pas moins indispensable. L'Histoire de chaque pays en particulier, est toujours liée à celle des autres pays; supposons qu'on s'applique exclusivement à l'étude de l'Histoire de France; la lecture des meilleurs ouvrages sur cette matière présentera très peu d'utilité si, en suivant les rapports politiques de cet état, dans toutes ses époques, on ignore la forme de gouvernement, les ressources et l'étendue géographique de tous les états voisins. Cet inconvénient disparoîtra à l'aide de tables chronologiques qui présenteront les noms des princes et des chefs d'état, et les principaux événements qui ont signalé leur règne. Dans ces tableaux précis, on trouvera sur une ou deux feuilles, l'apperçu de l'Histoire de tous les états contemporains, tracé de siècle en siècle. Un coup d'oeil suffira pour juger des événements, soit d'après le degré de leur importance, soit d'après leur enchaînement, tous les faits qu'on aura recueillis dans ses lectures, trouveront leur place naturelle, et ne chargeront plus la mémoire d'un poids fatigant.

J'ose donc croire que l'Atlas dont je livre ici au public la première moitié avec la traduction françoise du texte, offre non seulement des secours essentiels à la jeunesse, pour l'étude de l'Histoire, mais encore qu'il n'est pas sans utilité pour les savants. Je désire que cet ouvrage puisse obtenir des amateurs de l'Histoire, dans les pays étrangers, la même approbation dont le monde littéraire l'a honoré en Allemagne.

J'ai fait les recherches les plus exactes, pour donner la plus grande authenticité aux notices contenues dans ces cartes. L'Histoire des premiers siècles de l'Europe septentrionales, (à l'exception de la Russie qui a son Nestor,) n'est pas à la vérité fondée sur des documents aussi sûrs que celle des autres nations. Aussi me suis-je peu étendu sur ces contrées. C'est également faute de notices historiques qu'on ne peut tracer avec certitude les limites dans lesquelles chaque peuple ancien étoit circonscrit. Lorsque ces limites sont exactement connues, je les ai indiquées par un trait plus marqué, et des couleurs plus foncées; si ces limites sont peu déterminées, je ne les ai fait connoître que par des points tracés légérement, et par des nuances qui s'éteignent peu à peu. Au reste je soumets mon ouvrage à la plus sévère critique des savants qui ont puisé leurs connoissances historiques dans les véritables sources.

Pour servir à l'étude de l'Histoire ancienne, nous avons les ouvrages de d'Anville, de Mentelle, et d'autres auteurs distingués. J'ai donc cru inutile de publier des cartes relatives aux faits antérieurs au IV siècle de notre ère. A dater de cette époque, il n'existe chez aucune nation, un ouvrage dont j'eusse pu faire usage, pour dresser mes cartes, si ce n'est peut-être l'Atlas Historique de la France ancienne et moderne par Rizzi Zannoni, à Paris 1765; mais en l'examinant, on se convaincra qu'il n'a pu m'offrir que peu de secours.

Au reste, le titre de mon ouvrage n'annonce qu'un Atlas pour l'Histoire de l'Europe. Mais on verra que je n'ai point négligé d'y tracer les limites des contrées de l'Asie et de l'Afrique dont il existe une Histoire suivie et authentique. Comme je ne pouvois embrasser dans mes cartes des pays éloignés, tels que l'Egypte, les Empires Mogols etc., je ne me suis point cru autorisé d'intituler mes cartes, un Atlas à l'usage de l'Histoire Universelle, quoiqu'elles, pussent mieux justifier ce titre que d'autres ouvrages semblables.

La dernière moitié de cet ouvrage paroîtra incessamment. J'avois annoncé l'intention de ne présenter le tableau de l'histoire de l'Europe que jusqu' à l'année 1800. Mais les dernières années qui viennent de s'écouler, étant plus riches en grands événements, que des siècles entiers qui les ont précédées, je continuerai mes tables Historiques jusqu' à l'époque où la paix rendra le repos à l'Europe.

Oldenbourg, 30 Septembre 1807.

TABLES
HISTORIQUES
DE
TOUS LES ETATS DE L'EUROPE

DEPUIS

LEUR ORIGINE JUSQU'A L'AN 1800 APRES JESUS-CHRIST.

POUR SERVIR

A L'INSTRUCTION DE LA JEUNESSE

ET

A L'INTELLIGENCE

DE TOUS LES ECRITS ANCIENS ET MODERNES

RELATIFS A L'HISTOIRE DE CETTE PARTIE DU MONDE

COMPOSEES D'APRES LES MEILLEURES SOURCES,

PAR

C. KRUSE,

CONSEILLER DU CONSISTOIRE A OLDENBOURG.

TRADUITES DE L'ALLEMAND

PAR

FR. D'APPLES,

PROFESSEUR HONORAIRE ET MEMBRE CORRESPONDANT DE L'ACADEMIE DE LAUSANNE.

PREMIERE LIVRAISON.

A OLDENBOURG,

CHEZ SCHULZE, LIBRAIRE.

1807.

T A B

HISTORI

DE TOUS LES ET

DE P

LEUR ORIGINE JUSQU'A L'AN

L'histoire des Etats de l'Europe embrasse un champ si vaste, qu'un exposé succinct, clair, et à quelques égards comple
de ses recherches et de ses méditations. Mais il n'est pas aisé de concilier les vues, et de satisfaire les desirs de lecteur
séparément le précis de l'histoire de tous les peuples, et de rapprocher ces abrégés, de manière que celui qui voudrait
période, la chaine des événements qui lui paraissent les plus remarquables ... Mais pour donner à ces tableaux le de
culier, celui des faits qui ont eu une influence, même éloignée, sur les grands événements, et ceux qui caractérisent l
dates et les noms dont le souvenir est souvent très important, et qui cependant échappent trop aisément à la memoire
ment les omettre; mais s'ils manquaient dans ces tableaux, il serait plus difficile au lecteur d'y suppléer par d'autres ou
d'une année n'en fait une dans notre sort. Cependant comme nous aimons à lier, dans notre souvenir, les circonstance
ments importants des temps passés. La facilité avec laquelle on consulte des tables historiques est encore un motif de
voir être utilement employées à côté d'autres ouvrages historiques dont les auteurs ont cru devoir choisir des époques
respondent, ne soient pas absolument nécessaires à leur intelligence, elles doivent cependant leur donner un double in
qu'elle exigeait; ils verront qu'il ne s'est pas borné à comparer soigneusement les meilleurs ouvrages modernes, mais q

---

L'EUROPE AVANT LA NAIS

TAB

Depuis la première population jusqu'à la fondation de Rome; depuis l'an 2000

Suivant tous les documents historiques l'Europe est peuplée par des colonies d'Asie environ 2000 ans avant J. C. Mais l'histoire des plus

OCCIDENT DE L'EUROPE.

GAULES, ESPAGNE, GRANDE BRETAGNE.

Les Celtes, nommés aussi Gaulois, Galates, Galles, occupent, à une époque inconnue, la plus grande partie de l'Espagne et des Gaules. Ils passent aussi en Brétagne, sous ce dernier nom de Gales. Près des Celtes on voit dans la suite les Ibériens, (Celtibériens, Gascons, Vascones) dans le nord de l'Europe et dans l'Aquitaine.

Suivant toutes les probabilités historiques, l'Allemagne et la Scandinavie sont aussi peuplées dans les premiers temps par les Celtes, et plus tard par les Cimmériens. Quelque temps avant la naissance de J. C. ces derniers passent aussi dans la Belgique, et dans la grande-Brétagne.

ITALIE, SICILE.

Les Celtes et les Ibériens sont aussi les premiers habitants du nord de l'Italie actuelle. Aussi ces contrées sont-elles longtems regardées comme étrangères à l'Italie. Les romains les désignent sous le nom de Gaule cisalpine.

Les Liguriens, les Hétrusques, les Umbriens et les Sicules tirent particulièrement leur origine de ces deux peuples. Les derniers émigrent 1274, et donnent leur nom à la Sicile.

Dans les temps les plus reculés, les Sabins, les Samnites, les Campaniens, les Lucaniens, et d'autres peuples de race Ausonienne occupent le centre et le midi de l'Italie.

Dès l'an 1684 des colonies grecques viennent successivement s'établir chez les Hétrusques, et chez d'autres peuples, surtout dans la partie la plus méridionale, qui reçoit en conséquence le nom de Grande-Grèce. En 974-753 ces colons fondent Canuse, Cumes, Naples et plus tard Rhégium, Pæstum, Tarente, Crotone, Sybaris etc.

On voit de bonne-heure dans le centre de l'Italie un plus grand nombre de villes que de nos jours. Des guerres continuelles obligent plusieurs peuplades à former des confédération Celle des Latins (dans le Latium, aujourd'hui le patrimoine de St. Pierre) formée entre 3 villes, acquiert toujours plus de puissance. Albe, fondée en 1177, en devient la capitale. Le rois albains sont chargés du commandement dans les expéditions générales, et la confédératio est de temps en temps renouvellée par des sacrifices communs. Dans chacune de ces ville comme chez les peuples voisins, les affaires intérieures dépendent d'un sénat, et des assem blées du peuple. A la tête des deux corps est un roi (à vie) ou un Préteur etc. (po un an) ou un dictateur avec un pouvoir illimité (mais pour un temps plus court). On su stitue souvent une de ces dignités à l'autre.

…BLES
…HISTORIQUES
…TATS DE L'EUROPE
…DEPUIS
…A …L'AN 1800 APRES JESUS-CHRIST.

…rds …omplet des faits qui la composent, serait également utile à la jeunesse qui l'étudie, et à l'homme instruit qui en fait l'objet
…s de… …lecteurs si différents par leur âge et par leurs connaissances. L'unique moyen de réaliser ce but, serait peut-être de tracer
…i vo…drait se borner à considérer en grand l'ensemble de l'Europe, ou une époque entière, pût suivre avec facilité, dans chaque
…eau… le degré d'intérêt dont ils sont susceptibles, il faudrait joindre au récit des principales révolutions de chaque pays en parti-
…acté…ent leur siècle, ou qui aident à suivre le fil de l'histoire, lorsqu'elle n'offre rien de saillant; il faudrait enfin y consigner les
…a m…moire. Si quelques-uns de ces détails semblaient superflus pour une première introduction, un instituteur pourrait facile-
…d'au…res ouvrages … Sans doute la cloture d'un siècle détermine aussi peu, par elle-même, une époque dans l'histoire, que la fin
…circo…stances remarquables de notre vie, à l'année qui les a produites, nous cherchons aussi à rapporter à leur siècle, les événe-
…n mo…if de plus, pour les diviser par siècles, ou du moins par périodes égales; elles uniront d'ailleurs à cet avantage celui de pou-
…es é…poques différentes … Tel est à peu près le plan qu'on a suivi dans ces tableaux. Quoique les cartes géographiques qui y cor-
…dou…le intérêt. Les connaisseurs sauront juger, à quelques traits, si l'auteur a donné à cette partie de son travail tous les soins
…es, …mais qu'il a voulu puiser dans les sources, surtout pour l'histoire des siècles obscurs, et celle des contrées peu connues.

…A …NAISSANCE DE JESUS-CHRIST.

…TABLE I.

…s l'a… 2000 environ jusqu'en 753 avant J. C. (ou de 1984 à 3231 de la création du monde.)

…oire …es plus anciens états de l'Europe, n'est pendant longtems, que l'histoire de leur enfance.

…ali…ctuelle, …s ro…ains les …t pa…culière- …t le… nom à …ani…as, les …t le…midi de …les …Étrus- …nit …n cousé- …me… Naples, …vill… que de …conf…érations. …mé…entre 30 …ca…ale. Les …co…édération …de …s villes, …de… assem- …nr …c. (pour …t). …On sub-

ORIENT DE L'EUROPE.

THRACE, GRECE.

Les Thraces sont connus comme le premier peuple civilisé en Europe … Orphée … Ce qu'on dit de la grossièreté primitive des autres peuples, parait cependant exagéré.

Les Pélâges et les Hellèniens, compris ensuite sous le nom commun de Grecs, fondent de bonne-heure plusieurs petits états, dont quelques-uns conservent très longtems leurs noms … *dans le Péloponèse*, Sicyone, dont quelques auteurs reculent l'origine jusqu'en 2164. Argos, l'Achaïe, Corinthe, Lacédémone ou Sparte … *au delà de la Péninsule*, l'Attique, la Thessalie etc.

La civilisation y est accélérée par des colonies plus récentes. Cécrops, venu d'Egypte, fonde Athènes 1583 (1588). Cadmus de Phénicie pose les fondements de Thèbes 1520 (1495).

Des divisions intestines engagent plusieurs petits états à s'unir sous le nom d'Amphictyons. Emigration d'un grand nombre d'habitants.

Jason conduit les Argonautes dans la Colchide 1268.

Les Mysiens, venus de l'Asie, s'établissent à cette époque dans le nord de la Thrace.

1194-1184. Guerre confédérée des Grecs contre Troie.

1080. Les Héraclides usurpent la souveraineté d'Argos, de Messène, de Corinthe etc. ainsi que de Sparte, qui dèslors a deux rois à la tête de son gouvernement … Nouvelles émigrations, en particulier des Eoliens, des Doriens et des Joniens.

1071. Codrus, dernier roi d'Athènes; après lui des Archontes … Les autres états de la Grèce adoptent aussi successivement le gouvernement républicain. Ces états, ainsi que leurs colonies en Sicile et en d'autres pays, font pendant quelques siècles, au milieu de révolutions continuelles, tous les essais d'ochlocratie, de démocratie, d'aristocratie, d'oligarchie, et même d'anarchie et de tyrannie, ou du gouvernement d'un-seul sans élection légale, ni droit de succession.

884. Lycurgue introduit de même à Sparte une constitution plus républicaine et absolument militaire. On y conserve cependant les deux rois.

776. On introduit l'ère des Olympiades, espaces de 4 ans.

A cette époque on ne connait encore au nord du Danube et de la mer noire que les Scythes et les Cimmériens; ils habitent conjointement ces contrées jusqu'en 633 environ.

ASIE ET AFRIQUE

relativement à l'Europe.

Dans ces mêmes temps, on voit déja en Asie et en Egypte des états organisés, où l'agriculture, le commerce et plusieurs autres arts de la vie sociale fleurissent et se perfectionnent plutôt qu'en Europe

Travail des métaux; argent monnoyé; arts et métiers dans les villes; navigation; invention de l'écriture alphabéthique … connaissances en astronomie, et dans d'autres branches des sciences

---

Les plus anciens empires de l'Asie sont ceux de Babylone et d'Assyrie. Ce dernier prend la supériorité et s'étend 1234, du fleuve Halys jusqu'aux Indes. Plusieurs autres petits états, qui s'étaient formés de bonne-heure dans la Mésopotamie et la Syrie, et en particulier celui de Damas, passent aussi sous sa domination, après 762

Abraham, père des Israélites, passe 1962 de la Chaldée (province babylonienne) dans le pays de Canaan … 1747-1531 sa postérité en Egypte … 1531-1491 Moyse … 1055 David enlève une partie de la Syrie … 1004 Salomon bâtit le temple, et fonde Tadmor, (depuis Palmyre) … 975 Scission des royaumes de Juda et d'Israel.

Les Phéniciens, en étendant leur commerce, éveillent de bonne-heure la civilisation dans des contrées éloignées … Puissance de Sidon 1730 … Tyr s'élève à son tour 1260 … Une colonie phénicienne (punique) fonde Carthage 884.

Les Phrygiens et les Lydiens sont les plus anciens peuples connus de l'Asie mineure. Troie y fleurit aussi avant 1300. Elle est détruite par les Grecs 1184.

1096-984. De nombreuses colonies arrivent de la Grèce. Les Eoliens occupent Smyrne, Lesbos etc. Les Joniens fondent Phocée, Ephèse, Milet etc. Les Doriens passent dans la Carie et à Rhodes.

1000. Dans ce tems Homère vit en Jonie.

753-323 L'Europe avant Jésus-Christ. TABLE II.

Depuis la fondation de Rome jusqu'à la mort d'Alexandre le grand. 753-323.

ESPAGNE, GAULES, GRde. BRETAGNE.

Espagne.

800-700. Déjà à cette époque les Phéniciens y fondent, *pour leur commerce*, *Malaga*, *Sidonia*, et peut-être *Cadix*. ... 704. Les Carthaginois occupent Ibiça, plus tard les *Isles Baleares*, et 517 Cadix.

Gaules.

(Gaule transalpine).

536. Des Phocéens fugitifs bâtissent *Marseille* (Massilia). Ils y fondent un état commerçant très civilisé, qui s'agrandit rapidement, en établissant de nouvelles colonies. *Nice*, *Antibes*, (Nicæa, Antipolis). ... Voyages maritimes de Pythéas, env. 332.

Grde. Bretagne.

Baltia.

446. Les Carthaginois, à l'exemple des Phéniciens y vont chercher de l'étain, et tirent (de la seconde main) du succin de la *Baltique*.

Sicile,

en particulier *Syracuse*.

714. Des colons grecs se mêlent peu à peu avec les anciens habitants, et bâtissent *Agrigente*, *Messine* et d'autres villes, que le commerce rend bientôt florissantes. Les Phéniciens fondent aussi *Lilybæum* et *Palerme* (Panormus).

Syracuse, colonie Corinthienne 713, devient de bonne-heure une république considérable.

485. *Gélon* monte sur le trône, s'unit à la Grèce contre les Perses, bat les Carthags. leurs alliés. † 477. Il a pour successeurs ses frères *Hieron* protecteur des lettres † 467, et *Thrasybule* expulsé déja en 466, pour ses cruautés.

Démocratie 466-405. Syracuse capitale de toutes les villes grecques de l'île. ... 415-413. Les Athéniens cherchent inutilement à y établir leur domination. ... 410. Les Carthaginois, profitant de la rivalité de quelques villes, s'emparent d'Agrigente etc.

406. Durant ces troubles, *Denis I.* devient chef, puis 405 souverain des Syracusains; ... sa tyrannie. ... Guerres avec les Carthags. qui à la fin 383 restent maîtres d'une partie considérable de l'île ... tentatives sur Rhégium et d'autres villes d'Italie. † 368.

Denis II. expulsé 356, à cause de sa cruauté, s'empare de nouveau de la ville 346. Timoléon envoyé par les Corinthiens chasse Denis 343 et les tyrans des autres villes, bat les Carthags. et abdique volontairement. † 337.

La *Sardaigne* et la *Corse* passent déja sous la domination des Carthags. en 590.

ITALIE, et en particulier ROME.

Rome sous les Rois.

753. Albe envoye, sous la conduite de *Romulus*, une partie de ses citoyens qui fondent *Rome*; de ce nombre sont aussi des *Sénateurs* (*Patres*) et leurs familles (*Patricii*) ... Les Romains subjuguent bientôt après quelques villes voisines, admettent les habitants comme citoyens et comme sujets, au lieu de les réduire en esclavage, suivt. la coutume du pays. Ils posent ainsi les premiers fondements de leur puissance.

716. Romulus assassiné, les sénateurs, pendant une année, font alternativement les fonctions de roi. ... Interrègne.

715. *Numa* perfectionne la constitution intérieure, il assure aux patriciens tous les emplois publics et d'autres grands privilèges; en particulier l'initiation exclusive aux mystères de la religion et du droit civil.

673. *Tullus Hostilius* ... différent avec les Albains, terminé par un combat singulier entre les Horaces et les Curiaces. Albe détruite. Tous ses habitants sont transplantés à Rome. *Dèslors Tullus prétend au commandement sur toutes les villes latines, dont quelques-unes sont soumises par la force.* ... Ses successeurs réalisent ces prétentions.

640. *Ancus Marcius* fonde le port d'Ostie.

617. *Tarquin l'ancien* affermit la domination sur les Latins ... il pose les fondements du Capitole.

590. De nouvelles hordes de *Gaulois* sous Bellovèse passent les Alpes, repoussent les Hétrusques du Tessin, et fondent Milan, Come, et Brescia. ... Les Boyens les suivent *plus tard*, s'établissent les uns dans la province Emilienne, les autres dans la Bohême, (Bojohemium, Après eux les Gaulois *Sénonois* s'avancent au delà de l'Æsis (près de Sinigaglia.)

578. *Servius Tullius* partage les citoyens en 6 classes, d'après leur fortune, et assure aux deux premières la prépondérance dans les assemblées du peuple.

534. *Tarquin le superbe*, haï pour ses cruautés, est expulsé. ... Lucrèce. ... *Brutus* engage le peuple à abolir pour toujours la royauté.

Rome sous les Consuls, les Dictateurs etc.

509. Premiers Consuls. ... Brutus réprime avec sévérité une conjuration en faveur des Tarquins. Les Hétrusques, armés pour la même cause, sont battus. ... Porsenna, Horatius Coclès, Mucius Scévola.

508. 1r. traité de commerce avec Carthage, au nom de la confédération latine.

499-97. Les Latins accueillent Tarquin, Rome menacée de troubles intérieurs élit pour 6 mois un *Dictateur* avec un pouvoir illimité. ... Posthumius défait les latins près du lac Régille. Tarquin à Cumes.

495. La dureté des patriciens envers le peuple et surtout envers leurs débiteurs excite des troubles. 493 ils sont contraints d'accorder aux plébéyens des *Tribuns du peuple*. ... Ménénius Agrippa.

Guerres continuelles avec les *Hétrusques*, les *Sabins*, les *Eques*, les *Volsques* etc. Les romains, suivant leur coutume, les attaquent partiellement, et se les soumettent les uns après les autres. Les terres dont on les dépouille doivent être affermées au profit du trésor public: mais elles passent peu à peu dans les mains des riches.

486. Le Consul *Cassius* propose le partage de quelques terres entre les pauvres citoys. (1re. loi agraire). Le sénat y consent; mais l'année suivante, Cassius est précipité de la roche Tarpéienne comme séditieux.

483. Le peuple demande la promulgation d'un corps de loix civiles précises. ... Terentius Arsa.

460. *Quinctius Cincinnatus* consul.

452. Après de longues oppositions du sénat, on nomme des *Décemvirs* pour rédiger un code civil. *Loix des douze Tables.* ... Appius Claudius, Virginie. Les Décemvirs sont destitués d'une autorité qu'ils avoient arbitrairement prolongée 449.

445. Mariages entre les patriciens et les plébéyens permis: ces derniers obtiennent aussi le droit au consulat (cependant le premier consul plébéyen n'est élu qu'en 366).

406. On donne une solde à l'infanterie romaine, et peu après à la cavalerie.

396. *Véies* la plus voisine d'entre les villes considérables d'Hétrurie, prise après un siége de 10 ans. ... *Camille*.

391. Les romains tournant leurs armes contre les autres villes Hétrusques, s'attirent une guerre avec les Gaulois Sénonois, qui assiégent Clusium. *Brennus* leur chef défait les romains, prend Rome 390, assiége le capitole; mais il est repoussé par Camille 389. ... Dèlors guerres fréqtes. avec les Gaulois.

376. Le Tribun *Licinius* propose la 2de. loi agraire, "fixant à 500 arpens par chaque citoyen la possession des terres (de l'Etat)." Le loi passe 367.

366. *Premier Préteur*, ou *Grand Juge*; (cependant dans la suite, les préteurs commandent aussi les armées).

343. *Les Campaniens* se donnent aux romains, pour être soutenus contre les *Samnites*. Commencement de la guerre Samnite.

341. Les *Campaniens* cherchent à secouer le joug. Les *Latins* qui demandent l'accès au consulat, s'unissent à eux. Situation critique de Rome. Discipline sévère. ... Décius Mus. 338. Les deux peuples sont vaincus.

340. Alexandre R. d'Epire vient faire des conquêtes en Italie. Il est battu par les Lucaniens.

Instruits par l'expérience les préteurs complettent et perfectionnent *chaque année* les loix, qui deviennent ainsi peu à peu, par leur ensemble, un système plein d'équité, de Philosophie et d'indulgence. ... Les plébéyens parviennent insensiblement à tous les emplois publics, et les patriciens cessent de faire un ordre particulier.

MACEDOINE et GRECE.

Perdiccas, 1r. roi de Macédoine 729; précédé peut-être par Caranus 813.

Après de longues guerres 743-24, et 685-68 *Sparte* s'empare de Messène, et obtient par là la prépondérance sur les autres états du Péloponnèse. ... Aristomène, Tyrtée. ... Les vaincus se réfugient en Sicile et donnent leur nom à la ville de Messine.

Lutte continuelle de l'aristocratie et de la démocratie à *Athènes*. ... 622. *Dracon* veut inutilement rétablir l'ordre par des loix cruelles. ... Anarchie. ... 592. Solon partage les citoyens en 4 classes, d'après leur fortune. Il assure aux premiers citoyens la prépondérance dans les assemblées publiques; aux derniers la sûreté contre l'oppression; aux Archontes, au sénat et à l'Aréopage l'autorité nécessaire. ... 561. *Pisistrate* usurpe l'autorité suprême, et la transmet à ses fils *Hipparque* et *Hippias*, 528-14; le premier est assassiné; le second s'enfuit chez les Perses. ... Les institutions de Solon sont conservées quant à l'essentiel.

513. Dans une expédition contre les Scythes, Darius rend la Trace et la Macédoine tributaires.

500. Les Athéniens, en favorisant l'insurrection des Grecs d'Asie, entraînent la Grèce entière dans de longues *guerres avec les Perses* 493-424. ... *Miltiade* vainqueur à *Marathon* 490. *Themistocle* et *Aristide* élèvent la puissance d'Athènes, particulièrement sur mer: cependant le *commandement général* contre les Perses est donné à Sparte. ... L'armée de Xerxès arrêtée aux Thermopyles par *Léonidas* 480: elle brule Athènes, et est défaite 479 par *Pausanias* près de *Platée*. Les Perses battus sur mer à Salamine et à Mycale. Xerxès s'enfuit. La Thrace et la Macédoine sont délivrées: mais les Athéniens s'emparent des riches côtes de ces pays.

470. Les Grecs confèrent le commandement aux Athéniens qui, à cette époque (et jusqu'en 430) sont au plus haut période de leur puissance et de leur civilisation. ... Cimon.

461-30. *Péricles*, à la tête des affaires à Athènes, favorise l'ambition et le luxe du peuple aux dépens des alliés. ... Anaxagore, Phidias, Aspasie, Hippocrate etc.

Sparte se ligue avec la plupart des villes du Péloponnèse, et même avec les Perses contre Athènes. *Guerre du Péloponnèse*; 431-404, marquée par toute la cruauté des *guerres civiles*, et par des succès balancés. ... 410. *Alcibiade* assure la supériorité aux Athéniens. Ils refusent la paix. *Lysandre* les défait complettement. 406, prend Athènes, et y établit les 30 tyrans. ... Les autres villes de la Grèce passent aussi sous la dure domination de Sparte 404-371.

La *Macédoine* s'élève sous *Perdiccas II.* 454-413, surtout pendant la guerre du Pélopse.: plus encore sous *Archelaus* 413-404, qui y introduit la civilisation des Grecs.

403. *Thrasybule* délivre Athènes, et rétablit l'ancienne constitution, tandis que Sparte, devenue riche, s'écarte toujours plus des loix de Lycurgue.

400. Mort de *Socrate*.

400-394. Guerre contre les Perses sous *Agésilas*.

394. *Corinthe*, *Athènes* etc. s'unissent contre Sparte qui "par la paix d'*Antalcidas*" 387 renonce à la suprématie, en l'exerçant cependant par la force.

378. *Pélopidas* délivre Thèbes du joug de Lacédémone, et *Epaminondas* renverse entièrement la puissance de celle-ci, par les victoires de Leuctres 371, et de Mantinée 362.

360. *Philippe I.* (fils d'Amyntas) R. de Macédoine institue la phalange; bat les Péoniens et les Illyriens 359, 358, s'empare des mines d'or de la Thrace, chasse les tyrans de la Thessalie, qu'il réunit à la Macédne. Il s'insinue dans les différents des Grecs, est admis au nombre des Amphictyons 346. Insulte Sparte 344, et tente la conquête de la Thrace. Les Athéniens sauvent Byzance et Périnthe, s'allient aux Thébains contre lui. Vainqueur à Chéronée 338, il est nommé *général*, *contre les Perses* "et obtient en Grèce la prééminence attachée à ce titre." Assassiné 336.

Autres PAYS ORIENTx.

Les Cimmeriens chassés c. 633 par les *Scythes*, se transportent dans les contrées du nord et de l'ouest de l'Europe. Quelques-uns passent en Asie.

700-600. Les Grecs d'Asie bâtissent dans la *Chersonèse Taurique*, *Bosporus* (Panticapeum) *Théodosia* (depuis Capha) *Cherson*, et sur la côte d'Asie *Phanagoria*.

La Thrace est divisée en plusieurs petits états, parmi lesquels celui des Odrysiens est remarquable par sa puissance, surtout sous *Sitacles* † 424 et son successeur *Seuthes I* ... *Byzance* et *Périnthe* (depuis Heraclée) fondées par les Milésiens, Olynthe, et d'autres colonies grecques s'élèvent par leur commerce, à un haut degré de prospérité. ... Toute la Thrace 335 passe sous la domination des Macédoniens.

Il paraît probable que les Gaulois s'établissent déja en 590 dans la Pannonie et en Illyrie.

L'Epire a de bonne-heure des rois, mais qui ne sont connus que de nom. *Néoptolème* † 352. Son fils Alexandre I. périt dans la Lucanie; Sa fille Olympias est célèbre comme épouse de Philippe I. et comme mère d'Alexandre le grand.

ASIE et AFRIQUE dans leurs rapports avec l'Europe.

700-600. Les Carthaginois s'élèvent de bonne-heure leur puissance maritime et coloniale; cependant ils sont si foibles sur le continent, qu'ils payent aux *Numides* jusqu'en 485 un tribut pour leur petit territoire. Mais depuis cette époque, ils étendent leurs frontières en Afrique. ... Constitution républicaine sous les Suffètes.

Assyrie 740. Téglat Phalassar s'empare de *Damas*; Salmanassar 721 subjugue le Rme. d'*Israël* et emmène les habitants.

Les *Mèdes* sous *Arbace* et son successeur *Dejoces*, se détachent de l'Assyrie, s'emparent de la *Perse* c. 660, de Ninive 597 et de toute l'Assyrie proprement dite.

L'empire de *Babylone* plus puissant après le déclin de celui d'Assyrie. Nabuchodonosor envahit la *Phénicie* et le Rme. de *Juda* 606, dont il transporte la plupart des habitants à Babylone; il détruit Tyr, qui se relève cependant bientôt, et Jérusalem 588.

Dans l'Asie mineure les *Lydiens* s'aggrandissent, soumettent même le Rme. de *Phrygie* 560, et *Crésus* étend sa domination depuis les côtes occidentales jusqu'au fl. Halys.

Les Grecs *d'Asie* qui pour la plupart s'étoient maintenus contre les Lydiens, passent 540 sous la domination des Perses. ... *Thalès* 625. *Pythagore* 585 etc.

Monarchie des Perses. ... *Cyrus* son fondateur subjugue la Médie 560 et la Lydie 540, Babylone 536. Les Phéniciens se soumettent aussi. † 529. ... Zoroastre.

Un grand nombre de Juifs, avec le consentement de Cyrus, retournent dans leur patrie, relèvent Jérusalem et le temple. Gouvernement des *Grands-prêtres*, sous l'autorité des Perses. ... Différents avec les Samaritains qui bâtissent 330 un temple particulier sur le mont Garizim.

Conquête de l'*Egypte* par Cambyse 525. † 522. Campagne infructueuse de *Darius I. Hystaspe* au delà du Danube, contre les Scythes. 513. Il se maintient cependant en Thrace et en Macédoine. Les Grecs d'Asie se soulèvent inutilement. 502-497. Commencement des guerres avec la Grèce, 490. ... Xerxès I. (485-65) malheureux contre les Grecs. ... Artaxerxès I. Longuemain est contraint, par la victoire de Cimon, de rendre la liberté aux Grecs d'Asie. 449. ... Artaxerxès II. Mnémon 405-362 ... son frère Cyrus secondé par les Grecs, se soulève: il est défait 399. Retraite des dix-mille. Xénophon. Par la paix d'Antalcidas les Grecs d'Asie retombent sous la domination des Perses, dont l'empire s'affaiblit cependant toujours plus.

Darius Codoman, dernier roi. 336-330.

336. *Alexandre le grand*, âgé de 20 ans, après une expédition glorieuse contre les Thraces et les Illyriens, pénètre dans la Grèce, qui cherche à se délivrer du joug des Macédoniens. Il prend Thèbes et la détruit 335, élu "*généralissime contre les Perses*," il passe l'Hellespont à la tête de 35000 h. défait *Memnon* sur les bords du *Granique* (près de Lampsacus) étend ses conquêtes jusqu'en Cappadoce. Victorieux 333 près d'*Issus*, il soumet la Syrie, la Phénicie, (de même que Tyr et Jérusalem), l'Egypte 332-31, et fonde Alexandrie. Victoire décisive entre *Arbelles* et *Gaugamèle* 331, suivie de la conquête de Babylone, de Suse, et de *tout l'empire des Perses*. *Darius* assassiné par le traître Bessus 330. Alexandre devient despotique et voluptueux, marche 328 contre l'Inde: le soulèvement de l'armée le force à revenir sur ses pas. Il fixe sa résidence à Babylone 325: et meurt 323 (324) des suites de son intempérance.

Depuis la mort d'Alexandre le Gr. jusqu'à la Monarchie universelle des Romains. 323-146.

ESPAGNE, SICILE.

Espagne.

237-218. Les Carthagns. s'y étendent toujours plus, après la perte de la Sicile. ... Hamilcar. ... Ils fondent *Carthagène* 227, et soumettent tout jusqu'à l'Ebre. *Annibal* prend aussi Sagonte 219, malgré une convention avec les Romains.

Dans la 2de guerre punique, les Scipions enlèvent aux Carthagns. toutes leurs possessions en Espagne.

Sicile.

Agathocle 317-289 élu chef des Syracusains, fait dans la ville un massacre général, et monte sur le trône. 310-307 guerre avec *Carthage* en Sicile et même en Afrique. Expédition contre les *Brutiens*.

289-277. Plusieurs généraux s'emparent successivement de la souveraineté.

277. *Pyrrhus*, appellé par les Syracusains, enlève aux Carthagns. presque toutes leurs possessions, et nomme son fils Agathocle R. de Sicile. Devenu odieux, il se retire 276 après une défaite.

Hiéron général 275, et roi 268, rétablit la tranquillité. Dans la 2de guerre punique, il sauve la Sicile par un traité de paix avec les Romains 263, et pendant un règne de 54 ans, il encourage l'agriculture les arts et les sciences. † 215.

Hiéronimus son petit-fils, embrasse le parti des Carthaginois. † 214.

Marcellus assiège 213 Syracuse, où les Carthaginois dominaient encore. Il la prend 212. *Archimède*. ... Après la conquête des autres villes, l'île entière est soumise aux Romains.

ROME et L'ITALIE.

321. Les deux Consuls enfermés par les Samnites aux *fourches caudines*, sont forcés d'accorder à ceux-ci une paix avantageuse, que le sénat ne ratifie pas. ... Pontius Herennius. ... Postumius.

312. Voie appienne et aqueduc.

310. Les *Hérusques* subjugués.

291. Après une guerre de 45 ans, les *Samnites* sont contraints de se soumettre; les *Lucaniens* éprouvent peu après le même sort.

264. Les *Gaulois Sennonois* perdent leur territoire, et une colonie rom. s'établit à Sena gallorum (Sinigaglia).

282. Guerre avec les *Tarentins* qui appellent *Pyrrhus II.* d'Epire. Quoique deux fois vainqueur, il passe en Sicile 278. De retour 276 il est défait par *Curius Dentatus*, et repasse en Epire. ... Cinéas, Fabricius.

272. Les *Samnites*, les *Lucaniens*, les *Tarentins* sont entièrement asservis, de même que *Brindes* 268. Tous les peuples du midi de l'Italie sont maintenant sujets des Romains, la plupart cependant sous le nom d'*Alliés*. *Picenum* est aussi conquise, et *Ariminium* devient colonie romaine.

Première guerre punique 264-241. Les romains ont pour la première fois une marine; victoire navale de Duillius 260. Ils enlèvent plusieurs villes en Sicile, et 259-57 le *Corse*, *Lipari* et *Malthe*. Ils abordent 256 en Afrique. *Régulus* y est défait, et mis à mort 250. *Lutatius Catulus* vainqueur près des îles *Ægates* 242. Paix 241. "Les Carthaginois évacuent la Sicile, les îles voisines, hormis la *Sardaigne*" 238. Mais les Romains prennent aussi celle-ci, et la déclarent *province* avec la Corse.

235. Le temple de Janus fermé pour la 1re fois depuis *Numa*.

230-18. Guerre avec les *Illyriens* et les Gaulois Cisalpins. 223 *Plaisance* et *Crémone* colonies romnes. 222 *Milan* conquise; les *Boïens* et les *Insubriens* soumis.

218-201. *Seconde guerre punique*. 219 Annibal passe les Pyrénées et les Alpes, pénètre en Italie avec 24000 h., prend *Turin*, s'associe les Gaulois; vainqueur près du *Tésin*, de la *Trébie*, et 217 près du lac *Trasimène*. ... *Fabius Cunctator* Dictateur. ... Minucius. ... 216 Varron et Emilius perdent la grande bataille de *Cannes* (près de Canuse). 215-204 Annibal défait par *Marcellus* et mal secondé par Carthage, conclut inutilement une alliance avec Philippe II. de Macédoine. Publ. Corn. Scipion, nommé consul après la conquête de l'*Espagne*, passe en Afrique 204. Annibal le suit et est entièrement défait à *Zama* 202. Paix 201. "Les Carthags. perdent toutes leurs possessions en Europe, la plus grande partie de leurs flottes etc." ... Scipion l'*africain*.

200-197. Guerres heureuses en Macédne. 191 Victoire sur Antiochus le Gr. et ses alliés les Etoliens.

192-173. Guerres avec les *Gaulois Cisalps*. Les Boïens de nouveau vaincus, et *Bologne* colonie rom. ... Flaminius et Emilius construisent des routes militaires. Les *Liguriens* et tous les Gaulois *Cisalps*. sont contraints de se soumettre, mais pendant 50 ans l'avidité et l'ambition des généraux rom. y excitent des soulèvements.

169-67. Guerre contre *Persée*: sa défaite. Le trésor public assez riche pour affranchir les citoyens de tout impot.

150-46. *troisme. guerre punique*, excitée par la perfidie odieuse du *Senat* rom. Carthage désarmée; prise et détruite par Scipion l'*afric. le jeune*.

MONARCHIE MACEDONIENNE.

L'imbécille Aridée frère d'Alexandre le Gr. est nommé son successeur, sous le nom de Philippe (I. ou II. IV); mais les généraux s'emparent de toutes les provinces, et se défont de toute la famille royale.

THRACE, MACEDOINE, GRECE.

Lysimaque, gouverneur et 307 R. de *Thrace*, étend ses états jusqu'au Danube.

Antipater domine en *Macédoine* comme gouverneur 324-18. *Cassandre* son fils et son successeur usurpe 302 le titre de roi ... † 298. Cette famille s'éteint 294. L'armée appelle au trône *Démétrius Poliorcétes*, chassé ensuite 287 par *Pyrrhus II.* R. d'Epire. *Lysimaque R. de Thrace* soumet la Macédoine. *Séleucus Nicator* s'empare 282 des deux états: il est assassiné 281 par *Ptolémée Céraunus* qui lui succède dans les deux royaumes et s'y maintient contre *Antigonus Gonatas*.

280. Trois hordes de *Gaulois* sous Brennus et d'autres chefs, envahissent la Thrace, la Macédoine, la Thessalie, veulent piller *Delphes*, mais ils sont presque détruits par le fer et la faim 278. Quelques-uns se maintiennent jusqu'en 219 en Thrace. D'autres Gaulois passent en Asie (v. Galates). Après de longues guerres, *Antigonus Gonatas* reste enfin 266 paisible possesseur de la Macédoine.

Après la mort d'Alexandre le Gr., les Grecs tentent de recouvrer leur liberté: mais la guerre de *Lamia* finie, 322, ils obéissent à la Macédoine et à chaque nouveau conquérant. Des tyrans particuliers usurpent aussi la souveraineté dans quelques villes 280-75. Patræ et 6 autres villes du Péloponnèse se mettent en liberté, et renouvellent l'ancienne *ligue des Achéens*. Les Etoliens s'unissent aussi dans le même but. ... Des rivalités qui s'élèvent bientôt contre les deux ligues accélèrent l'asservissement de la Grèce.

Aratus délivre 254 *Sicyone* et l'unit à la ligue achéenne; plus tard il y fait accéder *Corinthe*, *Argos*, *Athènes*, et d'autres villes puissantes. ... Les Macédoniens au contraire appuyent les Etoliens.

Démétrius II. R. de Macéd. 243-33 fait la guerre aux Etoliens, ligués pour cette fois aux Achéens. *Antigonus Doson* lui succède 233-21.

Agis II. (*III.*) R. de Sparte entreprend de rétablir la discipline et les loix de Lycurgue. Son collègue *Léonidas II.* et les riches s'y opposent. Il est étranglé 241. ... Dès lors, un seul roi. ... Les Achéens veulent forcer Sparte à s'unir à la ligue: mais *Cléomène III.* bat Aratus 227, et parvient 226 à réaliser le projet de reforme d'Agis. ... La ligue soutenue par les Macédoniens est victorieuse de Sparte 222.

Philippe II. (*III. V.*) 221-179.

Guerre des Etoliens et des Lacédémoniens contre les *Achéens* et leurs alliés les Macéds, les Epirotes etc. 221-217. ... Philippe II. dicte la paix, fait empoisonner Aratus 214, et traite despotiquement les Grecs.

214. Ligue avec *Annibal* ... les *Romains* s'unissent contre lui aux Etoliens, aux Illyriens, à Sparte, Rhodes, Attale R. de Pergame etc. 211. Mais les Achéens sous *Philopémen* s'allient avec Philippe, et réduisent 206 les Etoliens à une paix désavantageuse. ... 204 Paix générale. ... *Nabis* tyran à Sparte depuis 207.

203-200. Nouvelle guerre avec *Attale* et les *Rhodiens*, auxquels les Athéniens s'unissent aussi. Défaite de la flotte de Philippe par les Rhodiens 202. Les Athéniens demandent le secours des Romains.

207-197 seconde guerre avec les *Romains* et leurs alliés les *Etoliens*, les *Dardaniens*, *Athènes*, *Pergame Rhodes*, auxquels les *Achéens* se joignent ensuite. ... Victoire de *Flaminius* près de *Cynocephale* 197. Paix. ... Tous les états de la Grèce sont déclarés libres: Philippe livre sa flotte etc."

193. Nabis vaincu par Philopémen. Sparte accède à la ligue.

191. Les Etoliens s'allient avec Antiochus le Gr. contre les Romains: ils n'obtiennent la paix qu'en 189.

Les Roms. cherchent à affaiblir par des divisions la ligue achéenne. Ils y parviennent après l'assassinat de Philopémen 183. ... Callicrate.

Persée 170-168 fait de grands préparatifs contre les Romains et Eumène de Pergame ... il se ligue avec *Gentius* R. d'Illyrie: il est complettement battu et fait prisonnier 168 par Paul Emile à *Pydna*. † à Rome 166. La Macédoine est déclarée indépendante, soumise néanmoins à un tribut 150-48. Elle est réduite en *province romaine*.

La hauteur des Romains envers les *Achéens* rallume la guerre 147. *Métellus* sonmet plusieurs villes. *Mummius* détruit 146 *Corinthe*. La ligue est dissoute, et la Grèce entière devient une *province romaine* sous le nom d'*Achaïe*. Athènes seule conserve (jusqu'à Vespasien) un gouvernement républicain.

Pyrrhus II. R. d'Epire subjugue pour peu de tems la Macédne., la Sicile etc. et périt à la prise d'Argos 272. A Pyrrhus III. succède 219 sa fille Déidamie, dernier rejetton de la race. ... Les *Epirotes* se donnent un gouvernement républicain, et se liguent avec Persée contre les Romains qui pillent 70 de leurs villes, et se rendent maitres du pays.

L'Illyrie devient puissante sous le R. Agron. Sa veuve Teuta (tutrice de Pines) vaincue par les Roms. 229 cède Corcyre et tout ce qu'elle possède dans l'Épirus nova. 168. Gentius partage la défaite de Persée.

La Dalmatie et l'Istrie passent aussi sous la domination des Romains 220.

ASIE et AFRIQUE

dans leurs rapports avec l'Europe.

Après la défaite d'Eumène 315, *Antigone* se rend maître de presque toutes les provinces d'Asie, et 307 prend le titre de R. *d'Asie*. ... Ligue générale contre lui. ... Il est défait à *Ipsus* 301, et plusieurs états se forment de nouveau.

1) *Bythinie*: le R. *Bias* se maintient contre tous les Capitaines d'Alexandre. † 328. *Nicomède I.* 281-46 appelle de la Thrace les Gaulois contre son frère. *Prusias II.* entraîné d'abord par Annibal dans une guerre contre Eumène II. 184. n'en est ensuite que plus soumis aux roms. assassiné 249 par son fils Nicomède II.

2) *Le Pont* a de bonne-heure des Rois dépendants des Perses. *Mithridate II.* se soumet à Alexandre le Gr. † 302. ... *Pharnace I.* s'empare de la république de *Sinope*, et en fait sa résidence. En guerre avec Eumène II. la crainte des Roms. lui fait céder 179 la Paphlagonie, † 154. *Mithridate V.* allié des Roms. dans la 3me guerre punique: ils lui donnent la Phrygie, † 124.

3) La *Cappadoce* recouvre son indépandance sous Ariarathes III. 312. ... La *Paphlagonie* a de temps en temps ses rois particuliers.

4) La *Syrie* sous les Séleucides.

Après la bataille d'Ipsus, et par la victoire sur Lysimaque 282. toutes les autres provinces d'Asie, à l'exception de la Phénicie et de la Célésyrie, obéissent à *Séleucus Nicator*, déja gouverneur de la Babylonie, et qui avoit étendu ses conquêtes jusqu'aux Indes. ... Il fonde Séleucie en Syrie, et Antioche, pour sa résidence. † 281. ... *Antiochus I. Soter* 281-62 perd les dernières conquêtes et de plus Pergame et la Galatie. ... *Antiochus II. Théos* 262-47. Les provinces au delà de l'Euphrate forment 2 nouveaux états, la *Bactriane* et la *Parthie*. ... *Séleucus II. Callinicus* 247-27, pris par les Parthes. *Séleucus III. Céraunus* † 224. ... *Antiochus III. le Gr.* 224-187, recouvre quelques provinces au delà du Tigre, s'unit aux Parthes 210, enlève la *Phénicie* et la *Célésyrie* 205-198, se brouille par là avec les Roms. Il s'empare 197-96 de l'Asie mineure et de la Chersonèse de Thrace; donne azile à Annibal 195: se ligue avec les Etoliens contre Rome. Vaincu d'abord en Thessalie 191 puis par Glabrion et Scipion l'asiatique près de *Magnésie*, 190 il cède *toute l'Asie antérieure en deça du Taurus*; † 187. La Syrie est de plus en plus sous la dépendance des Roms. ... *Séleucus IV. Philopator* 187-76. *Antiochus IV. Epiphanes* 176-64 — guerre avec l'Egypte 168. *Popilius*, Persécution des Juifs. *Antiochus V. Eupator*, sous la tutèle des Roms. 164-61. *Démétrius I.* Dès-lors l'état s'affaiblit de plus en plus par des divisions intestines et des guerres malheureuses contre les Parthes.

Etats démembrés de la Syrie,

A) *Pergame* (Pergamum) *Philéterus* se rend indépendant 283; *Eumène I.* étend le petit domaine de la ville. *Attale I.* 241-197, après une victoire sur les Galates 239 prend le titre de Roi; 211 alliance avec les Etoliens contre la Macédoine. Après la défaite d'Antiochus, *Eumène II.* 198-158, reçoit des romains presque toute l'*Asie*, en deça du Taurus: (les *Rhodiens* conservent la Carie et la Lycie). ... Bibliothèque: invention du parchemin.

B) *Galatie*. Les Gaulois ou Galates passent 278 en Bithynie, et se rendent maitres de l'Asie jusqu'au Taurus. Attale les resserre dans la Galatie. ... Division du pays en 12 Tétrarchies. ... Ils s'unissent à Antiochus le Gr. contre les Roms., sont défaits 189 par *Manlius Vulson*, et comme alliés (ou plutôt comme sujets des Romains), ils conservent leur ancienne constitution.

C) *La Parthie sous les Arsacides*. *Arsace I.* se rend indépendant 256 dans un petit district de la province des Parthes. *Arsace II.* (Tiridate I.) 248-17 soumet le reste, et l'*Hyrcanie*; vainqueur de Séleucus II. ... *Arsace IV.* (Mithridate I.) 175-137, enlève 164 la *Babylonie*, la *Perside* et tous les pays *entre l'Euphrate et l'Inde*. Attaqué par Démétrius II. R. de Syrie, il le fait prisonnier.

D) *Arménie* après la défaite d'Antiochus le Gr. *Artaxias I.* gouverneur de la grande Arménie (au delà de l'Euphrate), et *Zariadris*, gouverneur de la petite (en deça du fleuve) se rendent indépendants 189.

Judée. Elle est subjuguée 320 par *Ptolémée Lagus*, qui prend Jérusalem 312, et transporte beaucoup de Juifs en Egypte ... depuis 312 sous *Antigone* ... depuis 301 de nouveau à l'Egypte ... entre 203-167 à la Syrie. La vénalité de la grande-prêtrise occasionne des troubles fréquents. *Antiochus Epiphanes* se rend maitre de Jérusalem et maltraite les Juifs 170. ... Les *Maccabées* s'opposent avec succès aux *Séleucides*: 167-130.

Afrique.

L'Egypte sous les Ptolémées.

Ptolémée Lagus 323-284 le plus distingué entre les Capitaines d'Alexandre le Gr. Roi depuis 307: il possède aussi l'*Arabie*, la *Phénicie*, la *Célésyrie*, la *Judée*, la *Cyrénaïque* et *Chypre*. ... Sous lui et sous ses premiers successeurs l'Egypte devient un des pays les plus cultivés et les plus florissants. ... Musée, Bibliothèque, commerce étendu; Phare.

Ptolémée II. Philadelphe, 284-46. ... Canal entre le Nil et la mer rouge. ... Sciences encouragées: amitié avec Rome.

Ptolémée III. Evergète 246-21 grandes conquêtes en Asie et en Afrique. ... Son épouse Bérénice.

Ptolémée IV. Philopator, 221-204, voluptueux et cruel. Des troubles continuels donnent aux Roms. l'occasion de s'immiscer dans le gouvernement du pays.

Carthage entièrement épuisée après la 1re guerre punique 241, touche au bord de sa ruine, par une guerre avec les troupes mercenaires et les peuples voisins 240-37. Hamilcar la sauve ... 2de guerre punique. ... *Masinisse* R. de *Numidie*, partisan des Roms. soumet avec leur secours les états de *Syphax* (Mauritanie cés.) et enlève aux Carthags., en pleine paix, toutes leurs provinces. Ses outrages les obligent en fin à prendre les armes 152. Ils sont défaits. Les Roms. se décident alors à la guerre, détruisent la ville et réduisent son territoire en province, sous le nom d'*Afrique*. ... Alexandrie devient alors la capitale du commerce.

L'Europe avant Jésus-Christ. TABLE IV.

Depuis le commencement de la monarchie universelle des Romains 146 jusqu'à la naissance de Jésus-Christ.

ESPAGNE.

Quelques petites peuplades opposent encore une résistance courageuse mais inutile à la rapacité des Roms.

133. après une guerre de 11 ans, *Numance* prise et rasée. ... Scipion Emilien.

123. Métellus fait la conquête des *Iles Baléares*, et fonde *Palma*.

81. *Sertorius*, rival de Sylla, est reconnu par les *Lusitaniens* comme leur chef. Il lutte heureusement avec les généraux romains, et même avec Pompée: est assassiné 72. *Perperna* son successeur est vaincu.

Les *Cantabres* et les *Asturiens* seuls maintiennent leur liberté jusqu'en 19; ils sont alors complettement asservis par *Agrippa*.

GAULES.

Depuis cette époque, ces contrées passent aussi successivement sous la domination des Romains.

124. *Sextius* réduit les Salyens et fonde 122 dans leurs pays *Aix* (aquae sextiae). Les *Allobroges* (dans le Dauphiné) et les *Arvernes* sont aussi subjugués.

117. *Marcius Rex* fonde la colonie de *Narbonne* (Narbo Marcius), et effectue ainsi la communication avec l'Espagne. 114 les roms. envoyent un Préteur dans cette *province* (Provence).

58-51. *César* s'immisce dans les dissentions intestines de la Gaule, et l'asservit entièrement ... 43 fondation de *Lyon* (*Lugdunum*).

Les *Ubiens* pressés par les Suèves sont transférés 39 par *Agrippa* dans la Gaule: ils y fondent *Cologne* (oppidum Ubiorum). D'autres Germains reçoivent des établissements sur le haut-Rhin. En conséquence Auguste nomme ces provinces 1re et 2de *Germanie*.

GRde. BRETAGNE.

Soumise à plusieurs Rois sous l'influence puissante des *Druides* ... 55. 54 César vainqueur de *Cassivellaune*, s'avance jusqu'à la Tamise, et se retire sans affermir ses conquêtes.

ROME.

Par ses relations avec la Grèce et l'Asie, Rome transporte dans son sein les sciences et les arts: leur étude forme beaucoup de grands hommes. L'excès des richesses et du luxe corrompt les moeurs publiques. L'arrogance des principaux citoyens (la plupart plébéyens) soulève parmi le peuple un parti puissant qui, dirigé par les Tribuns et par quelques grands, anéantit la considération du Sénat, et accélère la chûte de la république.

138-33. Guerre des esclaves en Sicile. ... Ennus.

133. *Tibérius Gracchus* propose de nouveau, mais avec de grandes restrictions, le partage de quelques terres publiques entre les citoyens indigents. La proposition passe, mais l'exécution en est éludée par les riches. Tibérius est tué dans un tumulte 131. ... Scipion Nasica.

123. Son frère *Caïus Gracchus* renouvelle la proposition, mais illimitée. 121. *Combat dans la ville*, où Gracchus et 3000 de ses partisans perdent la vie. L'animosité des partis s'enracine.

112. La vénalité des généraux, des sénateurs et des Tribuns du peuple prolonge seule jusqu'en 106 la guerre contre Jugurtha. *Marius*, favori du peuple, achève enfin la victoire, et *Sylla* s'en attribue l'honneur.

104-101. Nouvelle guerre des esclaves en Sicile. ... Salvius (Tryphon) leur roi.

91. Livius Drusus s'efforce inutilement d'assurer aux *alliés* d'Italie le droit de Cité. 90-89. *Les Marses*, les *Samnites* etc. soutiennent par les armes cette prétention: ils sont défaits, et après avoir perdu 300000 h. ils obtiennent cependant le droit de cité. ... Marius, Sylla, Pompée.

Première guerre civile.

88. *Sylla*, appuyé par les grands (optimates), obtient le commandement contre Mithridate. *Marius* veut le lui ravir, par le crédit du Tribun *Sulpitius* (et de son *antisénat* de 300 gladiateurs). Il y réussit par les suffrages des *nouveaux* citoyens (d'Italie). Sylla prend Rome, et marche en Asie. — Le parti de Marius se relève et se venge cruellement 87-85. Retour de Sylla: il triomphe en Italie 83, se rend maître de Rome 82: proscriptions plus cruelles; il se fait nommer *dictateur perpétuel*, récompense ses soldats avec les biens confisqués, fait de bonnes loix et abdique volontairement 79. † 78. Le sénat et les Grands ont pendant quelque tems le pouvoir en main.

73. Quelques gladiateurs, sous la conduite de *Spartacus*, allument une guerre des esclaves en Italie. Ils inondent la Campanie et la Lucanie, et sont défaits 71 par *Crassus* et *Pompée*.

Depuis 76 des pirates de *Cilicie* etc. inquiètent toute la méditerranée, et ravagent plus de 400 villes. Pompée obtient, par la puissance renouvellée du tribunat, le commandement *pour 3 ans*, sur terre et sur mer. Il chasse en 40 jours les pirates, reste armé, et défait Mithridate. *Métellus* enlève la *Crète* 67. *Cicéron* étouffe la conjuration de *Catilina* 63.

60. Le crédit de *Pompée* augmente après ses victoires en Asie. *César* forme avec lui et *Crassus* le PREMIER TRIUMVIRAT, qu'un parti populaire rend *tout puissant*, et il obtient le commandement dans les Gaules pour 5 ans. 55. Par un nouvel accord des Triumvirs, *Pompée* a pour province l'Espagne, *Crassus* la Syrie, (pour attaquer les Parthes, peuple paisible mais riche), *César* la Gaule encore pour 5 ans. — Le sénat obligé de consentir à tout.

53. Après la mort de Crassus, Pompée, favorisé par le Sénat et le parti républicain, cherche à affaiblir le crédit de César.

Seconde guerre civile.

49. *César* s'avance de la Gaule Cisalpine et passe le *Rubicon* (près Rimini); Pompée et le *Sénat* se retirent à Dyrrachium. L'Italie se déclare pour César, qui marche d'abord en Espagne, où les troupes de Pompée se soumettent. Il passe en Epire 48, est battu à Dyrrachium, fuit en Thessalie; *Vainqueur à Pharsale*. ... Pompée assassiné en Egypte.

47-44. *César* nommé *Dictateur*; triomphe en Afrique et partout ailleurs des chefs du parti contraire: il use d'un pouvoir usurpé avec tant de sagesse et de douceur, qu'il gagne même les coeurs de la plupart de ses rivaux: il réforme le Calendrier. Nommé 45 *Dictateur perpétuel*, il abaisse le Sénat, s'assure l'amour du peuple et des soldats; mais se livrant trop aux flatteries d'Antoine, il irrite quelques républicains zélés et des ennemis particuliers qui l'assassinent 44. ... Caton d'Utique † 46. ... Brutus, Cassius.

Antoine s'empare du pouvoir à Rome; *Octave* le lui enlève à l'aide des Soldats de César, et forme cependant avec lui et *Lépidus* LE 2d. TRIUMVIRAT. Affreuses proscriptions. 42. Victoire près de *Philippi* sur *Cassius* et *Brutus*.

Octave reçoit les *provinces occidentales* de l'Europe: *Lépidus* la moitié occidentale de l'Afrique. *Sextus Pompée* se maintient encore en Sicile.

41. Les terres les plus fertiles de l'Italie, enlevées à leurs possesseurs, sont données aux Soldats d'Octave.

37. *S. Pompée* vaincu par *Agrippa*; *Lépidus* est aussi dépossédé.

Antoine a en partage *les provinces orientales* de l'Europe, l'Asie et l'Afrique, depuis *Scodra* (Codropolis). ... Il passe en Egypte, et se livre aux plaisirs auprès de *Cléopatre*.

32. *Guerre entre Antoine et Octave*; le premier vaincu à Actium, fuit en Egypte avec Cléopatre, et meurt avec elle 30. Octave reste seul maître de l'empire.

EMPIRE ROMAIN
sous les Empereurs.

Octave assure son pouvoir en créant une garde de 10000 h. Il restreint beaucoup l'autorité du Sénat et du peuple, mais en respectant les formes républicaines. Il reçoit 27 le titre d'Auguste, et n'accepte ses dignités que pour 10 ans. Il les fait confirmer en 17 et 8. Il étend de plus en plus son pouvoir, mais ne s'en sert le plus souvent que pour rétablir l'ordre et la tranquillité. Il protège les sciences et les moeurs, et recule les bornes de l'Empire par de nouvelles conquêtes.

GERMANIE, PANNONIE etc.

115. Les *Cimbres*, les *Teutons* et les *Ambrons* s'avancent du Jutland et des contrées voisines jusqu'aux frontières de l'*Illyrie* (occid.), battent les consuls Papirius et Carbon, traversent l'Helvétie, où ils s'unissent aux *Tigurins*, passent 112 en Gaule, repoussent plusieurs généraux Roms. et s'avancent jusque vers l'Espagne. Repoussés à leur tour par les *Celtibériens*, ils prennent le chemin de l'Italie. *Marius* victorieux 102 à *Aix* sur les Teutons et les Ambrons, et à *Vercelli* sur les Cimbres.

Dans la Germanie les *Suèves* deviennent très puissants: sous *Arioviste* ils s'emparent 71 d'une partie de la Gaule. César les défait et les force à rétrograder 57 ... parmi eux il y avoit aussi des *Marcomans*. César lui-même passe le Rhin 55 et 53, mais sans avantage.

16. *Lollius* est battu en Gaule par les Sicambres.

12-9. Sous le nom d'alliance, *Drusus* met sous la dépendance des Roms. les *Bataves* (colonie des Cattes) les *Frisons* et les *Chauci*. Il unit par un canal le Rhin et l'Yssel, défait les *Chérusques* près du Hartz, et les *Cattes* en Hesse: il s'avance jusqu'à l'Elbe. † à son retour près de Mayence. Ses exploits lui valent, ainsi qu'à ses descendants le surnom de *Germanicus*.

8. *Tibère* victorieux des *Sicambres*, transplante 40000 h. de cette nation au delà du Rhin.

Dans ce tems, les *Marcomans* passent en *Bohème*, d'où ils chassent les *Boïens*, qui s'établissent dans la *Norique*.

Les *Moesiens* subjugués par les Roms. 30. Les *Pannoniens* le sont aussi après une longue résistance. e. 35-11. Enfin la *Rhétie*, la *Vindélicie* et la *Norique*, ont le même sort 15.

Sadules R. des *Odrysiens* lègue ses états aux Roms. Cependant la THRACE reste en partie indépendante.

Au nord du Danube les *Sarmates* se font connaître. Les Roms. s'engagent dans une guerre avec eux 16, et avec les *Daces* 10. A ces derniers se joignent les *Gètes*, peuple de même origine, qui jusqu'alors avoient habité les deux rives du Danube, et qui maintenant abandonnent la Thrace. a. 11.

ASIE et AFRIQUE
dans leurs rapports avec l'Europe.

Afrique.

Depuis la conquête de Carthage, toute la côte septentrionale est plus ou moins dépendante des Romains.

En EGYPTE ils s'arrogent presque toujours la tutèle des Rois. ... Ptolémée Apion leur lègue 96 la *Cyrénaïque*. Ils dépouillent 58 *Ptolémée Aulètes* de l'Ile de *Chypre*. ... *Cléopatre* règne conjointement avec ses frères d'abord avec *Ptolémée XII*. 51-47; puis avec *Ptolémée XIII*. qu'elle fait assassiner 44. Vaincue 30 avec Antoine par Octave, elle se donne la mort. ... L'Egypte devient *province romaine*.

La NUMIDIE obéit à Micipsa 148-119, qui laisse ses états à ses fils Adherbal et Hiempsal, et à Jugurtha, fils naturel de son frère. Ce dernier fait périr ses cohéritiers, contre le gré des Roms., et se rend maître de tout le royaume. En corrompant les Grands de Rome, il retarde une déclaration de guerre jusqu'en 121. Il est défait 106. Ses états d'abord divisés, sont déclarés province par César. Cependant la *Mauritanie* conserve des rois pendant quelque tems.

123. Caius Gracchus rebâtit *Carthage* comme colonie romne.

Asie.

131. Attale III. lègue aux Roms., outre ses trésors, le royaume de PERGAME, considérablement aggrandi depuis 189 (ceux-ci donnent le nom d'Asie à la principale province de cet état) Prétentions d'*Aristonicus*. Il est vaincu 130.

Rme. de PONT. ... *Mithridate V.* allié des Roms. contre Aristonicus, reçoit d'eux la Phrygie 130: mais ils en dépouillent son successeur. † 124.

Mithridate VI. le Gr. appellé au secours des villes grecques de la *Tauride* contre les *Scythes*, il envahit 112-10 quelques contrées aux environs de la *Méotide*; se met en possession 93-88 de la *Paphlagonie*, de la *Cappadoce*, et de la *Galatie*; attaque Nicomède III. R. de *Bithynie*, ce qui l'entraîne dans une guerre avec les Roms. Victorieux 88 il se rend maître de toute l'Asie mineure, où il fait massacrer tous les roms. Il fait passer des troupes en Grèce. Vaincu 86 par Glabrion, et 85 par Sylla il est forcé d'abandonner toutes ses conquêtes. ... Après avoir subjugué de nouveau la *Tauride* et la *Colchide*, il nomme son fils Macharès R. du *Bosphore*. ... 83. 82, 2de guerre avec les Roms. terminée par un accommodement. ... 75-64. 3me guerre. Mithridate battu se réfugie après de Tigrane II. R. d'Arménie. Lucullus victorieux des deux Rs. 69-68, pénètre jusqu'à Nisibis. Mais la mutinerie de son armée lui ayant fait perdre presque tous ses avantages, il est rappellé. POMPÉE achève la victoire 66. Mithridate fugitif en Tauride y prépare l'envahissement de l'Italie. ... De nouveaux ennemis, et la trahison de son fils Pharnace, font échouer ses projets ... il se fait poignarder 64. ... *Pompée* 64 fait la conquête de la *Colchide*, de l'*Ibérie*, de l'*Albanie*, ou *Alanie*, laisse à Pharnace le Rme. du *Bosphore*, et donne à Déjotarus, Tétrarque de Galatie, une partie du *Pont*. avec le titre de roi, déclare le reste prov. R. aggrandit le Rme. de *Cappadoce*, et fait ratifier toutes ses dispositions à Rome. ... 49. Pharnace reprend une partie des états de son père. César le repousse en l'attaquant *brusquement*. Agrippa s'empare du Rme. du Bosphore 14, et le donne à *Polémon I.*

RME DE SYRIE. ... Des troubles intérieurs, et les conquêtes des *Parthes* affaiblissent de plus en plus la SYRIE, presque toujours livrée depuis 144 à plusieurs régents. Pompée la soumet sans peine aux Roms. 64, et ne laisse à Antiochus XIII. que la *Commagène* avec le titre de roi.

ARMÉNIE. ... Tigrane II. se ligue avec Mithridate, envahit la Syrie et d'autres pays, et ne conserve à la paix 63 que les *deux* Arménies. Dans la suite elles sont du nouveau détachées et restent sous la dépendance des Roms. jusqu'en 6. Depuis cette époque, les *Parthes* et les Roms. s'en disputent la possession.

Durant les troubles de ces temps, l'EMPIRE DES PARTHES s'élève toujours plus. ... Mithridate I. 175-37 soumet presque tout, depuis l'Euphrate jusqu'aux Indes. Ctésiphon sa résidence, ville florissante. Tigrane II. R. d'Arménie s'empare de quelques provinces: mais les Parthes ne cessent pas d'être redoutables, même aux Roms: ... 53. Défaite de *Crassus* par *Orodes I.* près de *Carrae*. ... *Cicéron* dans son gouvernement de Cilicie arrête les progrès des Parthes. ... Phraates se soutient contre le triumvir Antoine, mais il est forcé de plier sous Auguste, qui appuie son rival Tiridate.

Le petit Rme. d'OSRHOENE se détache 137 de la Syrie, et se maintient jusqu' après J. C. sous des rois qui tous portent le nom d'Abgar.

LA JUDÉE. ... *Simon* Maccabée reçoit de Démétrius II. R. de Syrie le titre de *Prince* (Ethnarque) et l'affranchissement du tribut. 140. ... *Jean Hyrcan* 130 se rend *tout-à-fait* indépendant, prend et rase Samarie et le temple de Garizim. Pharisiens et Sadducéens: le Sanhédrin est établi. ... *Judas Aristobule* prend le titre de *roi*. 107. † 106. Les Pharisiens, devenus puissants, font naître une guerre civile contre *Alexandre Jannée* 92-87, et ne laissent à sa veuve *Alexandra* que le titre de reine 79-71. Ses fils *Hyrcan* et *Aristobule* se disputent à main armée la succession. *Pompée* nommé arbitre se déclare pour Hyrcan, prend Jérusalem 64, et rend les Juifs tributaires. ... *Antipater*, Iduméen, soutenu par les Roms. se révolte 48 contre *Hyrcan* et le Sanhédrin. Son fils *Hérode le Gr.* est d'abord chassé par *Antigone*, qui a pour lui la nation et les Parthes 39: mais protégé ensuite par les Triumvirs, il monte sur le trône, fait périr la famille des Maccabées, et reçoit d'Auguste l'*Idumée* et d'autres provinces. C'est sous lui que naquit JÉSUS CHRIST, l'an d. m. 3984.

EMPIRE ROMAIN.

1 Octave Auguste, Empereur depuis l'an 30 avant J. C. 2-4. La mort lui enlève rapidement ses deux petits fils, *Lucius* César et *Caïus* César. L'Impce. *Livie* l'engage à adopter pour fils (et pour successeur), au détriment d'*Agrippa Posthumus*, *Tibère* qu'elle avoit eu d'un 1r. mariage. Tibère est obligé à son tour d'adopter *Germanicus*.

6-10. *Tibère*, secondé par Germanicus, étouffe une révolte dangereuse des Pannoniens et des Dalmates, opprimés par leurs Gouverneurs. 10 Après la défaite de Varus, il est envoyé sur le Rhin a. 10, avec l'élite des vétérans, pour couvrir la Gaule.

11. A cause de son âge, Auguste associe Tibère à l'empire. † a. 14 à 76 ans.

Tibère (âgé de 55 ans) 14-37; fait assassiner Agrippa P. immédiatement après la mort d'Auguste, et prend les rênes du gouvernement avec une répugnance simulée. ... Germanicus appaise l'insurrection des Légions gauloises qui le demandent pour empereur, et les conduit contre les Germains. Rappellé par la jalousie de Tibère a. 17, il est envoyé comme général en chef en Orient, et y est 20 empoisonné a. 19.

Depuis cette époque et jusqu'en 70, les principes du gouvernement deviennent de plus en plus despotiques; on fait une étude des exactions et des cruautés; la vertu et les talents sont persécutés; avilissement subit et total des Roms.

23. *Tibère* se livre entièrement au cruel *Séjan*, et quitte Rome pour toujours a. 26; luxure de ses dernières années dans l'île de Caprée (près de Naples). ... Séjan après avoir fait périr (déja a. 23) l'unique fils de Tibère, cherche à se défaire de la famille de Germanicus, pour se frayer accès au trône. Rien n'est à l'abri de sa fureur.

30 31. *Tibère* n'ouvre les yeux qu'en 30. Il adopte a. 31 *Caligula*, le seul fils encore vivant de Germanicus; fait livrer au supplice Séjan avec ses *enfans* et sa famille, et devient plus ombrageux et plus cruel. † a. 37.

Caligula (à 25 ans), 37-41. Pendant huit mois il gouverne avec sagesse; mais une maladie le jette dans une espèce de démence continuelle. ... Pont de bateaux sur le golphe de Putéoli; expédition contre les Germains; ambassade des Juifs qu'il veut forcer d'honorer ses statues. Il se baigne dans le sang, et est assassiné par deux officiers prétoriens.

40 Claude (à 50 ans) 41-54. Proclamé empereur par la *garde prétorienne*, lui prodigue des récompenses; depuis lors les troupes s'arrogent pendant longtems ce droit lucratif. Il envoie a. 43 une armée dans la Gr. Brétagne, et donne a. 44 à son fils, en mémoire de cette expédition, le surnom de *Britannicus*. ... *Messaline* son épouse et les affranchis Pallas et Narcisse gouvernent. ... *Arria* et *Pétus* 46. ... Supplice de Messaline, a. 48, qui avoit osé épouser publiquement son favori Silius.

50 *Claude* épouse sa nièce *Agrippine*, veuve de *Domitius Néron*. Pour assurer le gouvernement à son propre fils, Agrippine veut écarter Britannicus. ... *Colonia* agrippina (Cologne) 50. L'Empereur empoisonné a. 54 par son épouse et par Locuste.

Néron (à 17 ans) 54-68. Au préjudice de Britannicus, il est proclamé par la garde prétorienne, à l'instigation de Burrhus leur commandant. Il suit d'abord les conseils de *Sénèque* et de Burrhus: mais en 54, il fait empoisonner *Britannicus*, et se montre avec audace *digne de sa mère*, qui elle-même est victime de la perversité de ce monstre.

60 64. L'incendie affreux de Rome, que Néron contemple avec plaisir, et qu'il essaye peut-être, est imputé aux Chrétiens, et donne lieu à la 1re persécution générale.

65. La conspiration de *Pison* sert de prétexte à de nombreuses exécutions, en particulier à celle de *Sénèque*. ... Néron obtient en Grèce tous les prix des jeux, et par reconnaissance, il déclare l'Achaïe libre, et l'affranchit de tout impôt. ... 68. *J. Vindex* dans la Gaule, l'armée d'Espagne sous *Galba*, et enfin la garde prétorienne et toutes les légions se soulèvent; Néron est réduit à se donner la mort.

70 Galba, 68-69. Les prétoriens irrités de ce qu'il ne veut pas acheter l'empire, l'assassinent, et proclament Othon, dont les offres sont plus brillantes.

Vitellius élu E. par les troupes stationées à Cologne; après trois défaites consécutives il remporte, près de Bédriac, une victoire décisive sur *Othon* qui se tue "pour ne pas prolonger l'effusion du sang". Débauches et cruautés de Vitellius: il est massacré.

80 Vespasien (à 59 ans) 69-79. Il soumet la Judée 69, et est proclamé Emp. par les légions de Syrie; à son retour il trouve partout le désordre et la misère, surtout à Rome et en Italie; il rétablit l'ordre dans les armées, dans les finances, et dans toutes les parties de l'administration, relève des villes détruites, soutient les familles ruinées, fait des établissements publics d'instruction etc. ... L'Achaïe perd ses privilèges ... guerre avec les Bataves, 69-70. Agricola est envoyé 78 dans la gr. Brétagne.

Titus (à 39 ans) 79-81. Sa bienfaisance envers les particuliers surpasse celle de son père. ... 79. Terrible éruption du Vésuve. Pompéies et Herculanum sont ensévelis.

90 Domitien (à 30 ans) 81-96. Frère du précédent; il se signale par ses cruautés et ses extorsions. 82. il triomphe des Cattes, sans les avoir vus; 85. jaloux d'Agrippa, il le rappelle; 86. guerre avec les Daces et les Marcomans etc.; il achète la paix des Daces, en s'engageant à leur payer un *subside annuel*. Malgré ses précautions pour prévenir les conspirations, il est assassiné par Parthénius.

Nerva (à 70 ans) 96-98. Il soulage les indigents, et mérite surtout la reconnaissance des Roms. par l'adoption de son successeur, qu'il préfère à tous ses parents.

Ulpius Trajan (âgé d'environ 43 ans) 89-117, natif d'Espagne; il refuse aux Daces le subside annuel, ce qui 100 allume une guerre avec ce peuple a. 100.

GERMANIE, BRETAGNE.

5. *Tibère* défait les *Attuariens* (en Gueldre) les *Bructères* (pays de Munster) et d'autres peuples Germains; pénètre jusqu'à l'Elbe a. 5, et y apprend à connaître les *Lombards*; il marche a. 6. contre *Marbode* R. des *Marcomans*, des *Quades* et des *Hermundures* (en Franconie et dans la Thuringue), qui attire aussi dans son parti les Lombards, et les Semnones (dans le Brandebourg) et qui cherche à étendre sa domination sur toute la Germanie orientale.

8. *Quinctilius Varus*, auparavant gouverneur de Syrie, veut traiter la basse Allemagne comme une province romaine. *Arminius*, fils d'un Prince *Chérusque*, excite secrètement contre lui un soulèvement général, et le fait périr avec ses légions dans la forêt de *Teutobourg* (probablemt. dans le pays de Paderborn).

Germanicus a. 14 passe de nouveau le Rhin, ravage quelques contrées, s'avance a. 15 contre les Cattes, et est forcé par Arminius a. 16. d'évacuer le pays entre l'Ems et la Lippe; il le défait a. 17, avec le secours des Chauci. A son retour une tempête détruit sa flotte,

depuis lors les romains se bornent du côté du bas-Rhin à défendre la Gaule.

Marbode, devenu dangereux pour la liberté de la Germanie, est battu a. 17, par Arminius, qui avoit su gagner les Semnones et les Lombards. *Catualda*, Prince *Goth*, s'empare de ses états, et le force a. 19, à se réfugier chez les Roms.

21. Arminius périt à l'âge de 37 ans, victime de la jalousie de ses parents et de ses compatriotes. Après sa mort les Chérusques tombent dans l'oubli.

28. Les *Frisons* s'affranchissent de la domination des Roms.

41. Les Roms remportent quelques avantages sur les *Cattes* et les *Chauci*. Mais Claude rappelle toutes ses troupes a. 47.

Catualda est chassé par les Hermundures. Les Roms. dont l'influence augmente dans les contrées du Danube, établissent un Quade, *Vannius*, Roi sur les Marcomans (ou sur une partie de ce peuple).

58. Guerre entre les Cattes et les Hermundures, au sujet des sources salées près de la Saale (en Franconie).

69. Les Bataves, sous *Civilis*, soutenus par les *Ubiens*, les *Frisons*, les *Bructères* etc. tentent inutilement de se soulever. ... Velléda.

98. Les Bructères sont vaincus et *très* affaiblis par les *Angrivariens*.

Pline a. 78. et Tacite a. 98. font connaître plusieurs autres peuples Germains, particulièrement les *Angles*, les *Warnes*, les *Rugiens*, les *Vandales* (au Riesengebirge) les *Bourguignons* et les *Goths* sur les bords de l'Oder, de la Vistule, et de la Baltique. Ils font aussi mention des *Estyens* sur les côtes de la Prusse qui produisent le succin. ... Les Lombards, les Semnones et d'autres peuples sont rangés parmi les *Suèves*.

Brétagne.

43. Un certain *Béricus*, chassé par ses compatriotes, engage l'Empr. Claude à tenter la conquête de l'île. *Plautius* s'empare a. 44. de Maldon, et d'autres villes, ainsi que de l'île de Wight.

51. Ostorius Scapula défait le vaillant *Caractacus*, et profite des dissensions entre les habitants pour s'emparer de la plus grande partie de l'île.

58. Suétonius Paulinus se rend maître d'Anglesey (Mona) chef-lieu des Druides. ... La reine *Boadicée*, cruellement maltraitée, ainsi que ses filles, excite un soulèvement général, Les Brétons détruisent les colonies romaines *Londinium* et *Verulanium* (St. Albans); ils sont battus. Boadicée s'empoisonne.

78. J. Agricola *achève la conquête de l'île*; pénètre a. 80. jusque dans la *Calédonie*, qu'il soumet entièrement a. 84. Il construit des forteresses et des grands chemins, bâtit des temples et des bains, et introduit la civilisation et les loix des romains. Il est rappellé a. 85.

Autres contrées de L'EUROPE.

Pline et Tacite font connaître plusieurs peuples d'origine Germanique en *Scandinavie*, en particulier les *Goths* dans la Gothie, les *Sitons*, probablement dans la contrée où fut depuis Sigtuna; et les *Suions* ou Suédois "qui obéissent à un roi, et s'adonnent à la navigation." On cite aussi le nom de *Nérigon*, qui est incontestablement le même que Norrige (Norvège).

A la même époque, on apprend à connaître les *Finnois*, comme un peuple fort ancien, mais très grossier.

Les *Venedi* ou *Vindili* (Vendes) et les *Scyres* occupent déja les rives orientales de la Vistule, et appartiennent à la grande race des *Sarmates*, qui s'étend jusqu'à la mer noire. Sur les bords de cette mer on connait les *Roxolans* et les *Jazyges*. Ces derniers chassés par les *Alains* env. a. 20 s'établissent près de la Theisse, sous le nom de *Jazyges Métanastes*, (errants).

Les *Daces* deviennent redoutables, surtout sous leur R. *Décébale*, et défont a. 85 deux armées romaines. Quoique vaincus par Julien, ils soumettent l'E. Domitien, après ses revers contre les Marcomans, a. 90, à un tribut annuel, qui est régulièrement payé jusqu'en 98. Mais Trajan l'ayant refusé, Décébale arme de nouveau, et se ligue avec des peuples de la Germanie, et même avec les Parthes Trajan le prévient a. 100.

ASIE et AFRIQUE dans leurs rapports avec l'Europe.

Afrique Romaine.

Tacfarinas, Numide, excite 17-24 une insurrection contre les Romains.

Les *Mauritaniens* se soulèvent a. 41, pour venger la mort de leur R. Ptolémée, assassiné par Caligula; ils sont vaincus par Suétonius Paulinus, qui recule le territoire des roms. jusqu'au Niger. Le pays est divisé en Mauritania Tingitania et Cæsariensis.

Asie indépendante.

Les *Parthes* fatigués de leurs dissensions intestines, prient Auguste de leur donner un Roi. Il nomme a. 6 *Vanonès I.* (fils de Phraates IV. et élevé à Rome). Mais ce prince est dépossédé a. 13 par *Artaban III.*

Depuis lors, guerres fréquentes mais peu importantes avec les Roms. ... Vologèse 52-90. Pacore II. 91-107.

Les royaumes d'*Ibérie*, d'*Alanie* (Albanie) et d'*Osrhoëne* maintiennent leur indépendance. La *Colchide* jouit pour un temps de la sienne,

Asie Romaine.

Après de longs différents entre les Roms. et les Parthes, au sujet de la *grde. Arménie*, Vologèse place sur ce trône a. 55 son frère *Tiridate*. Ce dernier, après la conquête du pays par Corbulon, a. 66, est reconnu, et solemnellement couronné à Rome par Néron, et reste constamment attaché aux Roms.

Les autres royaumes de l'Asie mineure, soumis aux roms., sont successivement réduits en gouvernements. La *Cappadoce* a. 16, après la mort d'Archélaus, maltraité par Tibère. Le territoire de la *Galatie* a. 26. Le *Bosphore* et le *Pont* sous Néron, après la mort de Polémon II.; La *Commagène* sous Vespasien.

Après la mort d'*Hérode I.* la *Judée* est partagée entre ses fils, par Auguste. *Archélaus*, sous le titre d'*Ethnarque*, en reçoit la moitié (la Judée, l'Idumée, la Samarie): *Philippe* et *Antipas*, comme *Tétrarques*, l'autre moitié. ... *Archélaus* accusé a. 6, est relégué à *Vienne* (en Dauphiné). La Judée et la Samarie reçoivent depuis lors des *Procurateurs* roms. *La mort de Jésus-Christ, et la propagation de sa doctrine bienfaisante ont lieu sous Ponce Pilate*, exilé a. 36 à cause de ses injustices. ... *Agrippa I.* un petit fils d'Hérode (d'Aristobule) reçoit de *Caligula* a. 37 la Tétrarchie de *Philippe*, mort a. 34, et le *titre de Roi*; a. 40, la Tétrarchie d'*Antipas* déposé, et a. 41, de l'E. *Claude*, l'Ethnarchie d'Archélaus. † a. 44. Son fils *Agrippa II.* reçoit a. 53, comme roi, la Tétrarchie de Philippe; mais les autres provinces sont de nouveau régies par des *Procurateurs* jusqu'en 68, et traitées avec sévérité. ... *Florus* réduit enfin les Juifs au désespoir 64-66 ils se soulèvent. *Vespasien* et *Titus* marchent contre eux a. 67, et enlèvent les principales villes du pays; *Jérusalem* est détruite a. 70 par *Titus*. Le royaume d'*Agrippa* finit avec sa mort a. 90.

TABLE VI. Europe depuis l'an 100 jusqu'a 200 après Jésus-Christ.

EMPIRE ROMAIN.

101 *Ulpius Trajan*, E. depuis 98, soumet la *Dacie* et l'Arabie pétrée 106; construit un excellent port à Centum cellæ (Civita vecchia) ... et 109 une route à travers les marais Pontins. ... Son zèle pour toutes les entreprises utiles; 114 il marche contre les Parthes, recule, en Asie les bornes de l'empire jusqu'au Tigre, et meurt à son retour, à Sélinunte en Cilicie 117.

P. *Ælius* Adrien (à 42 ans) 117-138. Par l'adresse de *Plotine* veuve de Trajan, il est reconnu par l'armée et par le sénat, comme prétendu fils adoptif et successeur
120 de celui-ci. Il abandonne toutes les conquêtes au delà de l'Euphrate, et veut aussi évacuer la *Dacie*, mais il change à cet égard de résolution, à cause du grand nombre de citoyens roms. déja établis dans ces contrées. 122 il entreprend un voyage dans *toutes* les provinces, fait partout des améliorations, punit les mauvais gouverneurs, relève les villes ruinées et en bâtit de nouvelles. Il fait recueillir et disposer en ordre par *Salvius Julianus*, les édits des préteurs, et en compose un *édit perpétuel:* 135 son retour à Rome. Une maladie de langueur aigrit son caractère et le rend cruel. ... Il adopte 138 T. *Aurélius Antonin* qui, à son tour est obligé d'adopter immédiatement M. *Antonius Vérus* (nommé depuis Marc-Aurèle), et *Lucius Vérus*. ... Adrien meurt bientôt après.

T. *Aurélius* Antonin (à 47 ans) 138-161, surnommé le
140 *Pieux*, à cause de son respect et de sa soumission envers son prédécesseur. Il suit toutes les entreprises utiles d'Adrien, et pendant toute la durée d'un règne de 23 ans, il se montre toujours également *grand* et *élevé*, comme régent aussi-bien que comme homme, de sorte qu'aucun des traits, que l'histoire nous a transmis de son gouvernement, ne saurait être mis au dessus des autres. Il meurt à 70 ans, et les romains pleurent sa perte comme s'il leur eut été enlevé à la fleur de son âge.

160 Marc Aurèle *Antonin* le *Philosophe* (à 40 ans) 161-80 et avec lui

L. Vérus (à 31 ans) 161-169. Quoique chef de l'expédition contre les Parthes 162-65, il ne quitte point le voluptueux séjour d'Antioche. La peste qu'il rapporte 166 s'étend dans toutes les provinces roms., et dans les pays voisins, et fait d'affreux ravages.

Il suit dans son administration les principes de son prédécesseur. Il est regardé par quelques-uns, tant anciens que modernes, comme le meilleur de tous les Princes.

170 Mais le bonheur de son règne est troublé par des fléaux continuels, et par des guerres, particulièrement avec les Parthes, et avec la ligue bien plus formidable des Marcomans. ... Débordements de *Faustine*. ... 175 Révolte du général Cassius, homme jusqu'alors estimé, et qui est assassiné par ses propres troupes. L'empereur † dans une nouvelle expédition contre les Marcomans.

après la mort de Marc-Aurèle le gouvernement de l'empire devient un despotisme absolument militaire.

Commode (à 19 ans) 180-192, fils de M. Aurèle (ou d'un gladiateur) s'empresse de faire la paix avec les Marcomans, et d'éloigner de sa personne tous les ministres du gouvernement précédent.

Les prétoriens, formés en grande partie du rebut des barbares, n'ont plus de frein après le meurtre de leur chef Perennis, et servent la cruauté extrême et farouche de l'Empereur. Il est cependant assassiné par un autre
180 préfet du Prétoire, et par quelques autres conjurés secondés par le lutteur Narcisse.

Helvius Pertinax est proclamé Empr. par les gardes; mais il s'attire bientôt leur haine, en annonçant l'espoir de réformer avec leur appui, quelques abus. Il est assassiné a. 193, après un règne de 87 jours. ... *Les prétoriens mettent publiquement l'empire à l'enchère.*

Didius *Julianus* l'emporte sur *Sulpicianus*, en offrant un plus haut prix, et en promettant de faire renaître les temps de Commode. Le sénat confirme ce marché. Mais les troupes de *Syrie* reconnaissent pour Empr. *Pescennius Niger;* les armées de l'Illyrie, des Gaules etc. proclament
190 de leur côté:

Septime Sévère (à 49 ans) 193-211.

Didius est abandonné et mis à mort. Sévère licencie les corps qui jusqu'alors avaient formé la garde impériale, élève *Albin*, gouverneur de la gr. Bretagne, à la dignité de *César*; défait près d'Issus 194 *Pescennius Niger;* prend et détruit *Byzance* 196, après un siège de trois ans. *Albin* est proclamé *Auguste* par les légions britanniques. Sévère marche contre lui, et est vainqueur près de Lyon 197. Il nomme Auguste 198 son fils aîné *Caracalla*, et
200 attaque avec succès les Parthes, 199.

GRde. BRETAGNE, IRLANDE.

Les *Calédoniens* inquiètent les provinces roms. du midi; l'E. *Adrien* fait élever contre eux 121 un mur de terre, depuis Solway-Firth jusqu'à l'embouchure de la Tyne.

Sous l'Empr. *Antonien le pieux* 138, le gouverneur Lollius Urbicus recule les frontières des roms. jusqu'aux golfes de Forth et de Clyde, et y construit aussi un rempart.

Les Calédoniens pénètrent 183, au delà de ces bornes, mais ils sont repoussés par le gouverneur Ulpius Marcellus.

—

L'Hibernie devient aussi un peu plus connue avant 161, par les notices du géographe Ptolémée. Cette île, connue aussi sous le nom *d'Ierne* (Irlande) est partagée, à cette époque, entre plusieurs petites peuplades, dont il est fait mention dans le siècle suivant, sous le nom général de *Scots*. Mais *l'histoire* de ces peuples reste encore pendant longtems très stérile.

GERMANIE.

Dans la *basse Germanie*, il parait que les dissentions intestines, si favorables aux roms. durent encore. ... Ptolémée fait connaître aussi dans ces contrées les *Saxons*, dont les principaux établissements (c. 161) sont dans le Holstein, et dans les îles voisines. Le même auteur désigne encore dans leur voisinage, les *Teutons*, dont le nom s'étend depuis dans toute la Germanie.

Durant la première moitié de ce siècle, les romains conservent encore leur prépondérance près du Danube, et donnent même un roi aux *Quades* 139.

Mais c. 152 les *Marcomans* et les *Quades* se liguent avec les *Hermundures*, les *Suèves*, les *Victofales* (peuple Goth), les *Vandales*, les *Jazyges*, les *Roxolans*, les *Alains* et d'autres peuples, contre les romains, qui les ménagent pendant la guerre avec les Parthes. Depuis 166 ils passent plusieurs fois le Danube, ravagent l'Illyrie, s'avancent a. 170 malgré une défaite jusqu'à Aquilée, et mettent en un danger extrême l'Italie, déja épuisée par la peste et par la famine. *Marc-Aurèle* les repousse enfin 172, et remporte une victoire décisive 174 aux bords de la rivière Nitra (dans les vallées près de Ghymes) ... (Légion fulminante) ... Il fait la paix 175 séparément avec chacun de ces peuples, et sous des conditions particulières. ... Les Marcomans et leurs plus proches voisins renouvellent la guerre 178, et sont de nouveau battus 180 par Marc-Aurèle. La même année, ils obtiennent cependant de son fils Commode des conditions avantageuses.

DACIE, et autres contrées de L'EUROPE.

Après deux victoires sur *Décébale* 101, Trajan le réduit à demander la paix. ... 103, nouvelle guerre; Trajan construit un pont de pierre sur le Danube, remporte une nouvelle victoire, 104 prend la résidence *Sarmizégéthusa* (près de Varholy), qui devient une colonie romaine sous le nom *d'Ulpia Trajana*. En 106 il soumet toute la Dacie, construit dans ce pays des forteresses et des routes militaires, et y transplante, comme colons, un grand nombre de citoyens roms. qui introduisent dans ces contrées l'usage de la *langue latine*.

Adrien détermine à la paix, plus par des subsides annuels que par la voie des armes, les *Roxolans*, voisins de la Dacie, et d'autres peuples *Sarmates*.

—

Ptolémée fait connaître dans la Sarmatie septentrionale sur la Baltique, les *Galindæ*, les *Sudini*, et les *Borusci* (Prussiens).

Les *Goths* occupent 190 la partie orientale de la *Dacie*.

ASIE et AFRIQUE dans leurs rapports avec l'Europe.

Le royme. des Parthes tombe toujours plus en décadence. *Cosrhoës* (107-134) donne de nouveau un roi à *l'Arménie;* mais Trajan chasse celui-ci 114, réduit le pays en *province romaine*, soumet la *Mésopotamie*, 116 *l'Adiabène*, et même *Babylone*, *Séleucie* et *Ctésiphon*, villes capitales des Parthes; après la fuite des *Cosrhoës* il nomme *Parthamaspates* R. des Parthes. Les vaincus se soulèvent de nouveau après l'éloignement de Trajan, et Cosrhoës reparait aussi. ... Adrien fixe 117 l'Euphrate pour limite, mais il maintient la souveraineté des roms. sur l'Arménie, donne cette couronne à Parthamaspates, et prononce en arbitre 135 sur les différents qui s'élèvent entre le successeur de ce dernier et le roi *d'Ibérie*.

Vologèse II. (134-188) renouvelle 161 la guerre au sujet de l'Arménie, et ravage la Syrie et la Cappadoce. L'Empr. Vérus marche contre les Parthes 162: ses lieutenants remportent 163 une victoire complette, et soumettent de nouveau 165 l'Arménie et Ctésiphon. Séleucie est cruellement saccagée et ruinée par Cassius. La *Mésopotamie* reste 166 sous la domination romaine.

Vologèse III. (189-213) est attaqué 198 par l'Empr. Septime Sévère, et ne réussit pas mieux que ses prédécesseurs à défendre les villes principales de ses états. Ctésiphon est prise d'assaut et cruellement maltraitée.

—

Le roi *d'Osrhoëne* se soumet 114 à l'Empr. Trajan; mais il se soulève de nouveau, et ses états restent indépendants jusqu'en 216.

—

Corn. Palma, gouverneur de Syrie, fait 105 la conquête de *l'Arabie pétrée;* Trajan 115 celle d'une partie de l'Arabie heureuse. ... Dans l'Arabie déserte les Sarrazins se font connaître 192 par une victoire sur les troupes romaines.

—

Le fanatisme porte les Juifs à la révolte 115, à Cyrène, en Chypre, etc. ils ruinent la ville de Salamine, dépeuplent la Lybie, et ne sont point découragés par leurs défaites. Adrien fait raser Jérusalem 118, et élève sur ses ruines une nouvelle ville, *Ælia Capitolina;* il construit aussi sur le mont de Sion un temple à Jupiter Capitolin. ... 133 après le départ de l'Empr., les Juifs, sous la conduite d'un faux Messie, reprennent les armes, et s'emparent de 50 places fortes; mais ils sont défaits par Jul. Sévère; 580000 périssent par le fer, un grand nombre d'autres sont vendus dans tous les pays, et la Judée reste presque déserte.

Il s'élève (suivant les notices chinoises) dans le centre de la partie septentrionale de l'Asie, de grands mouvements parmi les peuples Tartares, surtout parmi les *Hiongnous*, connus dans la suite sous le nom de *Huns d'Europe*; ces derniers depuis cette époque, poursuivis par des ennemis puissants, se retirent toujours plus vers l'occident, et vers les bords du Wolga.

TABLE VII. Europe depuis l'an 200 jusqu'à 300 après Jésus-Christ. 200-300

EMPIRE ROMAIN.

201 *Septime Sévère*, E. depuis 193. Il nomme le cruel *Plautien* chef des prétoriens et premier ministre, dignités alors toujours réunies; mais Plautien conspire contre lui 204, et est assassiné par *Caracalla*; *Papinien* le remplace. ... L'Empr. confère aussi 208 à son second fils *Géta* le titre d'*Auguste*; il passe dans la grde. Bretagne avec ses deux fils 208, et meurt à York 211, après avoir couru le danger d'être assassiné 210 par Caracalla.

210 CARACALLA (à 23 ans) 211-217, et GÉTA (à 21 ans). Ces deux frères se portent dès leur enfance une haine irréconciliable. L'aîné fait égorger le cadet 212 dans les bras de sa mère. *Papinien* qui avoit refusé de composer une apologie de ce meurtre, éprouve bientôt le même sort. Rome est le théâtre de ses fureurs; à l'exemple d'Adrien, il veut parcourir toutes les provinces; il passe dans les *Gaules* 214, s'avance au delà du Rhin contre les *Allemands* et les *Cattes*, et achète sa retraite. Il parcourt aussi l'Asie 215, la Syrie et l'Egypte 216, signalant partout sa cruauté; il est enfin assassiné près de *Carræ* 217.

MACRIN 217-218 est élu E. par l'armée d'Orient; il donne à son fils *Diaduménien*, (âgé de 10 ans) le titre 220 de César, et bientôt après celui d'Auguste. Mais MOESA, soeur de la dernière impératrice, gagne les soldats en faveur de son petit-fils, *Bassien Héliogabale*, (prêtre du soleil à Emèse), (âgé de 14 ans). Macrin est assassiné.

HÉLIOGABALE, 218-222. Il prend le nom de M. Aurèle Antonin; mais il donne un exemple frappant du degré de perversité auquel une méchanceté précoce peut parvenir, dans un *état entièrement corrompu*. ... Il adopte *Alexandre Sévère* (à 13 ans), le nomme César, et veut ensuite attenter à ses jours; mais il est assassiné lui-même par les soldats.

ALEXANDRE SÉVÈRE (à 17 ans) 222-235. Il prend les rênes du gouvernement, dirigé par les conseils de sa mère *Mammée*, d'*Ulpien* et d'autres ministres vertueux; il montre de son côté une volonté *ferme* et *énergique* pour le bien.

226. Guerre contre les Perses ... une partie de 230 l'armée rom. mécontente s'unit à l'ennemi.

228. Les prétoriens égorgent leur chef *Ulpien* sous les yeux de l'Empr. 229 les légions de Syrie proclament *Taurinus* E. et les prétoriens *Antonin*; l'un préfère se donner la mort, et l'autre s'éloigne. *Ovidius Camillus*, plus ambitieux, brigue la dignité impériale, et Alexandre l'associe volontairement et avec reconnaissance; cependant il est bientôt obligé de lui donner sa démission, parceque cet ambitieux trouve lui-même le fardeau au dessus de ses forces.

230-32. Nouvelle guerre avec les Perses; 234 avec les Germains. Les troupes ne voulant pas se soumettre à la discipline militaire, et séduites par *Maximin de Thrace*, assassinent l'E. à Mayence dans la 28me â. de son âge.

240 Les armées s'emparent maintenant de tout l'empire, et nomment des Empereurs et des Anti-empereurs, dont la plupart n'ont aucune idée de la science du gouvernement; ils périssent promptement les uns après les autres.

Maximin Thrax † 237.
Gordien I. et II. 237.
Pupien et *Balbin* 238.
Gordien III. 244.
Philippe l'Arabe 248.
Dèce 2[illegible].
Gallus, *Hostilien* et *Volusien*, 253.
Æmilien 253.
Valérien, meurt en captivité chez les Perses.
Gallien et *Auréole*, 268.

jusqu'à

260-70. Chaque armée élit ses propres empereurs, connus sous le nom des 30 tyrans (quoiqu'on n'en cite que 18 ou 19). Dans ce nombre on doit distinguer *Postumius*, qui gouverna sagement la Gaule pendant 7 ans, *Aurelien* et *Odenat* qui se signalèrent par de grandes entreprises.

Pendant ces révolutions, et depuis 253, les barbares attaquent en même temps *toutes* les frontières de l'empire en Europe et en Asie. Dans la *grde. Bretagne* en particulier les *Calédoniens* et les *Saxons*. Dans la *Gaule*, les *Francs*, les *Allemands* et les *Bourguignons*. En *Italie*, les *Allemands*, les *Suèves*, les *Marcomans*, les *Quades*; dans la *Mœsie*, la *Macédoine*, la *Thrace*, les *Carpi*, les *Goths*, les *Hérules*, etc.; en *Asie*, les *Perses* etc. Toutes les provinces sont livrées à la plus affreuse misère.

270 AURÉLIEN, 270-75, conclut une paix avec les Goths, 271, abandonne la *Dacie*, et en transporte les habitants dans la Mœsie, appellée dès lors *nouvelle Dacie*. Il défait les *Allemands*, les *Marcomans*, les *Vandales* etc.; recouvre par les armes 272-73 les provinces orientales; après la soumission de *Tétricus* 274 il réunit de nouveau à l'empire, les *Gaules*, l'*Espagne* et la gr. *Bretagne*, et mérite la reconnaissance des romains par l'institution de bonnes lois.

TACITE † 275.

M. AURÉLIUS PROBUS 276-82. Il défait dans les *Gaules* une armée nombreuse de *Francs* et d'autres nations germaniques, les poursuit au delà du Rhin, et couvre les frontières romaines par un rempart de pierre entre ce fleuve et le Danube (Teufelsmauer, ou une partie de ce 280 mur); Il chasse les *Goths* de l'*Illyrie* 278; étouffe 280 la révolte de *Saturnius* en Orient, et en 281 celle de *Proculus* et de *Bonosus* dans la Gaule; relève 70 villes; fait planter par ses soldats des vignes dans la Gaule, la Pannonie et la Mœsie. Ils l'assassinent lorsqu'il veut les employer à creuser un canal près de Sirmium, sa ville natale.

CARUS et ses fils CARIN et NUMÉRIEN. Guerre heureuse contre les Perses 283.

DIOCLÉTIEN, 284-305. Il s'associe 285 l'intrépide mais cruel MAXIMIEN, qui repousse les *Allemands*, les *Bourguignons*, et d'autres Germains, et les poursuit 287 au delà du Rhin.

288. *Carausius* se rend maître de la gr. Bretagne.

290 291. L'Empire est subitement menacé de tous côtés; les deux Empereurs nomment des Césars, et partagent l'inspection des provinces.

Dioclétien à pour département *toutes les provinces au delà de la mer Egée.*	*Galère* la *Thrace* et l'*Illyrie*; il transporte dans la Pannonie les Carpi vaincus.	*Maximien* l'*Italie*, l'*Afrique*, et les *îles* entre les deux pays.	*Constance Chlore* la *grde. Bretagne*, la *Gaule*, l'*Espagne* et la *Mauritanie*.

300

GRde. BRETAGNE, SCANDINAVIE.

Bretagne.

207. Les *Calédoniens* pénètrent dans la Bretagne romaine; *Septime Sévère* les repousse 208, et s'avance dans leur pays, jusqu'aux côtes septentrionales. Nouvelles incursions des vaincus 210. Pour couvrir les provinces méridionales, Sévère abandonne le pays au delà de la Tyne, et élève un nouveau mur près du rempart d'Adrien. ... *Carausius*, chef des flottes romaines, destinées à protéger la *Belgique* et l'*Armorique* contre les *Francs* et les *Saxons*, s'unit à ces peuples et passe en Bretagne 288; les armées cantonnées dans l'île le proclament Empr. *Dioclétien* et *Maximien* la reconnaissent aussi 289; son ami *Allectus* l'assassine 293 et se fait proclamer; mais il est vaincu 296 par *Constance Chlore*.

Scandinavie.

L'histoire de ces contrées depuis les premiers temps jusqu'en 800 est avec raison regardée comme fabuleuse, même par les écrivains nationaux modernes, parce que les traditions islandaises, sur lesquelles elle repose, confondent tellement la fable et la vérité, qu'on ne peut les démêler avec certitude. Suivant ces traditions *Odin* (Othin) subjugue c. 250 tous les pays qui forment de nos jours la *Suède*, la *Norvège* et le *Danemarc*, et laisse ces états à ses fils et à ses amis.

Le nom de *Dania* est probablement d'une origine plus récente (V. pour la suite à l'an 700).

GERMANIE.

Les *Saxons* commencent à exercer leurs pirateries sur les côtes de la Gaule et de la grde. Bretagne, surtout en 287.

Sur le Bas Rhin, les *Attuariens*, les *Bructères*, les *Chauci*, les *Ansivariens*, les *Chamaves*, les *Cattes* et d'autres peuples, sous le nom commun des *Francs*, se liguent contre les romains, passent le Rhin 241, sont repoussés, et renouvellent constamment leurs attaques. Ils pénètrent 263 dans la Gaule, et de là en *Espagne*; ils enlèvent *Tarragone* (quelques-uns poussent même jusqu'en Afrique). *Probus* les chasse 275, et les défait de nouveau 277 avec les *Bourguignons* et les *Vandales*. Ils s'emparent 287 des îles de la Batavie, et en sont expulsés 288 par l'E. Maximien. Cependant Constance y trouve encore 293 des *Chauci*, des *Chamaves* etc. et des *Frisons*; Après les avoir vaincus, il les transplante dans les contrées dépeuplées de *Trèves* etc.

Dès l'an 213 les peuples liguées sous le nom d'*Allemands*, qui habiteient sur le haut-Rhin (particulièrement entre le Mein et le Necker) ne se rendent pas moins redoutables aux roms. Ils s'avancent 260 jusqu'à *Ravenne* et 268 jusqu'à *Vérone*. L'E. Probus les chasse 277 de la Gaule, et même pour quelque temps des bords du Rhin. Mais ils pénètrent de nouveau dans la Gaule 285, 286. ... Ils sont défaits 289 par *Constance Chlore* près de *Langres* (civitas *Lingonum*) et près de *Windisch* (Vindonissa); Ils s'étendent cependant sur la rive droite du Rhin, depuis *Bâle* jusqu'à la *Lahn*.

Les *Bourguignons* pénètrent dans la Dacie, entre les *Suèves* et les *Allemands*, et s'associent 277 aux expéditions de ces derniers.

Les *Marcomans*, les *Quades* et les *Vandales* réunis à eux, renouvellent aussi de temps en temps leurs incursions dans les provinces romaines. ... Les *Quades* enlèvent 260 une grande partie de la Dacie; mais cette contrée passe c. 275 sous la domination des Goths.

DACIE, et le reste de L'EUROPE.

Divers peuples *Sarmatés*, particulièrement les *Carpi*, (habitants des Carpathes) et les *Roxolans*, saisissent toutes les circonstances favorables pour inquiéter les provinces romaines.

Les nations *germaniques* qui passent dans la *Dacie* et dans les contrées voisines, y occasionnent de grandes révolutions.

1. Les *Goths* s'étendent dabord dans la partie la plus orientale vers le Dnieper et le *Palus Méotide*: guerre entre eux et *Caracalla* déja en 216. Ils obtiennent des roms. un subside annuel. Sous leur R. *Ostrogotha* 245, et réunis aux *Alains* et à d'autres peuples, ils portent leurs ravages jusqu'à *Marcianopolis*; pénètrent sous *Cniva* 250-51 jusqu'en Thessalie; l'E. *Dèce* périt dans une bataille contre eux; ils obligent les villes de la mer noire à leur livrer des vaisseaux; font plusieurs descentes en Asie 258-64; pillent la Bithynie, la Galatie, la Cappadoce etc.; brulent les villes les plus riches, et même le temple de Diane à Ephèse: repoussés 264 par *Odénat*, ils reparaissent de nouveau 266 avec les *Hérules* 267. Ils occupent 275 la *Dacie* abandonnée par *Aurélien*, et se divisent, (peut-être déja à une époque antérieure) en deux branches principales, 1) les *Goths orientaux* (*Ostrogoths*, ou *Goths* proprem. dits), nommés aussi *Greuthunges*. à l'Est du *Dniester*; 2) les *Goths occidentaux*, (*Visigoths*) à l'ouest de cette rivière. Les *Taifales* les *Victofales* et les *Thervinges* appartiennent à ces derniers. Les deux peuples continuent leurs incursions sur le territoire de l'empire roms. ... Parmi les nombreux captifs qu'ils emmènent, se trouvent aussi des instituteurs chrétiens, qui répandent parmi eux le *Christianisme*.

2. Les *Vandales* habitent encore les bords de la Theisse, près des *Quades*; ils passent le Danube 260, et sont vaincus par l'E. *Aurélien*. ... Les *Astinges* qui font partie de ces peuples, s'établissent plus tard dans la Dacie, parmi les Goths; d'autres errent dans les contrées du Rhin.

3. Les *Bourguignons* paraissent 240-50 à l'Est des Carpathes; ils sont chassés par les *Gépides*; quelques-uns se réfugient chez les Goths; le plus grand nombre passe en Germanie, dans le voisinage des Allemands.

4. Les Gépides sont alliés aux Goths. Leur R. Fastida, enorgueilli par sa victoire sur les Bourguignons, attaque aussi le R. Ostrogotha; mais il est défait. Les Gépides et les Vandales tentent inutilement 291 de chasser les Visigoths.

5. Les Hérules "expulsés de la Scandinavie par les Danois" paraissent 267 près du Palus Méotide, passent de là, avec 500 vaisseaux à Cizique, pillent cette ville et les îles de la mer Egée, débarquent dans l'Attique "et laissent les livres aux Athéniens;" ils s'avancent à travers l'Epire vers le Danube, et sont battus par Gallien près de Nissa; Quelques-uns passent au service des roms., et leur chef Naulobatus est créé Consul; d'autres pénètrent dans la Germanie et sont défaits dans les Gaules 287 par Maximien; la plupart restent sur les bords des Méotides.

La Dacie même et les contrées voisines sont actuellement dévastées par ces peuples. Cependant quelques habitants roms. y demeurent, même après les conquêtes des Goths, et l'usage de la langue latine n'y disparait pas entièrement.

Les villes commerçantes de la Taurique, particulièrement Cherson, Caffa et Bosporus, soutiennent constamment quelques rélations avec les romains.

ASIE et AFRIQUE dans leurs rapports avec l'Europe.

Caracalla attaque perfidement 216 le dernier R. des Parthes *Artaban IV*. Son successeur *Macrin* est obligé 217 d'acheter chèrement la paix de ces peuples, quoiqu'affaiblis par des dissentions et par la guerre.

Nouvelle Monarchie des Perses. sous les Sassanides.

Artaxerxès I., fils d'un simple soldat Perse, nommé *Sassan*, se révolte 226 contre *Artaban*, le défait et est reconnu comme R. par la nation. ... Il attaque les roms. 230, mais il est vaincu 232 par *Alexandre Sévère*.

Sapor I. 241-272. Il soumet la Mésopotamie et la Syrie 241; quoique vaincu 242 par *Gordien*, et poursuivi jusqu'à *Ctésiphon*, il obtient une paix avantageuse de *Philippe l'Arabe*. ... Il profite des troubles auxquels l'empire rom. est livré dans la suite, pour continuer ses agressions. En 258 il subjugue *toutes* les provinces jusqu'à l'Euphrate et la *Syrie*, fait même l'E. *Valérien* prisonnier 260, et le traite avec barbarie; il s'avance jusqu'à Césarée 261, et massacre tous les habitants de cette ville. ... *Odénate* lui enlève 264 toutes ses conquêtes. D'un autre côté, sous *Varanès II.*, *Carus* soumet *Sélcucie* et *Ctésiphon*; mais la mort suspend le cours de ses victoires.

Narsès 294-301, renouvelle la guerre 296; il est vaincu 297 par *Galère*, et il cède aux roms. la souveraineté sur l'*Arménie* et l'*Ibérie*, ainsi que sur la *Mésopotamie*, et 5 provinces septentrionales limitrophes, au delà du Tigre.

Palmyra.

Durant les sécousses qui ébranlent tout l'empire rom. 264 *Odenat* défend l'orient contre les *Perses*, les *Goths* et d'autres ennemis. Il est créé Auguste 266 par *Gallien*, et fait *Palmyre* la capitale de ses états; † 267. Sa veuve *Zénobie* comme *reine d'orient*, gouverne au nom de ses enfants, la *Syrie*, la *Mésopotamie* et une partie de l'*Asie mineure*; elle se rend indépendante de l'empire rom. mais elle est vaincue par Aurélien et conduite prisonnière à Rome, après la prise de Palmyre 273. ... Son ministre *Longin*.

Caracalla fait prisonnier par une ruse 216 le dernier R. d'*Osrhoëne*, et réduit le pays en province.

Dioclétien obtient 298 quelques avantages sur les *Sarrasins*; il fait aussi de nouveau passer sous la domination de Rome la *Colchide* (Lazica) et l'*Ibérie*.

L'E. *Tacite* 275 a des succès contre les *Alains* (près de la mer caspienne).

La religion chrétienne se répand toujours plus, même dans la *Perse*.

TABLE VIII. Europe depuis l'an 300

EMPIRE ROMAIN.

301

Provinces d'Occident.

Grde. Brétagne, Gaule, Espagne, Mauritanie.

301. *Constance Chlore* † 306 dans une expédition contre les Ecossais.

Constantin *le grd.* (à 35 ans) 306-337. Il épouse Fausta, fille de Maximien, et reçoit de lui 307 le titre d'Auguste, confirmé par Galère.

Italie, Sicile, Sardaigne, Afrique propre.

Maximien abdique l'empire 305.

Sévère, élevé par Galère à la dignité de César, et bientôt après à celle d'Auguste, opprime le peuple, qui proclame E. le cruel *Maxence*. Ce dernier engage son père Maximien à reprendre avec lui la régence. Sévère est mis à mort 306. Maximien excite partout des troubles. Constantin se défait aussi de ce rival 309.

Provinces d'Orient.

Illyrie, Thrace.

Galère.

Il se regarde 306 comme chef de tout l'empire. ... Il crée *Licinius* Auguste 307, et le désigne comme successeur de Sévère.

Asie et Egypte.

Dioclétien.

Il abdique l'empire 305, se retire à Salone, et bâtit un magnifique palais près d'Aspalathus. † 313.

Maximin créé César par Galère, se fait proclamer Auguste par ses soldats. L'empire reconnoît donc 308 six chefs qui portent ce titre.

310 311. A la sollicitation des Romains, Constantin se décide à marcher contre Maxence. *Il se déclare maintenant publiquement en faveur du Christianisme;* il s'avance en Italie, et remporte près de Rome une victoire où Maxence périt, il reste ainsi maître de *toutes les provinces d'occident.*

311. Galère meurt d'une maladie affreuse: *Licinius* lui succède dans ses provinces.

Sur l'intervention de Constantin, il suspend la persécution contre les Chrétiens; il attaque Licinius; vaincu près d'Héraclée, il s'enfuit, et † peu après.

313. Licinius reste maître de tout l'orient; il persécute de nouveau les Chrétiens, en haine surtout pour Constantin. Attaqué par ce dernier 314, et vaincu près de *Cibalis*, il obtient la paix par la médiation de son épouse *Constance*, (soeur de Constantin); mais il est obligé de céder *l'Illyrie; Constantin* défend avec succès cette province 319-323 contre les Sarmates (Jazyges) et les Goths.

Arius, prêtre d'Alexandrie, nie la divinité de Christ, et fait naître de grands schismes dans l'église.

320 321. Licinius renouvelle la guerre par terre et par mer; après une défaite complette en Bithynie 323, il est obligé de se retirer à *Nicomédie*, et d'abdiquer toutes ses dignités. Constantin, craignant de nouveaux troubles, le fait mourir 324.

323. *Constantin le Grand* seul.

326. Il fait mourir son fils *Crispus* sur une fausse accusation de Fausta sa belle-mère; bientôt après il fait périr *Fausta* elle-même, et le César *Licinianus* fils de Licinius.

Il fait convoquer à *Nicée* 325 un concile général qui condamne la doctrine d'Arius. ... 325-34. *Byzance* destinée à être une nouvelle Rome, est rebâtie sur le modèle de l'ancienne, et sous le nom de *Constantinople* elle est proclamée, déja en 330, capitale de l'empire.

330 331. Nouvelle division de l'empire en 4 préfectures: *la Gaule, l'Italie, l'Illyrie* et *l'Orient;* 14 diocèses et 120 plus petites provinces; (le diocèse de Thrace p. e. contient les provinces de *Mœsie* 2de, *Scythie, Hæmi Montus* (ou Montis), *Thrace, Rhodope, Europe* (près du Pont-Euxin). Les anciennes limites entre les empires d'Orient et d'Occident sont conservées (v. Tab. IV.). Cependant la Norique, la Pannonie etc. sont réunies à l'Illyrie. Nouvelle organisation des emplois publics: la dignité de Patrice devient la première après celle du Consulat.

334. Les Provinces du Danube sont tellement dépeuplées, soit par les irruptions continuelles des Germains et des Sarmates, soit par les impositions toujours croissantes dont elles sont accablées, pour fournir aux subsides annuels payés à tant de peuples, que Constantin prend à la fois 300000 Sarmates, et dans la suite une multitude de Vandales, pour défendre ces frontières.

335. Il meurt près de Nicomédie, dans une expédition contre les Perses, après avoir reçu peu auparavant le baptême.

Partage de l'Empire entre les fils de Constantin le Grand.

Constantin II. (à 24 ans) 338-340, conserve la Gaule, l'Espagne, la grde. Brétagne, et une partie de l'Afrique.

Constant (à 17 ans) 338-50), a l'Italie, l'Afrique proprement dite, et toute la province d'Illyrie.

Constantius (ou Constance) II. (à 20 ans) 337-61. La Thracie, l'Asie jusqu'à Nisibis, et l'Egypte.

340 Constantin, mécontent de son partage, attaque Constant, et périt dans une bataille près d'Aquilée 340.

Constant reste ainsi maître de *tout* l'occident; 341 il interdit de même que Constantius toute espèce d'Idolâtrie. Il marche dans la Gaule contre les Francs, passe 343 dans la grde. Brétagne, revient bientôt sur ses pas, et s'abandonne à la mollesse.

Il fait immédiatement assassiner ses cousins *Dalmatius* et *Annibalian*, auxquels Constantin avoit assigné quelques provinces; de toute sa famille il n'épargne que *Gallus* faible et maladif, et son frère *Julien* agé de six ans: mais il les surveille avec défiance, et les fait élever dans une sorte de captivité.

Depuis 337 guerres continuelles contre les Perses.

350 350. *Magnence* se révolte avec ses légions à Autun; il est proclamé Auguste par le reste de l'armée; Constant veut fuir; il est saisi près des Pyrénées et assassiné.

351. Magnence s'avance en Pannonie, enlève Sciscia, et est vaincu près de *Murse;* après une seconde défaite près des Alpes cottiennes 352, il se tue lui-même à Lyon.

351. Il marche contre Magnence, et nomme Gallus César en Orient.

Vetranion, qui s'était aussi déclaré 350 contre Magnence en Illyrie, et fait proclamer E., obtient le consentement de Constantius, et se réunit à lui près de Sardique; mais les troupes le forcent à déposer la pourpre.

353. *Constantius* seul Empereur.

354. Les Allemands et les Francs mettent la Gaule dans le plus grand danger.

355. Julien (à 24 ans) nommé César, fait son séjour ordinaire à Paris, connue alors sous ce nom comme une petite ville; il dirige delà avec succès la guerre contre les Germains, malgré les obstacles que lui suscite la

360 défiance de l'E. ... il reçoit 360 l'ordre d'envoyer une partie de ses troupes pour secourir ce dernier contre les Perses, mais il est proclamé Auguste par les Soldats. Ayant inutilement tenté un accommodement avec Constantius, il marche contre lui, et après la mort de ce prince, il est reconnu chef des deux empires.

Gallus étouffe une violente révolte des Juifs en Palestine ... il opprime l'Orient par son orgueil et sa cruauté; rappellé 354 il est décapité.

356. *Ursicin*, général aussi habile que vaillant, est envoyé contre les Perses, mais il est témoin de la prise d'Amide 359, sans pouvoir l'empêcher, parce que Sabinien, d'après les ordres du soupçonneux E., refuse de le seconder. Il est rappellé.

360. Constantius passe lui-même en Mésopotamie; il revient pour s'opposer à Julien, et † 361 en Cilicie.

Julien l'apostat 361-363.

Il se rend à Constantinople, réforme le luxe excessif de la cour (congédie en particulier 1000 cuisiniers) et remet à ses sujets ⅕ des impositions; il retourne publiquement et avec affectation au paganisme, et montre dans toutes les occasions sa haine contre le Christianisme; il marche 363 contre les Perses (v. Asie) † 363.

Jovien 363-64. élu en Perse par l'armée; il fait la paix et meurt à son retour.

Valentinien I. (à 54 ans) 364-375. L'armée le proclame E. Il s'associe son frère, et se reserve *l'occident et les deux Illyries*, ... Son règne est signalé par des guerres heureuses contre les Francs, les Allemands, les Pictes et les Ecossais etc. *Théodose*, (père de l'E. de ce nom) s'y distingue, et

370 étouffe 371 en peu de temps la révolte de *Firmus* en Afrique. ... Il élève 367, son fils *Gratien*, à l'age de 8 ans, immédiatement à la dignité d'Auguste, et en 375 son second fils *Valentinien*. Il meurt bientôt après.

Valens (à 36 ans e.) 364-78. Il reçoit de son frère les provinces d'Orient.

366. *Procope*, (cousin de Julien) qui s'étoit révolté avec l'appui des Visigoths est défait. ... 367-69 guerre avec les Visigoths, terminée par *la première paix qui ne soit pas achetée.*

Gratien (à 17 ans) 375-383. Il a la Gaule, l'Espagne: il gouverne aussi les provinces de son frère.

Valentinien II. (à 4 ans) 375-92. Il reçoit l'Italie, toute l'Illyrie et l'Afrique.

Gratien s'occupe surtout de règlements contre l'hérésie et contre le paganisme, qui jouissoit d'un grand crédit, surtout à Rome et parmi les habitants de la campagne (pagani); 376 malgré les services de Théodose, il le livre au supplice; une guerre avec les Allemands l'empêche de secourir Valens; après la mort de ce dernier, il s'associe le *jeune Théodose*, lui cède l'Orient et l'Illyrie orientale que les Goths occupaient alors, et qui depuis

380 cette époque reste de nouveau réunie à l'empire d'Orient.

Maxime, 383-88 usurpe le titre d'E. dans la grde. Brétagne, et passe dans la Gaule; Gratien est abandonné de ses troupes et assassiné. ... Maxime est reconnu par *Théodose* comme E. des provinces vacantes, et fixe sa résidence à Trèves; il passe tout-à-coup les Alpes 387, pour soumettre aussi les provinces de Valentinien II.; mais il est vaincu et tué par Théodose 388, près de Pettau et d'Aquilée.

388. Valentinien reçoit tout l'Occident.

Arbogaste, Franc d'origine, commandant des troupes, défend la Gaule contre ses propres compatriotes; il s'arroge ensuite de toute l'autorité, et

390 392 déposé par Valentinien, il assassine ce prince quelques jours après, et met à sa place

Eugène, auquel toutes les provinces d'occident se soumettent, à l'exception de l'Afrique qui se déclare pour Théodose.

394. Théodose, à la tête d'une armée de Goths, (commandés par Gaïnas, Alaric etc.) et d'auxiliaires de Huns et d'Alains, marche contre Eugène qui est défait près d'Aquilée, et assassiné par ses propres partisans; Arbogaste se tue.

370. L'E. Valens, Arien zélé, persécute les Catholiques.

376. Les Visigoths, au nombre d'environ un million, sont reçus dans la Mœsie, la Dacie etc. Contraints d'embrasser le Christianisme, ils sont instruits dans la doctrine des Ariens. Les vexations des préposés qui devaient les protéger, les obligent à prendre les armes; sous la conduite de *Fritigerne*, ils battent les romains 377 près de Tomi, engagent les Alains et les Huns 378 à s'unir à eux, assiègent inutilement Adrinople et *Constple.*, et emportent sur Valens, près de *Nice* une victoire qui est comparée à celle de Cannes; Valens lui-même y périt. Les Sarmates et les Quades pénètrent aussi dans la Mœsie — et toutes les provinces des Alpes Juliennes sont cruellement dévastées.

Théodose I. (âgé de 34 ans) 379-95, né à Cauca en Espagne, chasse de l'Illyrie les Sarmates, et bientôt après les Visigoths.

380. Quelques *Ostrogoths*, conduits par Vithéric et par d'autres chefs, passent le Danube, et pénètrent jusque dans l'Achaïe; mais ils sont atteints et défaits près de Scupi.

381. Le R. Visigoth Athanaric cherche aussi un asile auprès des Roms.; Théodose le reçoit avec égard; ce qui facilite la paix. Les Visigoths s'engagent 382 à défendre l'empire contre tout ennemi, et on leur donne des établissements en *Thrace*, et en partie dans la Mœsie 2de et dans la Dacie; ils y sont désignés sous le nom de Myso-Goths (Gothi minores).

387. Les Ostrogoths qui passent le Danube, sont repoussés. Théodose poursuit sévèrement l'Idolâtrie, surtout en Egypte, où tous les temples sont détruits, et les sacrifices défendus sous peine de la vie.

394. *Théodose seul*, partage 395 l'empire entre ses fils ... l'Afrique occidentale est de nouveau réunie à l'empire d'Occident.

Honorius (à 11 ans) 395-425.

Stilicon, Vandale d'origine, ministre de ce prince, gouverne avec un pouvoir illimité; il s'immisce aussi dans le gouvernt. de l'Empire d'Orient, et s'efforce surtout d'y renverser les ministres Rufin et Eutrope. Suites fu-

400 nestes de ces inimitiés pour les deux empires.

Arcadius (âgé de 18 ans) 395-408. — Son ministre *Rufin* d'Eause, ville de la Gaule, occasionne des désordres dans tout l'empire; il est bientôt assassiné; Eutrope lui succède 396-99. ... Les *Visigoths*, établis dans l'empire commencent 396 à exciter des troubles. Leur R. *Alaric* ravage la Macédoine et la Thrace, et s'arroge 398 le commandement de l'Illyrie (orientale); des motifs inconnus le déterminent 400 à marcher contre l'Italie, mais il revient sur ses pas. ... *Gaïnas*, à la tête d'un autre corps de Visigoths, se soulève, dicte des loix à l'E. à *Consple.*, et renverse Eutrope; obligé de fuir à son tour, il tombe dans les mains des Huns.

GRde. BRETAGNE.

301

306. *Constance Chlore* † à York, au milieu de ses préparatifs contre les *Pictes;* c'est à peu près à la même époque que ces peuples commencent à être désignés sous ce nom de Pictes.

310 · 320 · 330 · 340

343. Les Pictes et les Ecossais sont attaqués par l'E. Constant.

350

Ils attaquent à leur tour les Romains, et pénètrent au delà du mur de Sévère.

Pour arrêter leurs progrès Julien renforce les armées.

360

364. Les Ecossais, les Pictes (et les Atacotes) dévastent les côtes du nord; les Francs et les Saxons celles du sud.

367-68. Théodose soumet de nouveau l'île jusqu'au *rempart d'Antonin,* et donne à la province nouvellement conquise le nom de *Valentia.*

370 · 380

Magnus Clémens *Maximus* prend la pourpre 381, et passe dans la Gaule 383, emmenant avec lui la plus grande partie des jeunes guerriers. Après sa défaite, ils fuyent dans l'*Armorique*, d'où ils tentent inutilement de repasser dans leur patrie.

390

La grde. Brétagne, privée de ses défenseurs est cruellement ravagée par les Saxons, les Francs et les Ecossais (en particulier aussi par ceux qui viennent d'Irlande). Stilicon envoye des renforts 395. Mais la province de Valentia est perdue pour les Romains.

400

ALLEMAGNE.

Francs.

Ces peuples, qui obéissent à plusieurs rois, renouvellent sans cesse leurs attaques contre la Gaule.

Constantin le grd. les chasse de nouveau 306 de l'île des Bataves; après deux victoires 309 et 313, il pénètre dans leur pays, livre aux bêtes féroces leurs prisonniers, et parvient ainsi à leur arracher la paix. ... Un grand nombre de Francs sont incorporés dans les armées romaines. Quelques-uns même sont élevées aux grandes dignités.

341-42. Nouvelle guerre contre les Romains, terminée par un traité avec l'E. Constant.

350. Les Francs appellés par Magnence pénètrent dans la Gaule. Après sa défaite, ils détruisent plus de 40 villes, situées la plupart dans la 2de Germanie.

Julien les repousse 356, et rencontre 358, près de Toxandria (Tessenderlo, au delà de Liége) les Francs *Saliens,* venus des contrées nommées aujourd'hui *Sallande* (près de l'Yssel), et expulsés depuis peu de la Batavie par les Chauci. Après les avoir vaincus, il les établit, comme sujets roms. dans le voisinage; il relève Cologne de ses ruines, et construit plusieurs forts pour défendre le Rhin.

Sous Valentinien, les Francs et les Saxons dévastent les côtes septentrionales de la Gaule.

388. Marcomir et d'autres rois Francs, s'avancent de nouveau dans la Gaule. Animé d'une haine personnelle contre ces rois, *Arbogaste* les attaque dans leur propre pays.

Stilicon conclut 395 des traités de paix avec les Francs et les Allemands, et le Rhin sert encore de limites.

Allemands.

306. Un roi des allemands accompagne l'E. Constence Chlore dans la grde. Brétagne.

Sous *Constantin le grd.* et sous ses fils, jusqu'en 350, ces peuples vivent en bonne intelligence avec les Romains.

352. *Constantius,* après les avoir appellés dans les Gaules contre Magnence, ne peut les engager à se retirer; il passe le Rhin près de Bale 354; Julien les atteint devant Autun 356, les défait près de Strasbourg 357, fait prisonnier le vaillent *Chnodomar* et l'envoye à Rome; 358-59 il porte la guerre dans leur propre pays, s'avance jusqu'au Spessart et aux frontières des Bourguignons, et force leurs rois à faire la paix 360.

Sous *Valentinien I.* la guerre se rallume, Jovin est vainqueur près de Châlons 366. *Vithicab* surprend Mayence 368, et se rend si redoutable aux Romains, qu'ils le font assassiner. Valentinien passe le Rhin et rétablit un ancien fort sur le Necker; mais il ne peut se maintenir dans le pays; il pénètre 371 dans les contrées entre le Mein et la Lahn, conclut 372 une paix avec *Macrien* R. de ce canton, et assure pour quelque temps la tranquillité de la Gaule. Macrien périt peu de temps après, dans une guerre avec les *Francs.*

Gratien remporte une victoire sur les Allemands près d'Argentaria, (Colmar).

Autres contrées de l'Allemagne.

Les *Fritons,* les *Angles,* les *Warnes* et les *Ruges* occupent encore durant ce siècle leur ancienne patrie.

Les *Saxons* paraissent sur la rive occidentale de l'Elbe et près du Wéser; la plus grande partie des Chauci se perd parmi eux. Ils inquiètent de temps en temps les côtes de la grde Brétagne et de la Gaule, surtout en 367-70; mais ils sont toujours repoussés.

Pendant longtems les *Bourguignons* se contentent de cultiver paisiblement leurs terres; mais en 370 les sources salées de Hall en Souabe occasionnent des différents entre eux et les Allemands. Valentinien I. les persuade d'attaquer de concert ces derniers, et les abandonne ensuite.

Il paraît au contraire que les *Lombards* ont déja fait quelques progrès vers le sud.

357. Les *Suèves* attaquent la Rhétie; dans le même tems les *Quades* et les *Jazyges* établis parmi eux pénètrent dans la Valérie. Constantius les oblige à faire la paix; il marche contre les *Limigantes,* au delà du Danube, les repousse, et 358 rend le pays à ses anciens possesseurs. 359 les Limigantes sont entièrement anéantis.

372. Les Quades, irrités de ce que Valentinien continue à fortifier les deux rives du Danube, prennent les armes; après le perfide assassinat de leur R. *Gabinius,* ils se liguent avec les Jazyges et dévastent cruellement les provinces roms. limitrophes. Valentinien les repousse, passe le Danube 374, et oblige les Quades de députer vers lui les principaux de la nation pour demander la paix. Ignorant la pauvreté de ces ennemis, il prend pour une insulte le misérable costume des députés; leurs excuses redoublent sa colère, et en leur parlant avec emportement, il est frappé d'apoplexie.

Les Quades osent tenter 379 une nouvelle incursion; Les Marcomans paraissent aussi 396, engagés dans une nouvelle guerre avec les Roms.; cependant le Danube marque encore les limites de l'empire dans ces contrées. ... Les Jazyges et les Quades maintiennent aussi leur indépendance contre les Huns.

SARMATIE.

Pendant ce siècle, le nord de la *Sarmatie* intérieure reste peu connu. Les *Vénédi* occupent encore leurs anciens établissements. On ignore si les *Æstyens,* qui en 400 habitent ces contrées, sont l'ancien *peuple germanique* de ce nom.

Les Sarmates méridionaux, et particulièrement les *Jazyges* ont encore des guerres fréquentes avec les Roms. Constantin le grd. les chasse 319 de la Valérie, les défait 321 près de Margus, et les poursuit au delà du Danube.

332. "Les Sarmates" (Jazyges Métanastes) sont attaqués et défaits par les Visigoths; ils arment une autre petite peuplade qui leur étoit soumise, les *Sarmates Limigantes;* attaqués aussi par ces derniers, ils sont contraints 334 de se réfugier en partie sur le territoire des Romains, où ils obtiennent des établissements. ... Constantin assure le Danube par plusieurs forts, Dristra, Constantia, Pliscuba, Persthlaba ou Marcianopolis.

ANCIENNE DACIE.

Goths, Vandales, Huns, etc.

Les *Goths* affermissent toujours plus leur domination dans l'ancienne Dacie Trajanne, et lui donnent leur nom; cependant ce pays, avec les provinces limitrophes, et encore quelque fois désigné sous celui de Scythie.

Tous les peuples de ces contrées ne vivent que de leurs troupeaux, ne peuvent subsister sans recevoir des Roms. du blé ou des subsides, ou sans piller leur territoire. On les voit souvent à la solde des Romains, et même combattre leurs compatriotes.

323. Les Goths tentent une invasion dans la Mœsie et la Thrace; *Constantin le grd.* les attaque dans leur propre pays, et les oblige à demander la paix et à livrer des ôtages; cependant ils obtiennent dans la suite le rétablissement des pensions annuelles.

355. *Géberic* R. Ostrogoth attaque les Vandales près du Marus (Marosch), et chasse les *Silingues,* peuplade Vandale; Const. le grd. les reçoit dans la Pannonie.

Les Ostrogoths deviennent plus puissants sous le R. *Hermanric.* Il soumet non seulement les restes des *Vandales* (Astingi), les *Hérules* et les *Visigoths,* mais aussi les *Vendes* (Vénédi), les *Æstyens,* et plusieurs autres peuples septentrionaux moins connus ... cependant les vaincus continuent d'être gouvernés par leurs propres rois.

366. Les Visigoths sous leur R. *Athanaric* se déclarent pour Procope. L'E. Valens porte la guerre dans leur pays 367-69, et la perte des subsides de la part des Roms. les oblige à demander la paix; elle est conclue à Marcianopolis.

Le Christianisme se propage toujours plus parmi les Goths, surtout par les travaux de leur évêque Ulphilas. Il introduit l'usage des caractères gothiques, qui sont en partie une imitation des caractères grecs, en partie de son invention. ... Les Goths, pour plaire à Valens, embrassent l'Arianisme.

ASIE et AFRIQUE *dans leurs rapports avec l'Europe.*

Monarchie des Perses.

Hormisdas II. 301-309.

Sapor II. 309-380: A l'instigation des Mages 326, il persécute cruellement les Chrétiens. ... Il demande 336 à Const. le grd. la restitution de toutes les anciennes provinces persannes (toute l'Asie mineure, et même la Thrace. ... Il se borne ensuite à la Mésopotamie et l'Arménie, et assiège inutilement Nisibis 337. Les Roms. bâtissent *Amida* 341, et défendent longtems avec succès leurs frontières ... 354 les Perses renouvellent la guerre avec plus de vigueur, profitent des divisions des généraux roms., et enlèvent 359 Amida, 360 Bezabde, Singara etc. *Julien* passe en Asie 362, couvre 363 la Mésopotamie par une armée de 30000 h. sous la conduite de Procope, et s'avance avec sa grande armée vers *Ctésiphon;* il campe dans le voisinage de cette ville, sans oser l'attaquer, mais rejette toutes les propositions de paix. Il se met en marche; des guides perfides l'engagent dans un pays désavantageux près du Tigre; attaqué par les Perses: il reçoit une blessure et meurt. ... L'armée rome. lui donne pour successeur *Jovien* qui se hâte de faire la paix. "Les "Perses obtiennent les pro- "vinces près du Tigre, cé- "dées en 297, et de plus "*Nisibis, Singara* et d'au- "tres villes; les Roms. s'en- "gagent à ne donner aucun "secours à *Arsaces* R. d'*Ar*- "*ménie.*"

La puissance toujours croissante des Perses engage les *Ibères* et les *Laziens* (Chrétiens zélés depuis Const. le grd.), à s'unir plus étroitement avec les Roms.; il en résulte une nouvelle guerre avec *Sapor* 372; on convient cependant d'une trève qui dure jusqu'en 420. Depuis 384, l'Arménie reste indépendante de nom, mais elle obéit réellement aux Perses.

Artaxerxès II. 380-83.
Sapor III. 383-88.
Varanes IV. 388-99.
Jesdegerde I. 399-420.

Les Sarrasins pillent de temps en temps les provinces romaines voisines; ils servent indifféremment comme mercenaires les Roms. et les Perses; et en 363 ils combattent en même tems sous les drapeaux de ces deux peuples.

Les *Alains* et les *Zichés* sont indépendants.

Les Agatzires qu'on voit paraître en même temps que les Huns près du Volga, sont probablement le même peuple désigné depuis sous le nom de Chazares. ... La plus grande partie des Huns, ou Tartares, occupent la rive orientale du Volga, et s'étendent très avant vers le nord. Ce peuples paraissent plus tard sous le nom des Sabires, Ephthalites, Avares, Turcs, etc.

EMPIRE DES HUNS.

Les Huns occidentaux, sous *Balamir,* s'avancent des bords du Jaïk 374, passent le Volga (Atel, Rha), soumettent d'abord, ou entraînent avec eux les *Acatzires,* subjuguent ensuite les *Alains* près du Don, attaquent 376 les *Ostrogoths,* dont le R. Hermanaric ne veut pas survivre à sa défaite. ... Athanaric, après une résistance inutile, fuit vers le Dniéstre et le Pruth, dans les montagnes de la Sarmatie. La plus grande partie de ses sujets supplient l'E. Valens de leur accorder un asile; ils l'obtiennent, principalement par les instances de leur Ambassadeur l'Evêque *Ulphilas.* ... Les peuples restés en Thrace sont obligés de se soumettre aux Huns. Bientôt après les *Ostrogoths* se rapprochent de la Theiss; Les *Vandales* et les *Hérules* sont dispersés depuis le Marus jusqu'au Palus-Mœotides; Parmi les Huns on trouve aussi des *Scyres,* peuple qui dans le 1r siècle habitait dans le voisinage des *Vendes.* ... Il est difficile de déterminer les bornes septentrionales de l'empire des Huns; aucune indication cependant n'apprend que les *Gépides,* avant *Attila,* aient été soumis aux Huns.

Les Goths *Tétraxites* restent indépendants, et les *villes maritimes de la Taurique* conservent leurs relations avec les Romains.

TABLE IX. Europe depuis l'an 400

ESPAGNE et AFRIQUE OCCIDENTALE.

401 401. Sous l'Empereur *Honorius*.

408. *Gérouce*, après avoir conquis l'Espagne pour l'usurpateur *Constantin*, se révolte contre lui, et appelle de l'Aquitaine les Vandales etc. Ces peuples franchissent les Pyrénées, signalent leur marche par de cruels ravages, et soumettent en peu de temps tout le pays, hormis quelques forts dans la Tarragonaise, et sur les côtes, où les Roms. se maintiennent encore.

ROYAUME DES VANDALES (et des Alains.)

Godegisile R. 406. ... *Gontharis* 406-28.

410 Les vainqueurs partagent entre eux le pays par le sort 411. Une famine affreuse les oblige à cultiver les terres. Ils jurent sur l'Evangile de traiter les nationaux avec douceur; et gardent leur parole. Cependant l'Arianisme des Vandales et l'idolatrie des Suèves rendent leur joug odieux.

420 Les Vandales (d'abord dans la Gallicie et la Bétique) et les Alains (dans la Lusitanie et la Carthaginoise) ont à combattre 415-21 les Visigoths, les Suèves et les Romains; les Alains en sont tellement affaiblis, qu'ils disparaissent, confondus parmi les Vandales. Ces derniers se maintiennent enfin dans la Bétique depuis 411. On prétend que c'est l'origine du nom de Vandalitia, ou *Andalousia*, donné à cette province. Ils pillent 424 les îles Baléares (qui probablement restent dès lors sous leur domination).

GENSERIC (Geiseric) 428-76, appelé par Boniface, il passe en Afrique 429 à la tête de tous ses Vandales.

430 *Royaume des Vandales en Afrique, Sardaigne etc.*

Genseric défait 430 Boniface, qui s'étoit réconcilié avec Placidie, prend *Hippo* et toutes les villes d'*Afrique* et de *Numidie*, excepté Cirthe et Carthage.

435. *Valentinien III* cède aussi la *Pyzacène* et une partie de la *Numidie*.

440 439. Les Vandales prennent Carthage, ravagent 440 la Sicile, et se rendent maîtres de *Lilybée* ... Genseric élude 442 l'attaque des deux cours impériales, et par un nouveau traité avec Valentinien 447 il conserve toutes ses conquêtes.

450 455. Il fait voile pour Rome, emmène prisonnières l'Impératrice *Eudoxie* et ses filles Placidie et *Eudoxie*, donne la dernière en mariage à son fils Hunneric 456, soumet les deux Mauritanies, et la province Tripolitaine, profite de la faiblesse des deux empires; 456-70 ses flottes qui reparaissent presque tous les ans pillent l'Italie et la Sicile, subjuguent la Sardaigne 461, et dévastent le Péloponnèse 467.

460 468. Les forces combinées des 2 empires recouvrent la Sardaigne et Tripoli; la flotte formidable de Basilisque défait celle des Vandales; mais elle est ensuite brûlée sur les côtes d'Afrique. Cependant l'armée de terre de Léon force 470 Genseric à faire la paix.

470 470-73. Genseric soumet de nouveau la Sardaigne et toutes les îles entre l'Afrique et l'Italie. 475 paix avec Zenon, qui renonce à toute prétention sur l'Afrique, et avec Odoacre, qui cède la Sicile, moyennant un tribut annuel.

480 HUNERIC 476-86 persécute les orthodoxes. Paix générale au dehors. Luxe et moeurs voluptueuses, "étoffes de soie, spectacles, courses etc." ... *Les Maures de l'Aurase* se révoltent.

GONDEMOND 486-96 persécute aussi les Catholiques.

490 *La Sicile* se soumet aux Ostrogoths.

THRASIMOND 497-524 suspend les persécutions contre les Catholiques; il épouse Amalfride, soeur de Théodoric le grd., et reçoit en dot Lilybée. Il est battu par les Maures.

ROYAUME DES SUEVES.

Hermeneric R. 406-27.

Les Suèves (établis d'abord dans la Gallice) avec les Vandales, se rendent maîtres 438 de toute la province, après le départ de ces derniers; mais ils ne parviennent qu'en 438 à soumettre entièrement les habitans. [illegible] ... de la Terragonaise ... [illegible]

RECHILA 438-48 attaque les [illegible] des Roms.; 439 il leur enlève *Pestanelle*, *Mérida* et *Séville*; fait prisonnier 446 le Comte Censorius dans *Mertola*, et chasse les Roms. de la Bétique et de la prov. Carthagin.

RECHIAIRE 448-56 cherche aussi à se rendre maître de Tarragone, d'Ilerda, de Sarragosse et de Carthagène. ... 453 paix avec Valentinien III; il épouse la fille de Théodoric I.; après la mort de Valentinien il attaque de nouveau les possessions romaines, [illegible] ... les Suèves se ... [illegible] ... dans la Gallice. ... Choisissent 459 *Maldra* pour leur R. et 465 *Remismond*; ils se maintiennent dans *Coïmbre*, recouvrent 468 *Coïmbre* et *Lisbonne*, profitent de leur neutralité dans les guerres entre les Visigoths et les Roms. pour se fortifier dans leurs nouvelles limites, et renoncent, en faveur de l'Arianisme, au Catholicisme qu'ils avaient peu à peu embrassé.

Cantabria et Vasconia (Gascogne).

Ces provinces protégées par leurs montagnes et par les circonstances, restent probablement indépendantes; — suivant quelques auteurs, elles sont soumises, du moins de nom, aux Visigoths.

ROYAUME DES VISIGOTHS dans les Gaules et en Espagne.

415. ATAULF s'avance au delà des Pyrénées jusqu'à Barcélone, il y est assassiné.

WALLIA 415-19 fait un traité avec Honorius, rend à celui-ci sa soeur Placidie, subjugue 417 pour les Roms. la Bétique et la Tarragonaise, et reçoit en échange la 2de Aquitaine et la Novempopulanie. ... *Toulouse* est longtemps la capitale de cet état.

THÉODORIC I. 420-51 veut s'emparer 425 d'Arles, 436 de Narbonne; [illegible] ... Il enlève aux Roms. plusieurs villes, excepté la partie de la Terragonaise ... [illegible] ... secondé par les Huns, ... près de Toulouse. ... 451. Il se réunit avec les Roms. et les Francs contre Attila, et périt dans la bataille de *Châlons*.

THORISMOND 451-53 [illegible]

THÉODORIC II. 453-66 engage 455 Avitus, gouverneur des Gaules, à prendre le titre d'Empr., fait la guerre aux Suèves, et soumet 456 presque *tous leurs états* pour les Roms., quoique [illegible] ... 462 Battu près d'Orléans par Aegidius, il réduit cependant les Roms. en Espagne, à la Tarragonaise et à la province Carthagin.

EURIC 467-84 s'empare de [illegible] ... *les Roms. de l'Espagne* ... 470-74 défait aussi près de Bourges les Roms. et leurs alliés les *Bretons* (conduits par leur R. Riothamus), et se rend maître du *Berry* et du *Gévaudan*; Par un traité avec l'Emp. Jul. Népos il obtient encore *l'Auvergne*, et en 477 Odoacre lui cède la *Provence*. Il fixe sa résidence à Arles, fait occuper les évêchés vacants par des Ariens, et donne aux Visigoths des loix écrites.

ALARIC II. 484-506. Quoiqu'il laisse aux églises catholiques le libre choix de leurs Evêques, il ne peut se concilier leur entier attachement. Il envoie des secours à Théodoric le grd. contre Odoacre. Des différents qui s'élèvent entre lui et Clovis en 498 sont assoupis pour quelque temps.

G A U L E S.

401. Sous l'Empereur *Honorius*.

406-7. *Les Vandales, les Alains, les Suèves, les Bourguignons* et d'autres peuples pénètrent dans les Gaules, dévastent tout entre Strasbourg et Amiens, et sont battus par les Roms. et les Francs.

408. *Constantin* les poursuit jusque dans l'Aquitaine et s'empare lui-même du sud-ouest de la Gaule jusqu'à Arles. Reconnu comme collègue par Honorius, il est ensuite défait et exécuté.

Jovin prend la pourpre à Mayence 411. ... Ataulfe arrive d'Italie à la tête de ses Visigoths, enlève *Narbonne* et *Toulouse*, et choisit *Heraclée* pour sa résidence. Il défait Jovin 412, épouse Placidie 414, et passe en Espagne 415.

ROYAUME DE BOURGOGNE

Les Bourguignons, sous leur R. Gondicaire, s'établissent 413 près de Mayence, et soutiennent le parti de Jovin; Honorius 415 leur donne en Alsace des établissements qui relèvent d'abord l'Empire; ils embrassent 417 la confession catholique ... et se distinguent de leurs voisins [illegible] par leur civilisation et leur goût pour les arts.

435. Ils vendent d'abord leur [illegible] ... les *Belgiques*, mais ils sont défaits par Aëtius, secondé par les Huns.

440. Ils embrassent l'Arianisme.

GONDIOC (Gundeches) 455-70 et CHILPÉRIC.

GONDEBAUD (c. 470-516) est obligé de partager le royaume avec ses 3 frères, mais il fait [illegible] ... et Godomar ... à Lyon pour sa résidence, et cède Genève à son frère Godegisile; il contribue 480 à enlever la Provence aux Visigoths.

498-500. Godegisile conspire avec Clovis contre son frère; mais le premier l'abandonne et le second le fait assassiner.

Bretagne (Armorique)

408. (410) *Les Armoriques et les Bretons*, plus nombreux encore, établis parmi eux, se rendent indépendants, élisent leurs propres rois, et conservent toujours quelques relations avec les autres Bretons.

468. Arthus, gouverneur rom. défend encore la province contre les invasions des Francs; à cette époque leur R. Clodion réside à Dispargum (Duysbourg).

ROYAUMES DES FRANCS.

Durant les guerres des Bourguignons, Clodion s'empare 437 dans les provinces septentrionales; il se rend maître de *Cambrai* et de tout le pays jusqu'à la *Somme*.

447-56. C'est dans ce temps qu'on place Mérovée qui a donné son nom à la race des *Mérovingiens*.

451. Invasion d'Attila dans les Gaules. Il enlève Metz, Trèves, Tongre etc. brûle Arras, Toul, Langres, Besançon, et met par [illegible] le siège d'Orléans; il est totalement défait près de *Chalons sur Marne* par les Roms., les Visigoths et les Francs réunis, et il se retire avec une grande perte.

455. Les [illegible] ... gouverneurs romains ... [illegible] ... *Aegidius*, ... [illegible]

454. Disgrace et meurtre d'Aëtius: *Aegidius*, qui lui succède, gouverne arbitrairement la Gaule romaine.

CHILDÉRIC, 458-81. ... défait 463 [illegible] ... Odoacre ... [illegible] ... au nord de la Provence ... les Visigoths à ... [illegible]

481. Childéric soumet quelques districts près de Paris. Il meurt 481 à Tournai, (où l'on découvre son tombeau 1653).

CLOVIS I. (âgé de 15 ans) 481-511.

A la même époque règnent Ragnachaire à Cambrai, Cararic dans une contrée ignorée, et Sigebert sur les *Francs Ripuaires* à Cologne.

Clovis, secondé par ces Rois, défait 486 Syagrius près de Soissons, *et met fin à la domination romaine dans les provinces qui forment dès lors le royaume des Francs.*

491. Victoire sur les Thuringiens, auxquels on impose un tribut.

496. Victoire sur les *Allemands* près de Zulpich (Tolbiac) et *conquête de tout leur territoire*. ... *Clovis* embrasse le Christianisme.

498. *Les Armoriques* se soumettent à lui.

Les *Bretons* maintiennent encore à 500 leur indépendance dans la Bretagne.

GRde. BRETAGNE

401. Sous *Honorius*.

402. Stilicon dégarnit toujours plus le pays de troupes.

405. Les Pictes et les Ecossais renouvellent leurs attaques.

407. Les soldats roms. proclament *Constantin*, qui passe dans la Gaule à la tête de l'élite de ses troupes; *Honorius renonce à la grde. Bretagne*, et rappelle 412 le reste des troupes. Un grand nombre d'habitants se réfugient en Bretagne, auprès de leurs compatriotes.

416-20. A la sollicitation des habitants, Honorius envoie encore une légion, sous la conduite de *Gallion*. Il relève le rempart de *Sévère*, construit des forts et des tours pour les Bretons, et leur abandonne ensuite la défense du pays.

432. Les Pictes et les Ecossais inondent la province de Valentia, franchissent 420 le *rempart des Pictes* (Picts-wall), et pillent le pays, qui est sans défenseurs.

436-49. Famine. Les Bretons sollicitent inutilement les secours d'Aëtius; ils choisissent 449 Vortigern pour leur chef (R. principal), et appellent par son conseil les *Saxons* contre les Pictes et les Ecossais, et leur promettent l'île de Thanet.

450. Les Saxons, sous le commandement de *Hengist* et *Horsa*, abordent avec 3 vaisseaux, et secondés par les Bretons, ils battent l'ennemi près de *Stamford*.

460. Après avoir reçu 5000 h. de renfort, Hengist se détermine à rester dans le pays. Il se ligue avec les Pictes, victoires successives sur les Bretons depuis 455. Après celle de *Crayford* 457, il fonde le royaume de *Kent*. Guerres fréquentes avec le R. *Aurelius Ambrosius*, qui vient de la Bretagne au secours de ses compatriotes. Hengist le défait à *Wippedflect* dans le C. de Kent. [illegible] 488. Son fils [illegible], prince paisible, lui succède.

D'autres Saxons, appelés par Hengist, débarquent dans le *Northumberland*; ils se rendent maîtres de toute cette province (depuis longtemps dévastée), et du royaume breton de Galloway.

477. *Aella* débarque près de l'île de Wight, et fonde 490 le royaume de *Sussex*.

495. *Cerdic* soumet déjà une partie du pays qui forme dans la suite le royaume de *Wessex*.

Irlande.

Au commencement de ce siècle les habitants de cette île sont convertis au Christianisme par les travaux de *St. Palladius* et de son successeur *St. Patrice*. L'île est partagée entre plusieurs chefs, sur lesquels celui de *Midia*, comme premier roi (Monarque), exerce une espèce de suzeraineté.

GERMANIE.

Un grand nombre de *Bourguignons* passent le Rhin avec les émigrations des Vandales et des Alains: le reste de la nation les suit 413. Grand nombre de *Suèves*, et particulièrement les *Quades*, accompagnent ces expéditions. D'autres *Suèves* restent, occupent le territoire abandonné par les Bourgons, et forment peu à peu un seul peuple avec les Allemands.

Les *Allemands* pénètrent 407 dans l'Helvétie, détruisent l'ancienne *Turicum*, et plusieurs villes autrefois florissantes, et s'emparent de tout le pays jusqu'à l'Aar, où ils ont 416 pour voisins les Bourguignons; ils remplacent aussi ces derniers en Alsace, et s'étendent sur les deux rives du Rhin jusqu'à Coblentz. ... 406 Ils sont repoussés par les *Francs*, qui [illegible] jusque dans la France. ... [illegible] Allemands cherchent ... de la Rhétie ostrogothe.

Les émigrations des Francs laissent aux Saxons la facilité de se rapprocher du Rhin, et de traverser la Lippe. Un grand nombre d'entre eux passent dans la grde. Bretagne. Les *Frisons* s'étendent insensiblement sur les côtes de la mer du Nord. Les Angles et les *Hérules* occupent encore leur patrie.

Avant le milieu de ce siècle les *Ruges* ... [illegible] ... en Italie ... [illegible]

Après la défaite d'Attila, les *Hérules* [illegible] en Italie, où ils forment une des troupes qui suivent Odoacre ... [illegible] ... dans le voisinage du Rugiland.

Après le départ des Ruges, les *Lombards* occupent cette contrée, et sont d'abord tributaires des *Hérules*. Attaqués sans motif par ces derniers 491, ils les battent, et abandonnent ensuite le Rugiland, pour passer 495 dans les vastes plaines de la *Teiss*.

Les *Hérules* vaincus, et repoussés partout à cause de leur férocité, s'avancent vers les *Gépides*, qui les renvoient aussi. 495 les uns traversent la Bohème et le pays des Warnes, pour regagner leur patrie, la Scandinavie; les autres obtiennent des établissements dans l'Empire d'Orient.

EMPIRE ROMAIN D'OCCIDENT.

401 401. *Honorius* Empereur depuis 395.
402. *Alaric* R. des Visigoths pénètre de nouveau en Italie; vaincu 403 par Stilicon près de Pollentia, il retourne en Illyrie, à la suite d'un traité secret.

405. Invasion de *Radagaise*, à la tête d'une armée innombrable formée de toutes sortes de nations; il est défait, et la plupart de ces barbares sont dispersés.

408. *Stilicon* est supplanté par *Olympius*.

409. *Alaric* demande inutilement les sommes promises, assiège *Rome*, en exige de fortes rançons, met *Attale* sur le trône im-
410 pél., le dépose 410, et *prend* ensuite *Rome d'assaut*. Il veut passer en Sicile et en Afrique, et meurt dans le Brutium. *Ataulfe* lui succède.

411. Constantius défait l'usurpateur Constantin; cependant la plus grande partie de l'Espagne et des Gaules est perdue.

412. *Ataulfe* passe avec les Visigoths dans les Gaules, emmenant *Placidie*, soeur de l'Empr., faite prisonnière à Rome. Wallia son successeur rend cette Prsse. qui 416
420 épouse Constantius.
421. *Constantius*, associé à l'Empe. meurt peu après, Placidie déclarée Auguste, et son fils Valentinien César; elle passe à Constple. Honorius † 423.

Jean, sécretaire privé d'Honorius, se fait proclamer E. 423. *Aëtius* attire les Huns pour le soutenir. L'E. *Théodose II.* envoie le jeune *Valentinien* en Italie, avec une armée sous la conduite d'Ardabure et de son fils *Aspar*. Jean † 425.

Valentinien III. (agé de 6 a.) 425-55,
430 sous la régence de sa mère. ... *Aëtius* obtient son pardon; son rival *Boniface*, gouverneur d'Afrique, est déclaré ennemi public par la régente, et obligé de chercher un appui, en appellant de l'Espagne les *Vandales*.

429. *Placidie* découvre l'innocence de Boniface et lui donne le commandmt. en Italie; il est attaqué par Aëtius et périt dans le combat. Aëtius fuit chez les Huns, qui par leurs sollicitations et leurs menaces obtiennent son rappel.

437. *Valentinien* épouse *Eudoxie*, fille de Théodose, auquel il cède l'Illyrie occidentale.

EMPIRE ROMAIN D'ORIENT, (*ou EMPIRE GREC.*)

401. *Arcadius* E. depuis 395, nomme Auguste son fils Théodose âgé de 3 ans. ... Les Visigoths se retirent entièrement; les *Mysogoths* restent près de l'Hémus.

Théodose II. (âgé de 8 ans) 408-450. *Anthémius*, ministre habile et probe, tient les rênes du gouvernement.

Les *Huns* et les *Scyres*, sous Uldin, envahissent la Thrace; ils sont défaits, et les derniers sont presqu'entièrement détruits.

414. Anthémius abandonne l'administration des affaires à Pulchérie soeur de l'Empr., âgée de 16 ans, et qui est déclarée Auguste, (corégente).

421. A la persuasion de sa soeur, Théodose épouse *Athénaïs*, fille d'un Sophiste d'Athènes; elle reçoit à son baptême le nom d'Eudoxie.

427. Il reçoit dans la Thrace une partie des Ostrogoths de la Pannonie.

428. *Nestorius*, évêque de *Constple*, se déclare contre le nom de Mère de Dieu, donné à la V. Marie, et fait naître de longs schismes. ... *Eutychès*, d'un autre côté, nie, à certains égards la *nature humaine* de Christ; ce qui fait donner à ses sectateurs le nom de *Monophysites*.

440. Eudoxie se retire à Jérusalem, où elle fait construire des églises, des couvents et des hôpitaux; elle y meurt 460.

440 Les deux cours se liguent contre les Vandales; Théodose équipe une flotte de 1100 voiles; mais elle ne passe pas la Sicile, où Genseric la retient par des négociations, jusqu'à l'irruption des Perses dans le territoire de l'Empire en 442.

EMPIRE ROMAIN D'OCCIDENT (suite)

445. Une armée destinée à défendre l'Espagne est battu par les Suèves.

450. *Honoria* soeur de l'E. négocie secrètement, avec *Attila*, et lui promet sa main; elle est enfermée; mais Attila fonde là dessus des prétentions à l'empire d'occident. Placidie †.

452. *Attila* s'avance des Gaules dans l'I-
450 talie septentle. (mais non jusqu'à Rome, qui n'a jamais été saccagée par les Huns); il enlève plusieurs villes, et se retire en menaçant de revenir.

Maxime assassine 454 l'E. Valentinien, et force sa veuve de l'épouser. Elle invite *Genseric* à venir la délivrer; il arrive, pille Rome, et emmène l'Impée. et ses deux filles.

A cette occasion, les habitants de la prove. de Vénétie fuyent dans les îles *Rialto*, *Grado* etc. Origine de la Républ. de *Venise*.

Ricimer, chef de toutes les troupes en Italie, crée et dépose à son gré les Empereurs. 454-72.

456. Avitus, soutenu par les Visigoths; Ricimer le fait évêque de Plaisance 456.

460 457. Majorien, déposé 460, il meurt.

461. Libius Sévère. ... Marcellin en Dalmatie; *Ægidius* dans les Gaules.

465-67. *Ricimer*, sans Empereur.

467. Anthémius, nommé par la cour de Constple. avec le consentement de Ricimer, prend part à la guerre contre les Vandales.

472. Olybrius ... mort de Ricimer.

470 473. Glycérius soutenu par les Bourguignons.

Jul. Népos, soutenu par la Cour de Byzance, détrône par une victoire sur Glycérius, et le fait évêque de Salone.

475. Oreste, ancien secrétaire d'Attila, maintenant général romain, se révolte, crée *Auguste* son fils Romulus, sur nommé Augustule, et gouverne en son nom.

Les troupes (composées de Scyres, d'Alains, d'Hérules) exigent le tiers des terres en Italie; *Odoacre*, leur chef, prend Pavie 476, fait mettre à mort Oreste, et relègue *Augustule* dans un château de la Campa-
480 nie. ... *Fin de l'Empire d'occident.*

Odoacre gouverne l'Italie avec le titre de Roi, 476-93; défait les Ruges dans le Rugiland 477. Les Ostrogoths et les Ruges réunis l'attaquent 489, le battent trois fois, l'assiègent dans Ravenne 490-93; il se rend par capitulation, mais peu après il est mis à mort avec les siens.

ROYAUME DES OSTROGOTHS.

490 *Théodoric le grd.* (âgé de 48 a.) 493-526, rétablit l'ordre et la tranquillité en Italie, il domine aussi sur la Dalmatie, la Mœsie, la Dardanie, la Prævalis, la Pannonie, la Norique, où les Bajobares (Bavarois) lui obéissent, et la Rhætie; il reçoit 496 dans cette dernière province une partie des Al-
500 lemands.

EMPIRE ROMAIN D'ORIENT (suite)

450. Mort de Théodose. *Pulchérie* donne sa main à

Marcien (âgé de 55 a.) il répond à Attila «qu'il a de l'or pour ses amis, et du fer pour ses ennemis.»

451. Concile de Chalcédoine; la doctrine des Eutychiens y est condamnée.

453-54. Après la chute de la monarchie des Huns, diverses nations obtiennent des établissements dans les provinces romaines dépeuplées; les *Ostrogoths*, sous leurs 3 Rois, *Walemir* etc., dans la Pannonie, depuis Sirmium jusqu'à Vienne; les *Sarmates* et les *Hérules* dans l'Illyrie; les *Scyres*, le reste des *Alains* et des *Huns*, sous *Hernac*, le plus jeune fils d'Attila, dans la Scythie, la basse Mœsie, qu'occupent aussi les *Myso-goths*. Tous ces peuples reçoivent des subsides. Marcien m. 456.

Léon *le grd.* 457-74, (Vérine son épouse), est proclamé par le peuple, l'armée et le Sénat, et couronné par le Patriarche Anatolius (il est le premier Empr. couronné par un évêque). Le Patrice *Aspar* contribue à son élection.

Les Ostrogoths de la Pannonie sont attaqués par les Suèves et par tous les peuples voisins; *Théodoric*, fils, (ou petit-fils) de Walemir, élevé à Constple. bat les *Sarmates* 471, et prend Singidon.

468. Les Vandales ravagent le Péloponèse, expédition infructueuse contre eux.

470. Léon donne sa fille Ariadne en mariage à Zénon, seigneur Isaurien; il fait mourir Aspar.

Les Ostrogoths se rendent maîtres de *Naïssus*, et d'une grande partie de *l'Illyrie*; à la paix, ils obtiennent aussi *Pautalia*, et le royme. connu sous le nom de Sium, ce qui les rapproche des Mysogoths.

Léon *le jeune* (âgé de 16 a.) 474, meurt la même année.

Zénon *l'Isaurien* (âgé de 48 a.) 474-91, s'abandonne au plaisir, tandis que les *Sarasins* dévastent la Mésopotamie, et les Huns la Thrace ... 476 *Basilisque*, soutenu par les Ostrogoths de *Thrace* sous leur chef *Théodoric l'ancien*, (v. ci-dessus 427), le chasse de *Constple*. Mais le zèle de l'usurpateur pour les Eutychiens le rend odieux. *Théodoric le jeune* (de Pannonie) se déclare pour Zénon; ce dernier voulant se défaire des deux Théodorics, les arme l'un contre l'autre; le jeune s'empare de *Stobi*, étend ses ravages jusqu'aux portes de Thessalonique, prend Duras et l'Épire entière 481; se réconcilie avec l'autre Théodoric, et, après la mort de celui-ci, reste seul R. de *tous* les Ostrogoths. Il reçoit de Zénon le titre de Consul, donne un asile dans la Mœsie inférieure aux *Ruges* fugitifs, marche de Nova 479 contre *Odoacre*, enlève Sirmium aux Gépides, soumet l'Italie, et maintient sa domination sur la Mœsie supérieure etc. ... Les Mysogoths restent dans le pays qu'ils occupent.

Anastase (âgé de 60 a.) 491-518. Ariadne le fait élire Empr. par le sénat; il abolit la vénalité des charges, introduite sous Zénon.

492-96. Révolte en Isaurie.

499. Traité avec Théodoric le grd. auquel l'E. envoie les marques de la dignité royale.

Pays au-delà du Danube.

1. *ROYAUME DES HUNS.*

Les Huns ne peuvent subsister dans des pays dévastés, sans obtenir des subsides des Roms, ou sans piller leur territoire.

405. Leur R. *Uldin* sert contre *Rhadagaise*. dans l'armée de *Stilicon*; les *Alains* et les *Vandales* de la Mæotide les suivent, s'unissent aux *Vandales Silingiens* de la Pannonie, et à d'autres peuples, se séparent des Huns, et pénètrent plus loin (v. Italie et Gaules).

Ruja (Roïlas), à l'instigation d'Aëtius, veut soutenir l'usurpateur Jean 425; il arrive trop tard et se retire; mais le chemin de la Pannonie dans l'Illyrie (oriente.) est dès lors ouvert. ... *Théodose II.* s'oblige de payer aux Huns un tribut annuel de 350 livres d'or.

Attila (433-53) *rend l'empire des Huns formidable*. Aëtius lui cède la Pannonie par un traité formel; *Théodose* double le tribut, et s'engage à ne point secourir les ennemis des Huns. ... Malgré ce traité, Attila entre dans l'Illyrie 438, se rend maître de *Murgus*, détruit *Viminiacum*, *Ratiaria* et tous les forts du Danube jusqu'au delà de *Sardica*; *Naïssus* éprouve le même sort; il dévaste tout le pays, et ne permet à aucun romain de le cultiver; mais il accorde, près de *Sirmium* et de *Singidon*, des terres aux *Gépides*, soumis alors aux Huns. ... Il étend ses ravages 446-48 jusqu'aux *Thermopyles* et jusqu'à *Adrinople*, et oblige *Théodose* de payer 6000 liv. d'or, et un tribut annuel de 2100 liv. Les ambassadeurs chargés de lui porter cette somme 449, trouvent *son camp royal entre la Theiss et le Danube*. Durant les Négociations, il subingue plusieurs peuples du nord (Sarmates ou Slaves), et les *Acatzyres* qui s'étaient alliés avec les Roms.

Attila menace 450 les deux empires; mais Genseric l'attire d'abord dans les Gaules contre les Visigoths. Il marche à la tête de plusieurs peuples, conduits par leurs rois; les *Gépides* sous Ardaric, les *Ostrogoths* sous Walamir, Théodomir et Vidomir; les *Hérules*, les *Scyres*, les *Acatzites*, auxquels se joignant sur la route les *Thuringiens*, les *Ruges* et d'autres peuples germaniques (v. Gaule et Italie). Il se retire 452, et meurt 453.

Ellach, son fils ainé qui devait lui succéder, trouve dans ses frères de nombreux compétiteurs; ils lui disputent le trône, et veulent partager entre eux les peuples asservis. *Ardaric* R. des Gépides se soulève. Bataille en Pannonie; *Ellach* y périt, les Huns se dispersent, et on voit se former, sur toute la rive septle. du Danube, de nouveaux royaumes, parmi lesquels le reste des Huns disparaît peu à peu.

2. *ROYAUME DES GEPIDES.*

Les *Gépides* occupent 454 le pays qui leur avait d'abord été concédé, près de *Sirmium* et de *Singidon*, avec une partie de la Dacie (Trajane), et le pays des Jazyges, dont le nom ne reparait plus. Ces contrées réparent en partie leurs malheurs. *Ardaric* favorise le commerce, et fait battre des monnaies. ... Les Ostrogoths enlèvent Singidon 471, et Sirmium 489.

3. *SLAVINA, (SLAVIA), (ESCLAVONIE).*

Depuis 471 le nom de *Sarmates* disparait entièrement de l'histoire, et les habitants de la ci-devant Sarmatie sont dès lors connus sous le nom commun de *Slaves* (Sclavi). Ils se divisent d'abord en trois branches principales; les *Wendes* (Vénédi, Winidi, Winuli), appellés aussi Lechi par les écrivains nationaux, les *Sclavini* (Slovènes) et les *Antes*. ... Les premiers passent en Bohême, après la retraite des Marcomans, et probablement, ils occupent déjà à cette époque le voisinage de l'Oder. Au nord, les Slaves confinent aux *Finnois*, auxquels ils donnent le nom de *Tschoudes* (étrangers).

4. *ROYAUME DES BULGARES, OU VALAQUES.*

463. Près du Don, on connait à cette époque les *Onogures*, divisés peu après en *Utrigures* (Unigures, Ugures), et *Cutrigures*; il est très probable que ces peuples sont d'une origine commune avec les *Hunugares*, Finnois qui paraissent dans le siècle suivant. Les *Bulgares* ou *Walaques*, (vraisemblt. d'origine Tartare), paraissent dans le même temps, et dans les mêmes contrées, comme peuple dominant. Suivant Nestor, ils s'étendent jusqu'à la *Kama*; Ils sont vaincus 487 dans la Thrace par Théodoric le grd; mais depuis la retraite de ce prince, 493, ils passent fréquemment le Danube, et se rendent aussi formidables à l'empire d'Orient que les Huns l'avaient été.

ASIE et AFRIQUE *dans leurs rapports avec l'Europe.*

Jesdegerde I. 399-420. Abdas, évêque de Suze, avant détruit 419 un temple du feu, les Mages excitent une violente persécution; un grand nombre de Chrétiens se réfugient dans l'empire.

Varanès V. 420-40 demande à Théodose II. de livrer les fugitifs; cette prétention et d'autres différents, occasionnent une guerre. Ardabure, Alain et général rom., défait Narsès 421; Paix pour 100 ans 422, sous la condition de faire cesser la persécution contre les Chrétiens; elle dure jusqu'en 502, presque sans interruption.

Varanès VI. (ou Jesdegerde II.) 440-57.

Pérosès, 457-88. Irruption des Huns Ephthalites.

Blasès (Balacès) 488-91.

Cavadès 491-531, est chassé et rétabli ensuite par les Huns.

Les *Sarasins* servent 422 les Perses contre les Roms., et sont eux-mêmes en guerre avec ceux-ci 453.

Guerre entre *Tigranes* et *Arsace* Rois d'Arménie. Les Roms. et les Perses s'unissent dans leur querelle, et se partagent le pays 442, après l'abdication volontaire des deux rois. La partie orientale reçoit le nom de *Persarménie*.

Dans le nord de l'Asie et vers le milieu du siècle, de nouveaux mouvements se manifestent parmi les peuples Tartares.

Les *Turcs* (Turci) deviennent puissants dans ces contrées; ils s'approchent de l'*Irtisch* et du *Jaik*, chassent devant eux les *Avares* (Abares) peuple de même origine. Les Avares chassent à leur tour, les *Sabires*, des environs du Caucase, et s'y établissent après avoir vaincu les *Onogures* 464.

A la même époque, d'autres tribus de Huns (ou Tartares), et particulièrement celle des *Ephthalites* font des incursions dans les contrées du Caucase. Ces derniers forcent les gorges de ces montagnes 473, et arrachent aux Perses un tribut annuel jusqu'en 505.

TABLE X. Europe depuis l'an 500

Rme. DES VANDALES et DES SUÈVES.

Vandales.

Thrasimond, R. depuis 496, tolère les Catholiques, rappelle les Evêques exilés, leur rend leurs églises, et gagne ainsi l'amour de la partie la plus nombreuse de ses sujets.

Ildéric, 524-31, avait formé à Constple., une amitié particulière avec Justinien. Ce Prince pacifique favorise les Catholiques; il perd une bataille contre les Maures.

Gélimer son parent, ayant aigri les esprits contre ce prince, usurpe la couronne 531 et le rend prisonnier. ... *Justinien* réclame vainement sa délivrance, et se détermine à la guerre 533. ... *Belisaire* débarque 534 à *Caputvada*; victorieux à *Tricamare*, il soumet rapidement tout le pays dont Genseric, pour sa sureté avait rasé les places fortes. *Gelimer*, réfugié dans *Médenus*, est réduit à se rendre; il orne à Constple. le triomphe des vainqueurs, et reçoit ensuite des terres dans la Galatie; comme Arien, il ne peut obtenir le patriciat qui lui avait été promis.

Les îles soumises au royme. des Vandales, sont de nouveau réunies à l'empire d'Orient.

Rme. DES SUEVES.

Vide dans l'histoire, depuis 470 jusqu'en 561 e. A cette époque les Suèves, sous le R. Théodemir, embrassent le Catholicisme.

Miro (Théodemir II.) 570-85, soutient Herménégilde contre son pere; il est battu et obligé de reconnaître Léovigilde comme suzerain.

Eboric 585 est chassé et relégué dans un cloître par Andeca; Léovigilde défait ce dernier, et met fin au royme des Suèves, 585.

ROYAUME DES VISIGOTHS.

501. *Alaric II.* R. depuis 484-507. Il fait rédiger pour ses sujets gaulois, un extrait du code Théodosien, et d'autres recueils de loix. Attaqué par Clovis, 507, il périt dans la bataille de Vivonne.

Gésalic 507-10, fils naturel du précédent.

508. Théodoric le grd. vient au secours des Visigoths, repousse les Bourguignons, délivre Arles, garde pour lui cette ville et la Provence, se déclare régent du royme. au nom d'*Amalric*, petit-fils de Gésalic, et en confie l'administration à l'Ostrogoth *Theudès*. Gésalic est battu 511, et périt bientôt après.

Les *Visigoths* ne conservent dans les Gaules que la Septimanie, alors très réduite. (Gallia gothica, la Narbonnaise).

Amalric 523-31. Quoiqu'il promette 527 aux Evêques cathols. de convoquer des conciles, il veut contraindre son épouse *Clotilde*, soeur de trois Rs. Francs, d'embrasser l'Arianisme; c'est le motif d'une guerre avec Childebert 531, dans laquelle il périt.

Theudès 531-48 le remplace *par élection*.

542. Les Francs s'emparent de Narbonne, s'avancent jusqu'à Saragosse, et sont repoussés par le général Theudegisile.

Theudegisile 548, 49, est assassiné dans un festin; à cause de ses violences.

Agila 549-54, persécute les catholiques. ...

560. Troubles dans la Bétique, (Andalousie); Athanagilde lève l'étendart de la révolte; les Grecs lui envoyent du secours d'Afrique, sous le commandement du Patrice *Libère*.

Athanagilde 554-68. Les Grecs, secondés par les catholiques, *occupent les postes les plus importants de la côte, le long du détroit, jusqu'à Valence*. Guerres continuelles entre eux et *Athanagilde*. ... Ses filles Galsuinde et Brunehaut épousent les Rs. Francs Chilperic et Sigebert.

Liuba 568-70. gouverne conjointement avec son frère.

Léovigilde 569-86, étouffe une révolte des Cantabres, enlève aux Grecs plusieurs places, défait les Gascons 580 et bâtit Victoriano pour les contenir. Il unit 578 son fils *Herménégilde* à Ingonda, fille de Sigebert I., et lui assigne Séville pour résidence; le fils embrasse le Catholicisme, et obtient l'appui des catholiques, des Suèves et des impériaux.

583. Léovigilde l'assiège, l'attire hors de Séville et le fait exécuter dans la prison ... il subjugue 585 le royme. des Suèves.

Recarède le catholique 586-601, abjure l'Arianisme avec les Evêques et les Grands; le reste de ses sujets Visigoths suit son exemple. Depuis cette époque, les rois sont sacrés et couronnés, et les Evêques obtiennent insensiblement dans les assemblées générales (concilia); plus de considération que les ordres laïcs. ... Gontran est défait 589 par le *D. de Mérida* (Lusitanie).

Une partie des Gascons s'établit 581 (591) au delà des Pyrénées, dans le Béarn etc. Ils restent longtems indépendants; et inquiètent 598 les frontières d'Espagne.

Rme. DE BOURGOGNE.

Gondebaud R. depuis c. 470. Les secours qu'il donne aux Francs contre les Visigoths, occasionnent une guerre avec Théodoric le grd.

Sigismond 516-24. Il fait mourir son fils innocent 522, et va pendant quelque temps expier ce crime dans le couvent de St. Maurice. 523 il est attaqué, défait et tué par les rois Francs.

Godomar 524-34 perd 524 la bataille de Véséronce, et recouvre ensuite ce qu'il avait perdu; mais *Childebert* et *Clotaire I.* renouvellent la guerre 532, se liguent 534 avec *Theudebert*, subjuguent tout le royme., lui imposent un tribut, *mais lui laissent ses loix et ses institutions*.

ROYAUMES DES FRANCS.

Clovis I. R. des Francs Saliens depuis 486.

501. *Les Bretons* de la Brétagne se soumettent, en conservant leurs propres rois, qui ne sont reconnus en France que sous le titre de Comtes.

507. *Clovis* secondé par les autres Rs. des Francs, défait les Visigoths à *Vivonne* (selon d'autres à *Vouglé*); il soumet 508 *toute l'Aquitaine*, Toulouse et toutes les possessions des Visigoths dans les Gaules, hors la Septimanie et la Provence.

510. Il agrandit ses états par le meurtre des autres rois français. ... Il convoque 511 le premier concile à Orléans.

Partage du Royaume entre ses fils 511.

Rme. de *Paris*.	Rme. d'*Orléans*.	Rme. de *Soissons*.	Rme. de *Metz* ou d'*Austrasie*.
Childebert I. 511-58 reçoit les provs. occidles., entre Amiens et les Pyrenées; la Brétagne, Poitiers, Limoges, Périgueux.	Clodomir (âgé de 17 a.) 511-24, l'Anjou, la Touraine, le Berry et le Maine. Le royme. de Bourgogne le borne au midi.	Clotaire I. 511-61. Ses états s'étendent depuis Soissons et Amiens jusqu'au Rhin, et aux frontières des Frisons.	Thierri I. (de 26 ans) 511-34. Le pays des *Francs ripuaires*, depuis Cologne jusqu'à la Thuringe, et (dans l'Aquitne.) l'Auvergne, le Rouergue et le Querci. 520. son fils *Théodebert* bat les pirates Danois qui pillent les côtes, sous le R. Cochilaich. 531. *Thierri* soutenu par Clotaire et les Saxons, s'empare du Rme. de *Thuringe*, dont il fait mourir perfidement le dernier Roi. Théodebert I. (âgé de 30 a.) 534-47.

Ces 3 Rs., à l'instigation de leur mère *Clotilde*, attaquent 523 le Rme. de Bourgogne; *Clodomir* continue seul la guerre 524; il y périt, et Clotilde se charge de l'éducation des trois fils qu'il laisse.

531. Childebert entreprend inutilement la conquête de l'Auvergne; il n'est pas plus heureux contre les Visigoths.

Childebert et Clotaire poignardent les fils de Clodomir, et se partagent ses provs... Thierri a pour sa part l'Anjou.

555. Les Rs. français se liguent avec l'E. Justinien contre les Ostrogoths. Viligès leur cède la *Provence*, qu'ils partagent entre eux. Théodebert reçoit aussi la partie de la *Rhætie*, cédée aux Allemands par Théodoric le grd. Cependant les Francs secourent faiblement les Ostrogoths. Théodebert entreprend 539 des conquêtes en Italie, s'avance jusqu'à Gênes, et attaque tour à tour les Grecs et les Ostrogoths; des maladies contagieuses forcent son armée à se retirer. *Bucelin*, D. Allemand, se maintient dans la *Norique*, où les *Bavarois* passent sous la domination des Francs.

542. Ligue contre les Visigoths, suivie de grands revers dans les Pyrénées.

Théobald (âgé de 13 a.) 548-55. Invasion inutile de Bucelin et de Leutharis en Italie 551-54. ... *Garibald* connu comme 1r Duc de Bavière 555 (553).

Clotaire demande le ⅓ des revenus de l'église; mais il ne peut l'obtenir.

Childebert favorise la *révolte* de *Chramne*, fils naturel de Clotaire ... il meurt 558 sans héritiers.

Théobald étant mort sans héritiers. *Clotaire* s'empare de l'*Austrasie*, bat les Saxons et les Thuringiens, et impose aux premiers un tribut de 500 vaches.

558. *Clotaire seul.*

Chramne se réfugie 560 auprès de Couber Cte. de Brétagne; ils sont défaits; Chramne est brulé dans une chaumière avec sa femme et ses enfants.

562. Partage après la mort de *Clotaire I.*

Rme. de *Paris*.	Rme. de *Bourgogne* ou d'Orléans.	Rme. de *Soissons*.	Rme. d'*Austrasie*.
Charibert reçoit encore Tours, Alby, Marseille. L'Evêque de Paris l'excommunie à cause de ses mariages. † 567 sans hérits. mâles.	Gontran réside à Châlons sur Saône, et reçoit Sens. Le Rme. d'Orléans fait partie de celui de Bourgogne. Il † 592 (593).	Chilperic I. Sa concubine *Fredégonde* l'engage à répudier sa 1re épouse *Audouaire*, et 567 à faire périr la 2de *Galsuinde*, (soeur de Brunehaut); elle devient reine; il † 584.	Sigebert I., réside à Rheims. 562. Guerre avec les Avares, 563 avec Chilperic. 565. Il épouse *Brunehaut*, belle, artificieuse, ambitieuse et implacable. Il † 575.

567. Après la mort de Charibert, ses frères partagent ses états, et même la ville de Paris. Marseille et d'autres villes obéissent à 2 souverains. L'Aquitaine en particulier est un objet perpétuel de guerres et de partages; cependant quelques-uns de ces changements sont consolidés.

Rme. de *Bourgogne*.	Rme. de *Soissons*.	Rme. d'*Austrasie*.
Gontran obtient pour sa part Melun, Saintes, Angoulême, Périgueux. Il se mêle rarement et malgré lui dans les différents de ses frères. Le D. *Mummol* défait les Lombards 569 à Ambrun, et 570 les Saxons à Stavelo. *Gontran* adopte 577 Childebert II.; il est attaqué, 581 par Chilperic et les Austrasiens. Paix 584. Depuis 586 il protège, comme tuteur, le jeune Clotaire II. *Gondebaud*, fils naturel de *Clotaire I.* veut s'emparer de la Bourgogne; il est battu 585, et tué. 593. Après la mort de Gontran, *Childebert II.* hérite du Rme.; *Thierri II.*, son plus jeune fils, lui succède 596-613. *Gernier*, Maire du palais. ... L'Alsace, le Sundgau, le Thurgau, et une partie de la Champagne sont réunis à la Bourgogne.	*Chilperic* reçoit la Normandie et la Brétagne, dont les Comtes sont assez indépendants. *Frédegonde*, et le mécontentement du R. au sujet du partage, occasionnent des guerres continuelles avec Sigebert et Brunehaut. *Chilperic* prend et perd bientôt après l'Aquitaine austrasienne 569-73. La mort de son frère 575 relève sa puissance. Brunehaut prisonnière; *Mérovée* fils de Childeberic, amoureux d'elle, favorise sa fuite à Metz. 575-77. nouvelle tentative contre l'Austrasie, et 581 contre Gontran. Chilperic assassiné à Chelles par une main inconnue. Clotaire II. (âgé de 4 mois) 584-628. ... Gontran et Frédégonde gouvernent. 593. nouvelles guerres avec l'Austrasie. Frédégonde victorieuse 596, meurt peu après. *Clotaire* totalement défait 600 à Dormeille, perd tous ses états, à l'exception d'une petite partie entre la Seine et le Dé. de *Denteleni*.	Aux frontières fixées 511, on ajoute Avranches, Tours, Poitiers, Aire, Alby, le Conserans; et après une victoire sur Chilperic, Bordeaux, Limoges, Cahors, le Bigorre et le Béarn. 568. Sigebert battu et pris par les Avares se rachète; ... il soumet 575 presque tout le royme. de Soissons. Frédégonde le fait assassiner dans son camp de Vitry. Childebert II. (âgé de 5 a.) 575-96, est délivré de sa prison par le D. *Gondebaud*. Brunehaut gouverne en son nom avec un conseil de régence. 580. Un parti parmi les Grands s'unit avec Chilperic contre Gontran, auprès duquel Brunehaut cherche un azile; mais après l'expulsion de l'Evêque de Rheims, elle recouvre son crédit, et termine avec Gontran 587 le traité d'*Andlau*, qui fixe les limites de l'*Austrasie* et de la *Bourgogne*. 585. Guerre avec les Lombards; *Garibald* de Bavière qui s'unit à eux 588, est obligé de se soumettre. 595 victoire sur les Varnes. Théodebert II. (âgé de 10 a.) 596-612.

GERMANIE.

Rs. de *Thuringe*.

Le R. *Hermanfroi* chasse 520 (525) son frère *Baderic*, avec le secours de Thierri I., et refuse ensuite de remplir ses engagements envers ce dernier.

Thierri s'allie avec les Saxons, bat Hermanfroi près de l'Unstrut, et met fin 531 au royme. de Thuringe.

Saxe.

Les émigrations des Saxons dans la gr. Brétagne continuent. Ceux qui restent, soumettent 531 la Thuringe septle. jusqu'à l'Unstrut, et cèdent aux Sorbes 534 la partie orientale. Les contrées méridionales deviennent 555 tributaires des Francs. Plus de 20000 Saxons accompagnent en Italie 568 les Lombards (leurs anciens voisins), et reviennent par la France dans leur patrie 571, 572.

Les *Varnes*. (chassés peut-être par les Vendes), abandonnent leur patrie, s'approchent du Rhin, et sont presque totalement détruits par Childebert 595; cependant leur nom, et probablement une partie de leur nation, se conservent encore dans la suite chez les Vendes.

Rme. DES ANGLOSAXONS. (*Westsex en particulier*).

501. Cerdic défait plusieurs fois le R. Bréton Ambrosius, et Uther son successeur 508, dont les exploits sont obscurcis par des fables. Il se déclare 519 R. de Wessex, soumet 527 l'île de Wight et plusieurs Comtés. † 534.

Erkenwin fonde le Rme. d'Essex c. 527. ... Depuis cette époque les *Angles* débarquent aussi sur les côtes orientales.

Cenric R. de Westsex, 534-60. (Arthur soutient une guerre contre un chef bréton révolté, et périt 542 dans la batle. de Camelsford).

Les Saxons dans le Northumberland reconnaissent plusieurs chefs 5. 547. Ida débarque avec de nouveaux colons, devient R. de *Bernicie*, et bâtit le château de Ramborough. *Ælla* devient R. de Deira 560. Dans la suite les deux royes. sont tour à tour réunis et séparés.

Ceaulin, 560-91 après les victoires de Bedford 571, et de Durham 577, il enlève aux Brétons les Cés. de Dévon et de Sommerset, et se rend maître 590 du Rme. de Sussex.

575. *Uffa*, 1r R. d'Estanglie 585. ... *Crida* débarque avec des troupes nombreuses, soumet le centre de l'île, et fonde le Rme. de *Mercie*. Peut-être que l'île prend déjà à cette époque le nom d'*Angleterre*, d'après celui du plus grand nombre des conquérants.

Ceorric 591-96.

Ethelbert, R. de *Kent* est disposé à embrasser le Christme. par son épouse *Berthe*, fille de Charibert R. de Paris. Il se convertit 595, après que le Pape Grégoire le grd. a envoyé en Angleterre St. Augustin et d'autres missionaires.

Fergus, 1r R. d'Ecosse, sous lequel tous les Clans sont réunis (c. 500); ses successeurs sont peu connus.

Edan (Aidan) 571-606, célèbre par la victoire de *Dunkeld*, sur *Brude* R. des Pictes. St. Columban passe 565 d'Irlande en Ecosse, devient l'oracle des deux nations, et fonde dans l'île *Hii* (I-Colmkil) un couvent célèbre.

Après la mort d'Ambrosius et d'Arthur, les *Brétons* obéissent à *plusieurs petits Rs.*, dont les querelles fréquentes facilitent aux Anglo-Saxons la conquête du pays. Les premiers possèdent encore dans ce siècle *Cornouailles*, *Southwales*, *Northwales*, *Cumberland*, et de temps en temps *Galloway*.

Les évêchés, les couvents et les *écoles se multiplient* en Irlande. *Dermod* 544-66, roi principal, convoque souvent les autres rois à *Temor*, mais il ne peut prévenir leurs divisions continuelles.

501 ### ROYAUME DES OSTROGOTHS.

501. *Théodoric* le grd. R. des Ostrogoths, depuis 493.

506. N'ayant pu engager les Rs. des *Hérules*, (en Illyrie), des *Thuringiens* et des *Varnes*, à secourir les *Visigoths* contre les Francs, il attaque seul ces derniers et les Bourguignons 507, délivre *Arles* et la garde, ainsi que quelques villes près de la Durance. — 507, 8. Différents avec l'E. Anastase.

510 511. Théodoric chasse le R. *Gésalic*, élu par les Visigoths, et administre ce royaume au nom d'*Amalaric*, petit fils de ce prince; mais il s'approprie *toute la Provence*, jusqu'à la Durance et au Rhône.

Plusieurs sénateurs à Rome sont accusés d'intelligences secrètes avec la cour de Const-
520 ple.; *Boëce* et *Symmaque* sont cruellement mis à mort à cette occasion, 524.

Amalasonte (526-34), gouverne avec sagesse, au nom de son fils Athalaric (âgé de 11 a.) Cependant les Goths sont mécontents.
530 Après la mort d'Athalaric 534 elle épouse
Théodat, qui la fait mourir. Ce crime fournit à *Justinien I.* le prétexte de commencer la guerre.

Vitigès 536-40, détache les Francs du parti de Justinien, en leur cédant la Provence, et excite contre lui
540 les Perses; mais *Bélisaire* s'empare de Rome et de presque toute l'Italie. Vitigès est pris et 541 emmené à Constple.

Totila 541-52, grand roi et grand capitaine, enlève aux Grecs presque toutes leurs conquêtes, a des succès sur
550 Bélisaire 545-49, équipe 551 une flotte de 300 voiles, pille Corfou, et soumet la Sicile, la Sardaigne et la Corse.

552. *Narsès* arrive avec des renforts, et gagne la bataille décisive de Tagina (Busta Gallorum). Totila meurt de ses blessures.

Téia perd une bataille près du Vésuve 553. "Les Goths se soumettent." Quelques petits corps se joignent sous *Bucelin* et *Leutharis*, et pénètrent jusqu'à Otrante etc. Bucelin est battu 554 à Capoue; Leutharis meurt de la peste.

560 ### ITALIE sous la Domination des Grecs.

Narses † 557. Son successeur *Longin* prend le titre d'Exarque, et prend sa résidence à Ravenne; les Ducs de *Rome* et de *Naples* relèvent de lui et de ses successeurs. La *Dalmatie* fait aussi partie de l'Exarcat.

Rme. DES LOMBARDS.

Alboin, à la tête des Lombards et de plusieurs peuples lignés, particult. de Saxons, marche 568 contre les Grecs
570 en Italie, envahit la Vénétie, la Ligurie, la Toscane, réside à Pavie, et crée partout des Ducs. Son épouse Rosemonde (fille du R. des Gépides tué par lui) le fait assassiner 573.

Cleph 573-75, étend ses conquêtes. 36 Ducs gouvernent après lui 575-85, et attaquent les Bourguignons.
580 Pour résister à la ligue des Austrasiens et des Grecs, ils se donnent un roi.

Autharis (585-90) fils du dernier R. et Arien, s'allie avec *Garibald*, D. de Bavière, dont il épouse la fille *Theudelinde;* il traite avec les Ducs pour une constitution féodale générale, soumet
590 589 tout le Samnium, et donne au D. Zotto l'investiture du *Bénévent*.

Agilulfe 590-615. D. de Turin, obtient la couronne par son mariage avec Theudelinde, qui l'engage à embrasser la religion cathol.; il réprime la révolte de plusieurs Ducs, et retire quelques duchés comme fiefs for-
600 faits.

EMPIRE D'ORIENT. (ou empire grec.)

Anastase, Empr. depuis 491.

501. Massacre dans le cirque entre les factions des *verts* et des *bleus*; 3000 des derniers périssent.

507. Pour arrêter les Bulgares, l'E. fait construire près de Constple. une muraille d'une mer à l'autre.

512. 100000 habitants périssent à Constple. dans une sédition pour la forme propre du *Trisagion* (trois fois saint). *Vitalien* est forcé à prendre la pourpre contre Anastase qui persécute les orthodoxes. Ils s'accommodent bientôt après.

Justin I. (âgé de 68 a.) 518-27, soldat de fortune et chef des Prétoriens, est élu à cause de son orthodoxie, au préjudice des parents du précédent E.

521. Guerre avec les Perses.

525. La persécution contre les Ariens occasionne des mésintelligences avec Théodoric le grd.

527. Justin associe à l'empire son neveu Justinien, et meurt peu après.

Justinien I. (âgé de 44 a.) 527-65. *Théodora* son épouse, (dabord comédienne).

526. Les *Hérules* dans l'Illyrie méridle. massacrent leur R., et en appellent un autre du Nord ("Thule").

L'E. charge 528-33 les plus habiles jurisconsultes, sous la direction de *Tribonien*, de rédiger et de publier le Code des loix romaines.

532. Sédition dans le Cirque et dans tout Constple. Hypase proclamé E.; Théodora et *Bélisaire* sauvent Justinien par leur courage.

534. *Bélisaire* soumet le royme. des Vandales.

Cependant les Esclavons et les Bulgares portent plusieurs fois leurs ravages jusque dans le coeur de la Grèce, et dans le voisinage de *Constple.*; Plus de 200000 sont successivement tués ou menés en captivité.

544. Un édit impérl. qui rejette 3 *chapitres* (sur des points peu essentiels) du Concile de Chalcédo. (de 451) occasionne des schismes dans l'empire.

549. *Les habitants* de la ville d'Epidaure, détruite par les Esclavons, fondent *Raguse*.

550. Justinien construit 52 nouveaux forts le long du Danube, répare les anciens, et donne les mêmes soins à la sureté de la Thrace etc. Achrida ou Taurésium, sa patrie est déclarée capitale de l'Illyrie, sous le nom de *Justiniana I.*

554. Narsès fait la conquête de l'Italie.

556. Traité avec les Perses au sujet de la Lazique.

558. Les Bulgares et les Esclavons (Antes) en Thrace; ils franchissent la longue muraille; Bélisaire les défait, et on achète leur retraite.

562. Bélisaire disgracié; 563 on lui rend ses dignités; il meurt la même année.

Justin II. 565-78, neveu du précedent. Croyant les provinces europ. à l'abri de toute attaque, il refuse 565 aux Avares les sommes accordées 558; mais il perd 568-69 la Pannonie et presque toute l'Italie.

567-69. Négociations avec les Turcs qui entrent dans une alliance contre les Perses.

570-75. Guerre malheureuse contre les Perses. L'E. tombe en démence. L'Impce. Sophie fait nommer Tibère César par le sénat, 574, et engage Cosrhoès à signer 575 une trève qui n'est pas observée.

Tibère II. 578-82, proclamé Empr. par le sénat, et par le peuple.

578-81. Maurice défait les Perses, et reçoit la dignité de César.

581. Les Avares enlevent Sirmium.

Maurice 582-602. Les guerres continuelles des Perses l'empêchent de contenir les Avares qui 582 prennent Singidon, 583 font passer au delà de la Save des hordes nombreuses d'Esclavons, commettent d'affreux ravages, s'avancent 586 jusqu'à Adrinople, et 592 jusqu'aux portes de Constple.

Après la paix conclue avec les Perses, les Avares 592 restent quelque temps tranquilles, et *Priscus* empèche les Esclavons d'envahir la Thrace.

597. Le Khan recommence la guerre, saccage 40 villes de la Dalmatie, échoue devant les villes maritimes, et s'avance 599 jusqu'à *Drizipera*; *Constple.* tremble, et Maurice achète la paix: "Le Danube (et la Save) fixent les limites; mais les Grecs peuvent passer ces rivières pour attaquer les Esclavons." 600. La paix est interrompue. Priscus fait des courses au delà du Danube sur le territoire des Avares. Dans le nombre de ses prisonniers, il y a encore des Gépides.

ESCLAVONIE (SLAVIA).

Les Esclavons *méridionaux* deviennent redoutables à l'empire. Les Antes sont ordinairement ligués avec les *Bulgares*.

Les *Esclavons* s'unissent aux Gépides 543 pour attaquer l'empire; mais ils payent d'un statère d'or, pour chaque homme, la permission de passer le Danube, en traversant leur territoire (près de Sirmium, et de Singidon). ... Ils dévastent cruellement la Thrace, surtout 550, 51, et passent avec les Antes env. 565 *sous la domination des Avares.*

A l'ouest, les Vendes occupent la Bohême, et s'étendent même, vers la fin du siècle, plus avant dans l'Allemagne. Les Sorbes (Serbliens, Sorabes) obtiennent 534 une partie de la Thuringe, et obéissent ensuite les uns aux Francs, les autres aux Avares.

Nestor fait connaître, dans l'intérieur du pays, plusieurs autres peuplades Vendes et Esclavonnes.

Les *Vendes*, établis dans la *Pannonie*, passent 568 sous la domination des Lombards, deviennent 581 tributaires des Avares, et avec leur appui, soumettent le Gailthal jusqu'à Lunichen.

Rme. DES GEPIDES et DES LOMBARDS (Jusqu'en 568).

534. Les Gépides veulent enlever Sirmium etc. aux Ostrogoths, et sont battus; Justinien leur accorde cette contrée 541; ils pillent bientôt après l'Illyrie et perdent leurs subsides. 543. Différents avec les *Lombards*, nouveaux protégés de l'Empr.; ils s'allient alors avec les Esclavons.

Les Lombards reçoivent e. 548 de Justinien la Pannonie et la Norique (celle-ci leur est enlevée par les Francs); ils obtiennent aussi des secours contre les Gépides.

Thorisin Roi des Gépides est battu 552, ainsi que ses alliés les Cutrigures, par le R. Lombard *Andoin*; soutenu par les Grecs. Sous le R. *Cunimond* 553-67 les démêlés avec les Lombards continuent; Ces derniers, sous leur R. *Alboin*, s'unissent aux *Avares*, et mettent fin 567 au royme. des Gépides. Les Lombards passent 568 de la Pannonie en Italie, et abandonnent leur territoire aux Avares.

Rme. DES BULGARES.

Les *Bulgares* font 501 une irruption dans la *Thrace*, et renouvellent de temps en temps leurs attaques contre l'empire d'Orient, surtout en 513, 527, 538, 558.

Les *Cutrigures*, alliés des Bulgares, secourent 551 les Gépides contre les Lombards; mais Justinien engage les *Utrigures* à pénétrer dans leurs possessions, avec les *Goths Tétraxites*: hostilités entre les deux tribus jusqu'en 560.

Jornandès fait connaître (551), tout à fait au Nord (dans l'Ingrie), et entre les Finnois et les Turcs, les *Hunugares* "qui trafiquent de peaux de Zibelines," et qui sans doute appartiennent au peuple dont les *Hongrais* tirent leur origine (v. Tab. IX.)

Rme. DES AVARES.

Les Avares, peuple Tartare, fuyent devant les Turcs, et s'approchent 557 du Don; à l'instigation de la cour de Constple. ils détruisent ou chassent les principales tribus des Ephthalites et des Sabires, soumettent 562 les *Ugres*, les *Bulgares* et les *Esclavons méridx.*, pénètrent 563 par la Moravie et la Bohème jusqu'en Thuringe, soumettent les *Vendes* et les *Sorbes* (une partie de ces dernier restent tributaires des Francs); ils réclament inutilement 565, des successeurs de Justinien, les présens ordinaires ... obtiennent 567 le pays des *Gépides*, et 568 la *Pannonie*; battent le R. d'Austrasie 568, et lui vendent la liberté et la paix.

Leur Khan (Chagamus) *Bajan* tourne maintenant toutes ses forces contre l'empire d'orient, envoye 573 10000 Cutrigures vaincus en Dalmatie, et arrache à l'E. Justin un traité avantageux. Dans les entreprises les plus périlleuses, il employe surtout des *Esclavons*, traités d'ailleurs par les Avares avec une barbare dureté; par d'affreuses dévastations, il arrache aux Empereurs des sommes énormes; Constple. le voit plusieurs fois dans son voisinage; il fait de l'Illyrie un désert.

Cependant depuis 582, les Antes et d'autres tribus Esclavonnes du Dniester paraissent s'être affranchies (du moins pour quelque temps) du joug des Avares.

Les *Ugres*, avant 580, obéissent pendant quelque temps aux Turcs, qui les laissent ensuite à la merci des Avares, en abandonnant ces contrées.

Les Goths Tétraxites, établis à Dory (Doros) au nombre de 3000 senl., unis des Roms. se distinguent par leur attachement au Christianisme, leur hospitalité, leur industrie et leur courage.

ASIE et AFRIQUE dans leurs rapports avec l'Europe.

Perse.

Le R. *Cavadès* pénètre de nouveau 502 dans la Mésopotamie et l'Arménie; 505 Trève. ... La guerre se rallume 521. ... *Narsès* et ses frères, généraux Perses, passent 527 du côté des Grecs. ... *Bélisaire*, jeune alors, arrête les succès des Perses.

Cosrhoès I. (Cosrhu Anushirvan), grand Prince et l'orgueil de la Perse, 531-79; fait la paix 531 avec les Grecs, soumet les Huns Ephthalites encore puissants en Perse; fait une alliance avec les *Chasares* (on croit qu'il leur batit Atel, ou Balangiar pour capitale). Il achève le mur (de 73 milles géogr. de longueur) commencé par Cavadès, contre les barbares du nord, et Justinien est obligé d'y contribuer. Il renouvelle la guerre 539; l'Arménie et les Laziens opprimés par les Grecs, se déclarent pour lui. Bélisaire le chasse de la Lazique 542, et fait des courses jusqu'à Ctésiphon. Justinien achète une trève 545 (pour tourner toutes ses forces contre les Ostrogoths) "paye 2000 liv. d'or, et envoye au R. le Médecin Tribunus qu'il avoit demandé."

550. Nouvelle guerre, particulièrement dans la Lazique; La difficulté des transports engage Cosrhoès 553 à proposer une trève, qui laisse aux deux partis leurs possessions dans la Lazique.

Les *Persarméniens* persécutés par les Mages pour leur profession du Christianisme, se donnent aux Grecs 569. La guerre se rallume donc 570-90. Cosrhoès, d'abord heureux, quoiqu'il ait aussi à combattre les Turcs, est battu à plusieurs reprises par Justinien 575, et par Maurice 578.

Hormisdas 579-91, ne veut point de paix, Bahram, habile général, injurieusement destitué par ce Prince, se révolte contre lui, le fait prisonnier, et réduit aussi son fils

Cosrhoès II. 591 à chercher un azile chez les Grecs. L'E. Maurice le renvoye à la tête d'une armée ... Paix. Les Romains conservent la Persarménie.

500-600. Les Laziens, les Ibères, les Tzanes sont le plus souvent soumis à l'empire d'orient, selon les circonstances. Les *Zichi* maintiennent leur indépendance. ... Les Sarazins paraissent quelques fois comme ennemis des Grecs.

Les *Turcs* ont 557 leur principal établissement près des monts Altai; au nord du Jaïk et de l'Ick (dans la prov. d'Orenbourg). A cette époque ils chassent devant eux les *Avares*, qui leur avaient été soumis jusqu'alors: 567 ils s'approchent des Palus Méotides, 568 sollicitent vainement l'entrée en Perse pour leur commerce, font 569-70 une alliance avec l'E. Justin II. et le servent contre les Perses. Mésintelligence entre eux et Tibère; ils assiègent Cherson, et détruisent Bosporus 580.

Leur empire divisé en occidental et oriental. Quelques hordes s'avancent à l'Est, vers la *mer Caspienne*, attaquent la Perse, et sont défaites 588. Leur empire occidl. s'affaiblit, et dans le siècle suivant, il disparaît entièrement.

Dès le commencement du Siècle, les *Chazares* (Acatzires) deviennent puissans.

Rme. DES VISIGOTHS.

601 Liuva, 601-3, est tué par son successeur dans une émeute.

Vittéric, 603-10, remporte quelques avantages sur les Grecs, près de *Gisgonça*, (non Siguença), se rend odieux aux Grands, et périt assassiné.

610 Gondemar 610-12, élève à l'Archi-épiscopat l'évêque de Tolède. ... Campagnes contre les Gascons.

Sisebut 612-20, force un grand nombre de Juifs à recevoir le baptême, enlève aux Grecs 616 toutes leurs possessions jusqu'aux Algarves, et soumet *Tingis*, *Septum* etc. dans la Mauritanie.

620 Recarède II. 620.

Suintila 621-31, défait les Gascons, *met fin 624 à la domination des Grecs en Espagne*, et associe son fils. Les Grands, et surtout les Evêques, trouvent cet acte contraire à leur droit d'élection.

630 Sisenand, 631-36, supplante son prédécesseur ... 4me assemblée des états (concilium) à Tolède. "Les évêques peuvent appeller, à leur gré, des seigneurs ou princes séculiers, à *ces assemblées*; le clergé est exempt d'impôt."

Chintila 636-40. 638. 6me. assemblée à Tolède "on décrète l'entière destruction des Juifs."

640 Fulga 640-42. Mouvements parmi les Grands.

Chindasuinthe 642-49. Une révolte le conduit au trône; il réprime avec sévérité les factions des Grands, enrichit les convents, et abdique en faveur de son fils.

650 Recésuinthe 649-72, montre plus de condéscendence pour les évêques qui 654 assurent et étendent leurs prérogatives ... il défend le pays contre les Gascons, et 668 la Mauritanie contre les Arabes.

660

670 Wamba 672-80, est *contraint* d'accepter la couronne; mais il doit d'abord soumettre quelques Grands rébelles. ... Nouvelle division des diocèses (et des provinces) ... Victoire maritime sur les Arabes 677 ...

680 une ruse odieuse de son successeur et de l'Archevê. de Tolède l'oblige de se retirer dans un couvent.

Ervige 680-87, augmente la puissance des Arch. de Tolède, et occasionne par là de longs différents avec les autres Archevs.

Egica 687-701. *Julien* Archev. de Tolède, porte de grandes atteintes à l'autorité royale. Son successeur *Sisebert*, plus audacieux encore, est déposé par le concile 693, à cause d'une conspiration. Le R. défait une flotte arabe 696, mais il perd la Mauritanie. Il associe à la couronne 697 son fils *Vitiza*, et lui donne l'ancien royaume des Suèves.

ROYAUMES DES FRANCS.

Rme. de Soissons, *Neustrie*. 601. *Clotaire II.* depuis 588. 604. Il veut recouvrer ses provinces perdues; quoique défait par Thierri près d'Etampes, il obtient, par la jalousie des deux frères, une paix avantageuse.

Le nom de *Neustrie* prévaut à cette époque.

Théodeb. lui rend aussi 611 le Duché de Dentéléni.

Rme. de *Bourgogne* (et d'*Orleans*). 601. *Thierri II.* depuis 596.

Rme. d'*Austrasie*. 601. *Théodebert II.* depuis 596.

Brunehaut gouverne par des Maires du Palais, et au nom de ses deux petits-fils. La funeste inimitié avec Clotaire II. continue.

602. Les *Gascons* sont battus. 605. rivalité entre les frères. 610. Théodebert réclame les provinces cédées à la Bourge. en 596. Négociations à *Seltz*. 612. *Théodeb.* deux fois défait, pris et conduit à Châlons; il meurt peu après.

Thierri devenu maître aussi d'Austrasie, réclame de Clotaire 612 le d. de Dentéléni, et meurt au milieu de ses armements. Brunehaut cherche à conserver aux fils de Théodeb. les 2 roys.; mais Clotaire gagne les Grands de l'Austrasie; Brunehaut, également abandonnée par les Bourguigs. et faite prisonnière à *Orbe*, subit un supplice cruel, et laisse une mémoire odieuse.

613. *Clotaire seul.*

Les *Maires du Palais*, Warnachaire de *Bourgue.*, Radon d'*Auste.*, Goudeland de *Neust.*, gouvernent comme vassaux, et non comme officiers de la couronne. Les autres Grands cherchent aussi à étendre leur pouvoir.

614. Première *assemblée* (concilium, Etats généraux) des évêques, et des seigneurs laïques à Paris. L'autorité des évêques est augmentée au détriment du pouvoir royal; 616 *Assemblée provinciale* (placitum) des Prélats et *Barons* (Farons) du roye. de Bourgogne, à Bonneuil. Clotaire est obligé de consentir à toutes les demandes des Etats. 623 il donne à son fils aîné Dagobert, avec le titre de R., *l'Austrasie*, limitée d'abord par les Ardennes et les Vosges.

Neustrie et Bourgogne. Clotaire et Dagobert ordonnent la révision des loix des Francs, des Bavars. et des Allemds.

Austrasie. Dagobert I. (622-37). A cause de sa jeunesse, son père lui adjoint 2 Ministres; St. *Arnould* et *Pepin* (de Landen).

Après la mort de Clot. 628, *Dagobert* gagne les Grands de Bourgne. et de Neust., et est reconnu R. dans les deux états.

Charibert, son frère (628-36) sous le titre de R. d'*Aquitaine*, ne possède que Saintes, Périgueux, Cahors, Agen et les districts mérid. jusqu'aux Pyrénées; Toulouse est sa résidence: il soumet les Gascons 630.

634. Traité avec les Etats; par lequel Dagob. veut assurer à son fils *Clovis* la succession de la Bourgue. et de la Neust., comme aussi le Duché de Dentéléni. Les Austras. accordent avec peine le dernier article.

Clovis II. (à 5 a.) 638-58. *Æga*, maire d. p. † 640. Ses successeurs *Erchinoald* en Neustrie † 656, et *Flaochat* en Bourgne.

(Lacune presque totale dans l'histoire.

656. *Clovis* après l'expulsion de Childeb., réunit le roye. d'Austre. et † 2 mois après.

Clotaire III. (à 5 a. e.) 656-70, sous la tutèle de sa pieuse mère *Batilde*. *Ebroin*, Maire de Neustrie ... La reine est contrainte d'abdiquer: Ebroin ne met plus de bornes à sa tyrannie.

628. Ses profusions et ses excès revoltent ses sujets. Les Neustriens mécontents des conseillers *austrasiens* du R.

630-31. Guerre avec Samo ... *Radulf* 1r D. de Thuringe.

9000 Bulgares fugitifs, sont accueillis en Bavière, et presque tous massacrés par les ordres de Dagobert.

Siegbert III. (à 3 a.) 633-56 nommé R. d'Austre. par son père, sous la tutèle de Cunibert, Ev. de Cologne, et du D. Adalgise.

639. Après la mort de Pepin, son fils *Grimoald* est nommé Maire d'Austr., par l'appui des Grands, et surtout de Leutharis D. d'Allemagne.

640. *Radulf*, D. de Thuringe se révolte. L'armée austr., d'abord heureuse, se borne ensuite à obtenir une libre retraite. Cependant Radulf reconnait ostensiblement la souveraineté de Sigebert.

656. Mort de Sigebert. *Grimoald* fait raser, et transporter en Irlande Dagobert jeune fils de ce prince, et met son propre fils *Childebert* sur le trône. 7 mois après le père et le fils sont chassés, et le premier est mis à mort.

Childeric II. (à 4 a. e.) 656-73 sous la tutèle du Maire et Duc *Wulfoald*.

670. Après la mort de *Clotaire III.*, Ebroin, de sa propre autorité, met sur le trône de Neustrie et de Bourgne., Thierri III., (âgé de 16 a.), frère cadet de *Child. II.* Mais les Grands des 2 Etats se déclarent pour Childeric. Thierri et Ebroin sont rasés, et confinés dans des monastères. Childeric prend pour ministre le vertueux *St. Leger*, Ev. d'Autun; il l'éloigne 673, traite les Grands avec une dureté insultante, et périt assassiné par l'un d'eux. ... Ebroin sort de son couvent

Thierri III. 673-91.

Proclamé de nouveau par son parti. *Ebroin* et *Wulfoald* se réunissent contre lui. Le premier lui oppose un *Clovis*, prétendu fils de Clotaire III., qu'il abandonne bientôt pour reconnaître 676

Thierri comme R. Ebroin, créé Maire d. p., exerce de nouveau ses fureurs, surtout contre St. Léger qui est cruellement mis à mort; il déclare la guerre aux Ds. d'Austrasie, fait périr par trahison le D. Martin, et est lui-même assassiné 681. Son successeur *Waratto* fait la paix avec Pepin 683. *Berthier* suit les traces d'Ebroin.

Le D. Wulfoald, secondé par St. Wilfrid ramène d'Angleterre Dagobert II., que les austrasiens reconnaissent, et qui règne du moins sur quelques districts du haut-Rhin; il est assassiné 678. Les Austrasiens, rebutant Thierri et Ebroin, ne veulent plus de rois, et choisissent pour Ducs *Pepin d'Heristal*, et *Martin*.

687. Gotbert, D. de Thuringe réside à Wurtzbourg, et reçoit le baptême de St. Kilian.

Clovis III. 691-95.

Norbert M. d. p. de Neustr. nommé par Pepin.

Childebert III. (à 11 a.) 695-711.

Grimoald 2d fils de Pepin, Maire d. p.

Quelques Grands de Neustrie fuyent auprès de Pepin, et l'engagent à la guerre, après une ambassade inutile à Thierri III. Victorieux à *Testri* 687, Pepin est réellement maître sous le titre de *Maire des 3 roys.*, et il assure son pouvoir par la prudence, la justice et la douceur; il rétablit les assemblées des Etats, qui se réunissent annuellement le 1r Mars (champ de Mars), et ôte aux partis tout prétexte de soulèvements, et laissant à Thierri et à sa famille le *titre de R.* et se contentant de celui de *Duc et Prince des Francs*. Il bat les Frisons 689 et 697. Les Ds. des *Allemands* et des *Bavarois* conservent une certaine indépendance.

GERMANIE.

632. Le R. Dagobert remet aux *Saxons* le tribut de 500 vaches, sur la promesse qu'ils défendront les frontières des Francs contre les Sorbes; ils ne remplissent point leur engagement. ... 694 Des missionaires anglais, venus pour leur annoncer le Christianisme, sont massacrés.

Les *Frisons* mérid. deviennent peu à peu tributaires des Francs (peut-être déjà 622); ils recouvrent leur indépendance sous le D. *Adalgise*, dont le fils *Radbod* est vaincu par Pepin 689. Il veut secouer le joug, mais il est encore défait 697 près de *Duurstède*. Cependant il parait que la domination des Francs ne s'étend pas au delà de la *Vlie*.

Après 624 St. *Elige* prêche le Christianisme à Gand, à Anvers etc.; il convertit aussi un grand nombre de *Frisons*. Il a pour successeurs *Wilfried* 677, *Wigbert* 688, *Willebrord* 690.

NORVEGE, DANNEMARK, SUEDE de 300 à 700.

"En *Norvège*, suivant les traditions islandaises, les descendants d'Odin possèdent *Haingrland*, *Thrand*, *Moere* et d'autres petits états, dont les noms subsistent encore, (et remontent incontestablement aux temps les plus reculés. Ils soumettent de bonne heure les Finnois septentr. à un tribut. Entre 500 et 600 les pirateries des *Rois des Iles et des côtes* (Vikinger, Naskonger), et les guerres entre les rois des districts intérieurs (Fylkiskonger) deviennent plus fréquentes. Les Norvégiens ne commencent que vers 700 (ou même plus tard) à défricher les forêts de *Jaemteland*, *Hierdalen* et *Helsingland*.

"En *Dannemark*, *Skiold* succède à son père Odin, et donne son nom à la dynastie des *Skioldunges*; il bâtit *Leire*, ou *Lethra*, residence des *rois-en-chef*, dont l'autorité s'étend quelques fois sur les petits rois de *Halland*, *Schonen*, *Blekingen* et *Bornholm*, (pays de tout temps annexés au Dannemark) et sur le *Jutland*. Après les nombreuses émigrations en Angleterre 449-585, cette dernière province passe peu à peu sous la domination des rois Danois.

"En *Suède* Odin fonde déjà *Sigduna*. *Freyer* ou *Yngo* troisième R. après lui, donne son nom à la dynastie des *Ynglinges*, fonde un grand temple à *Upsala*, assigne pour toujours les terres qui y sont attachées (Upsala Oede) aux *rois-en-chef*, qui dans la suite (500) règnent sur tout le *Tundaland*, et étendent leur autorité sur les Rs. de *Tiedhundraland*, de *Nericie* etc. Les Suédois sont puissants sur mer, et pillent en particulier les côtes d'*Estonie* (500-600). Le R. *Ingiald Illrade* (le mauvais) se rend maître de tout le pays, c. 660, par l'assassinat des principaux rois. Il contribue aussi à la mort de *Haldan* R. de Schonen. *Ivar Vidfamne* (c. 625-45) fils de ce dernier, subjugue toute la Suède, met fin à la domination des Ynglinges, et chasse en Norvège les derniers de cette race; il soumet aussi tous les roys. du *Dannemark*, et du *Jutland* et pille une partie du *Saxland*, de la *Courlande*, de l'*Estonie* etc. jusqu'à *Gardarike*.

ROYS. ANGLO-SAXONS particulièrt. Westsex.

Ceolwulf, R. de Westsex, depuis 595.

Ethelfried R. de Northumberland 588-617, bat 603 les Ecossais à *Dawston* (Dagstane), attaque 613 le *Northwales*, massacre 1200 des moines de *Bangor* (qui au nombre de 2100 vivaient de leur travail), met en fuite les Brétons, enlève *Chester*, *Anglesey* etc.

Cinegils 611-43, et Quicelm ... Victoire sur les Brétons à *Brampton*, 613.

Sous l'ambitieux et violent *Penda* (525-55) le roye. de *Mercie* devient très puissant. ... *Edwin* R. de *Northumbd.* 616, prince sage et juste, augmente la prospérité de ses états. On lui attribue la fondation d'Edinbourg. Son épouse Ethelburge, soeur du R. de Kent, l'engage 625 à introduire le Christianisme, qui, durant ce siecle, est aussi généralement reçu dans les autres roys. Anglo-Saxons. Edwin est battu 633 à Hatfield par Penda et *Cadwallo* R. des Brétons. ... Son successeur *Oswald* délivre le Northumbd. des Brétons, par la victoire de *Haldon* (Heavenfield); mais il périt 642 dans la bataille d'*Oswestry* (Maserfield) où Penda est de nouveau vainqueur.

Cenwal 643-72. Défaite des Brétons à Pennum 658.

Penda attaque 645 le roye. d'*Estanglie*; dans la suite cet état, et ceux de *Kent* et d'*Essex* restent encore dépendants de leurs puissants voisins. ... Penda 645-48 chasse aussi Cenwal de Westsex; il est enfin tué à Winifield 655 par *Oswy*, R. de Northumbd. La Mercie reste encore puissante sous ses successeurs.

Sexburga, veuve de Cenwal, garde le sceptre jusqu'à sa mort 673, tandis qu' *Erkwin* et *Kentwin* se disputent le droit de succession.

Kentwin 676-85, poursuit la guerre contre les Brétons méridx.

Egfried R. de *Northumbd.* battu 679 par Ethelred, R. de Mercie, perd le Comté de *Lincoln*. Entreprise inutile 684 contre l'Irlande; il est défait 685 par les *Ecossais* et les *Pictes*, et perd les conquêtes de 613. Les *Brétons* de *Galloway* et de *Cumberld.* recouvrent leur indépendance, et les Pictes, sous le R. Brude III., s'emparent des provinces septles. du *Northumbd.*

Cædwalla 685-89, soumet de nouveau Sussex, détaché pendant quelque tems de Westsex, et 687 *Kent* ... il se rend à Rome 689, pour expier les cruautés exercées dans ses guerres.

Ina 689-726, un des plus grands souverains de Westsex, défait 694 *Geruint* R. de *Galles*, et enlève aux Brétons *leurs dernières possessions dans le Cornouaille*.

L'*Irlande* demeure, durant tout ce siècle, dans son ancien état. Entre les évêchés nouvellement fondés, ceux de *Corke* et de *Limmerik* se distinguent.

601

Rme. DES LOMBARDS.

Agilulf R. 591-615; fait une alliance avec les Avares, obtient d'eux des troupes *esclavonnes;* soumet *Crémone* et d'autres villes. Frioul tombe pour peu de
610 temps entre les mains des Avares.

Adelwald 615-25, sous la tutèle de sa mère Theudelinde.

Troubles dans l'Exarchat.

620 Le R. tombé en démence est déposé.

Arowald, ci-devant D. de Turin, 625-36.

Le Pape et l'Exarque s'efforcent envain de l'exclure comme A-
630 rien.

Rotharis, ci-devant D. de Brescia. 636-52. Ce prince, Arien aussi, enlève 641 aux Grecs Oder-
640 zo, Trésvise, et toutes leurs anciennes possessions dans la province de Vénise, ainsi que Pérouse, les Alpes, cottiennes, et toutes les villes maritimes, depuis Luna jusqu'aux frontières des France.

Il donne aux Lombards des lois
650 écrites.

Rodoald 652.

Aribert 652-61 partage le royaume entre ses fils. *Bertaride* réside à Milan, *Gondebert* à Pavie.

660 Grimoald D. de Bénévent 662-71 chasse les deux frères, défait l'E. Constant à *Forminis*, se rend maître de la *Calabre* (ancienne), donne des établissements dans le duché de Bénévent à une horde de *Bulgares*, perfectionne les loix lombardes, et em-
670 brasse la relig. cathol.

Garibald 671, fils du précéd. est bientôt dépossédé par Bartaride, qui s'étoit retiré en France (674-90)
680 ... 680, révolte du D. de Trente.

Cunibert 689-700, couronné du vivant de son père; il est réduit 690 à fuir
690 devant *Alachis* D. de Trente; mais il remonte bientôt sur le trône.

Liutbert son fils est chassé par Ragombert D. de
700 Turin.

Anafeste, premier Doge de Vénise. 698-716.

EMPIRE D'ORIENT, ou EMPIRE GREC.

Maurice Emp. depuis 582.

Phocas 602-10, proclamé par l'armée révoltée; il livre au supplice *Maurice* et ses fils, et donne ainsi à Cosrhoès II. un prétexte pour renouveller la guerre. Ses cruautés le rendent odieux, et *Priscus*, son gendre, engage le gouverneur d'Afrique à délivrer l'empire. Ce dernier envoye avec une flotje son fils

Héraclius (âgé de 35 a.) 610-41. Phocas est défait et mis à mort.

Cependant les Perses enlèvent 603-16 la Mésopotamie, toute l'Asie mineure *jusqu'à Chalcédoine*, la Palestine et l'Egypte, et occasionnent par là une famine à *Constple.* Les *Avares* franchissent la longue muraille 618. La Patriarche détourne l'E. du projet de fuir en Afrique. Héraclius *achète* la paix des Avares 619, s'avance 622 avec une flotte contre les Perses, et sauve l'empire par un courage héroïque. ...

626. *Constple.* attaquée à la fois par les Avares et les Perses, est défendue par *Bonose.*

628. Héraclius revient triomphant, reporte lui-même à Jérusalem 629 la ste. Croix qu'il avait recouvrée; il reçoit à Edesse 631 des Ambassadeurs de Dagobert I. et des Indiens. Il s'enfonce depuis 626 dans le *Monothélisme* (qui suppose une volonté unique en J. C.), et s'efforce de propager cette doctrine par son *Ethèse*, qui suscite de grands troubles, tandis que les Arabes étendent leurs conquêtes.

Constantin III. 641 meurt la même année.

Héraclius, 641. Les cruautés de sa mère *Martine* le rendent odieux; le sénat le dépose et l'exile, après lui avoir fait couper le nez.

Constant II. (à 11 a.) 642-68, soutient avec Zèle le Monothélisme,

et laisse les Arabes enlever les provinces les plus importants de l'Asie.

Il perd 654 une bataille navale contre eux, et loin de profiter de leurs divisions, il se contente d'un tribut, qu'ils lui payent 658-62 pour les provinces conquises ... 657 il remporte quelques légers avantages en "Esclavonie." 659 après avoir fait assassiner son frère, Prince aimé du peuple, ses remords le chassent de Constple.; il passe à *Syracuse* 663, attaque les Lombards en Italie, perd une armée entière, va piller Rome, revient en Sicile, et par ses exactions il réduit au dernier degré d'épuisement la Calabre, la Sardaigne, la Corse et l'Afrique. Il est assassiné dans un bain.

Constantin IV. *Pogonat* 668-85 est obligé d'associer ses deux frères à l'empire.

Les Arabes hivernent avec leurs flottes 671-78 à *Smyrne* et à *Cizique*, et renouvellent tous les étés le siège de *Constple.* Ils essuyent de grandes pertes, et le *feu grégeois* détruit beaucoup de vaisseaux. 676 les généraux de l'E. et les *Maronites* ou *Mardaïtes* combattent avec succès les Arabes. ... 678 Paix pour 30 ans avec *Moavia* "les Arabes payent un tribut." 680 les *Bulgares* enlèvent la Mæsie. ... 681 La doctrine des Monothélites est condamnée dans un Concile de *Constple.*

Justinien II. (Rhinotmétos) (à 16 a.) 685-95 et ensuite 705-10. Les Arabes augmentant leur tribut, l'engagent à affaiblir les *Mardaïtes.* ... 688 il est battu par les *Bulgares.* Les entreprises des Arabes l'obligent 691, malgré la trève de 30 ans, à prendre les armes contre eux; mais il est défait. ... Ses cruautés révoltent la nation; *Léonce* le détrône, et le relègue à Cherson, (v. Chazaria) après lui avoir fait couper le nez.

Léonce 695-98. ... Les Arabes à Carthage.

Tibère III. (*Apsimar*) supplante le précédent, et le confine dans un monastère.

Rme. DES AVARES.

601. Le Khan extermine les *Antes* qui avaient secouru les Grecs; arrache à Phocas 603 des subsides plus considérables, s'empare de la Dalmatie, et échoue devant les villes maritimes; il soutient les Lombards contre les Exarques, et attaque cependant 610 Gisulf D. de Frioul; Romilda, épouse du D. lui livre la ville. L'E. Héraclius attiré à Héraclée sous prétexte de négocier 618, est attaqué à l'improviste, et sur le point d'être pris. Le Khan emmène 270000 captifs; il conclut la paix 619, s'unit de nouveau avec les Perses 625, assiège avec eux Constpl., place des Esclavons nuds aux endroits les plus exposés, et est enfin obligé de se retirer avec grande perte.

Les *Vendes* dans la Carinthie et les contrées voisines secouent le joug 623. *Les Bulgares* suivent avec succès leur exemple 630-34, et par là la puissance des Avares *tombe tout-à-coup en décadence.* Leur empire est dès lors limité à la Pannonie, la Moravie et la Dacie, et n'est tout au plus redoutable qu'aux Bavarois. On ne peut en déterminer avec exactitude les limites orientales, surtout après l'arrivée des Chazares. Ils distribuent leurs forces en 9 cercles ou *camps retranchés*, d'une étendue immense (un de ces camps avait 7 milles géogr. en diamètre).

ESCLAVONS.

623. Les *Vendes* de la *Carinthie* (peut-être aussi de la Bohème) vexés par les Avares, choisissent pour leur R. un marchand Franc, nommé *Samo.* Instruits par lui dans l'art militaire, ils battent plusieurs fois les Avares, et remportent 630 une victoire, (près de *Voitsbourg* (castrum vogastense), sur l'armée combinée des Francs (Bavarois, Saxons) et des Lombards.

630. Les *Sorbes* s'affranchissent aussi du joug des Francs et des Avares, mettent à leur tête *Derwan*, attaquent souvent la Thuringe, avec l'appui de *Samo*, font la paix avec le *D. Radulfe* 639, et favorisent sa révolte. Ils ne reparaissent qu'en 782 dans des établissements vastes et bien cultivés, près de la Sale, de l'Elbe et du Havel. ... Cependant une partie de la nation émigre déjà en 639, et fonde la *principauté de Servie* dans la Mœsie.

Après la mort de *Samo* 658, les Vendes en Carinthie, et les *Czechi* en Bohème, maintiennent, sous leurs propres princes, leur indépendance contre les Avares; mais les Vénèdes, dans le *Windisch-Mark* (entre le Gurk, la Drave et la Save) sont ordinairement tributaires des Lombards, 612-744.

Avant le milieu du siècle, il s'élève aussi de grands mouvements parmi les autres Vendes, (*Lechi*) et les Esclavons. Les *Wiatitzes* et les *Radimitzes* vont s'établir à l'Est, près de la Sucha et de l'Oka; Une partie des *Croates*, (Chorvates) passent 623 en Dalmatie, et leur pays natal prend dès lors le nom de *Bélokhrobatie*, (grde. Croatie).

Héraclius (610-41) reçoit dans la basse Mœsie les *Esclavons Sébérenses* (incontestablement les mêmes que les *Sévériens*).

Les *Obotrites* commencent à être connus dans le nord de l'Allemagne vers l'an 690.

CROATIE.

623-41, sur l'invitation d'Héraclius, 5 tribus considérables de Croates, ayant à leur tête *Clucas* et d'autres chefs Francs, passent en Dalmatie, et enlèvent cette province aux Avares. ... La dureté des nouveaux chefs excite des révoltes. ... Après une guerre de 7 ans, les Croates tuent le général (roi) franc *Gotzilin*, et obéissent ensuite à 11 *Zupans* et un *Archi-Zupan.* Ils reçoivent de Rome des missionaires et des Evêques, jurent à leur baptême de ne pas dépasser leurs frontières, pour envahir un territoire étranger; rebâtissent les villes détruites, trafiquent sur les côtes, et élèvent bientôt leur puissance sur terre et sur mer. Cependant leur histoire reste longtemps stérile.

SERVIE.

630-40. Une partie des *Serbiens*, (Sorbes, Serbli) demandent aussi un établissement à Héraclius, et se fixent sous un prince national en Macédoine, où ils bâtissent Serviiza. La plupart s'approchent du Danube, avec le consentement de l'E., et occupent la Servie, alors entièrement dévastée, la Bosnie, une partie de la Dalmatie et les îles voisines, ils embrassent le Christme., et se divisent en 5 tribus; les *Serbiens* propr. dits, les *Narentani*, (Pagani) les *Terbuniotes*, les *Zachulmiens*, les *Dicléens.* ...

Après la mort d'Héraclius, ils secouent, comme les Croates, le joug des Grecs, et se rendent rédoutables par leurs pirateries.

Les îles septentrionales et les villes maritimes de *Zara*, *Spalatro*, *Trau*, *Raguse* etc., restent sous la domination des Grecs.

BULGARES.

Les *Bulgares* cherchent de bonne heure à se sonstraire au joug des *Avares.* Leur chef national reçoit le baptême à *Constplé.* 619; mais il est assassiné à son retour.

630. Les Bulgares de la Pannonie veulent choisir dans leur sein, le Grand-Khan de l'empire des Avares, mais ils sont battus par les derniers. Cependant *Cuvrat* s'allie 634 avec l'E. Héraclius, *se rend tout-à-fait indépendant*, et domine jusqu'en 660 e., non seulement sur les Bulgares, mais aussi sur les *Unigures*, (Ugres, Hongrais) établis près des Mœotides.

Ses fils se séparent. *Bajan* reste sur la rive occident. du Don; *Kotrag* sur la rive orient. (v. Chazares); *Asparuch* s'établit près de l'Ingul, (Onclus); le 4e. près du Danube et de la Theiss, sous la domination des Avares; *Atek* le 5e. obtient en Italie des établissements dans le duché de Bénévent.

Rme. des Bulgares dans la Mæsie.

679-80. Excursions d'*Asparuch*, depuis l'Ingul jusque dans la Thrace. Attaqué par l'E. Constantin Pogonat, il poursuit son armée jusqu'au delà du Danube, soumet les *Esclavons Sévériens* (Slavi Sebérenses), etablis dans ces contrées, et 6 autres tribus de cette nation, oblige l'E. Constantin d'acheter la paix, et de lui céder le pays jusqu'au Mont Hæmus. (Ce nouvel état est nommé, du moins par les Grecs, *Bulgarie noire*, pour le distinguer de la grande Bulgarie).

687. Vaine tentative de l'E. Justinien II., pour soumettre ce pays; il emmène beaucoup de prisonniers *Esclavons*, mais il est repoussé en 688.

CHAZARIE.

Au commencement du siècle les Chazares occupent les contrées au milieu du Volga, jusqu'au pied du Caucase. Par condescendance pour Héraclius, ils franchissent 626 les portes du Caucase, et marchent contre les Perses; mais ils abandonnent l'E. 627. A l'Ouest ils subjuguent les hordes Bulgares de Bajan et de Kotrag, soumettent en particulier les *Hongrais* à un tribut, et les transplantent dans le pays de *Lébédias*, (Lébédiun); s'emparent de la *Crimée*, jusqu'aux possessions des Goths et des Grecs, et lui donnent le nom de *Chazarie* (propre). Ils imposent un tribut aux *Polènes* (Poljanes), aux *Radimitzes* et aux *Wiatitzes*, et étendent probablement leur domination à l'Ouest jusqu'au Bog (même plus loin). Guerre avec les *Arabes* 690; ils sont battus par ces derniers en Arménie ... 694 ils prennent sous leur protection l'E. Justinien II., qui s'enfuit de Cherson, et se jette dans leurs bras.

ASIE et AFRIQUE dans leurs rapports avec l'Europe.

Royme. de Perse.

Cosrhoès II. (591-628) déclare la guerre à Phocas, enlève 603-10 Dara, Marde, la Mésopotamie, Amide, Edesse, Mabug, 611 la Syrie, 614 la Palestine et *Jérusalem*, où les Mages, et une armée de 27000 Juifs détruisent tous les objets sacrés des Chrétiens, et massacrent 90000 habitants. La sainte croix transportée en Perse. Une armée persanne soumet *l'Egypte* 616, et dévaste cette province florissante; une autre pénètre jusqu'à *Chalcédoine* ... affreuse misère dans les pays conquis: luxe excessif à *Dastagerde*, cap. de Cosrhoès. En Asie les Grecs ne conservent que les *villes maritimes.* ... *Héraclius* débarque 622 à Antioche, bat les Perses près du Taurus, pénètre jusqu'aux *Alains*, se ligue avec les *Chazares*, défait 3 nouvelles armées, et gagne 627 la bataille décisive de *Ninive;* il s'avance jusqu'à *Dastagerde et Ctésiphon*, et fait 628 la paix avec *Siroès*, (fils de Cosrh.) après avoir obtenu la restitution de la S. croix.

Sous le dernier R. *Jesdegerde III.* (632-51), la Perse est peu à peu subjuguée par les *Califes*, et réduite en *province Arabe.*

Califat.

Mahomet, né 569 à la *Mecque*, de l'illustre famille *Haschem*, et de la tribu de *Koreitchites*, prêche l'Islamisme 609; obligé de fuir à Médine 622, les habitants y prennent les armes en sa faveur; il défait 629 les Koreischites et d'autres tribus arabes, propage sa doctrine par la persuasion et par la force, enlève 630 quelques villes de Syrie, et meurt 632.

Premiers Califes.

Ayescha, épouse favorite de Mahomet, parvient par son crédit à faire nommer *Calife* (successeur, lieutenant) son propre père Abubeker, au préjudice d'Ali, gendre de Mahomet. Abubèker 632-34 recueille et publie le *Coran.* *Caled* enlève Bostra et Damas.

Omar 634-44 défait les *Perses* à Kadesia, et s'empare 635 de Modin. Après la victoire décisive de *Yermouk*, Caled subjugue 636 toute la *Syrie*, la *Mésopotamie* et la *Palestine;* Jérusalem se soumet 638. Omar visite avec dévotion les lieux saints, et gagne par la douceur les Chrétiens qui, moyennant un tribut, jouissent maintenant de la liberté des opinions. La trahison des Grecs lui procure une flotte; il enlève Tyr. *Amrou*, secondé par les Cophtes, soumet 640 *Alexandrie* et l'Egypte entière. ... Bibliothèque d'Alexandrie.

Othman 644-55, envahit l'île de Chypre 649; la Perse 651, Rhodes 653. ... Il est assassiné dans une révolte.

Ommiades.

Ali est élevé au Califat par un parti. Son fils *Hasan* se maintient dans cette dignité à Cufa jusqu'en 668; mais Ayescha et la famille *Ommayah* (des Ommiades) lui opposent.

Moavia I. gouverneur de Syrie (656-79). Il réside à *Damas.* ... Excursions dans l'Asie mineure. ... Les *Mardaïtes* se défendent dans le Liban. 678 paix avec les Grecs.

Yézid 679-83. Scissions parmi les Musulmans.

Moavia II. abdique bientôt.

Mervan 683-85. ... L'Arabie et la Perse reconnaissent d'autres Califes.

Abdal-Malec 685-705. Après une victoire sur Abdallah il reste seul Calife ... 691 guerre avec les Grecs. Conquête de l'Arménie 696, et de la Lazique 697. ... Il fait battre monnaie.

Afrique occidentale.

Les Arabes y pénètrent de l'Egypte 647, battent à *Suféula* Grégoire préfet grec 674, bâtissent *Cairwan*, pour retenir les *Berbères* dans la foi de Mahomet; soumettent la Numidie (Zab) 68 , s'avancent jusqu'à Tanger, et après une victoire à Utique, prennent et détruisent *Carthage* e. 698 Vaincus à leur tour par les Berbères et les Grecs, ils se retirent en Egypte.

Tables généalogiques

pour servir à l'histoire des Francs.

I. ROIS MEROVINGIENS.

Clodion † 447.

Mérovée † 458.

Childeric I. † 481.

Clovis I. (Chlodovæus) né c. 466. † 511.
Epouses: 1) une inconnue, ou une Concubine; 2) Clotilde, fille de Chilperic, R. de Bourgogne.

Audoflède épouse Théodoric le grand R. des Ostrogoths.

1 Thierri I. R. d'Austrasie né c. 485. † 534.
Théodebert I. R. d'Austrasie. † 547. — *Theodechilde* épouse Rachis R. des Warnes.
Théobald R. d'Austrasie † 555.

2 Clodomir R. d'Orléans né c. 494. † 524

Childebert I. R. de Paris † 558.

2 Clotaire I. R. de Soissons 558 réunit toute la monarchie, † 561.
ép. 1) Ingunde, 4) Chunsena, 6) Waldrade.

2 *Clotilde* épouse Amalaric R. des Visigoths.

1 Charibert, R. de Paris † 567.
Berthe ép. Ethelbert R. de Kent.

1 Gontran R. de Bourgogne et d'Orléans † 593.
Childebert II. R. d'Austrasie 575; de Bourgne. et d'Orléans 593; † 596.
Théodebert II. R. d'Austrasie. † 612.
Thierri II. R. de Bourgogne † 613.
Sigebert II. † 613.

1 Sigebert R. d'Austrasie † 575. ép. *Brunehaut* † 611.
Ingunde ép. Herménégild prince Visigoth.

1 *Clotsinde* ép. Alboin R. des Lombards.

4 Chilperic I. R. de Soissons † 584. ép. 1) Audovère, 2) Galsuinde, 3) Frédégonde.
Théodebert † 775.
Merovée † 577.
Clotaire II. R. de Soissons 584; maître de toute la monarchie 613. † 628. ép. 1) Haldetrude, 2) Bérétrude.

1 Dagobert I. R. d'Austrasie 622; de la France entière 628, † 638.
ép. 2) Nantilde, 5) Ragnetrude.

2 *Charibert* R. d'Aquitaine † 636.

4 *Chramnus* † 560.

Sigebert III. R. d'Austrasie 633. † 656, en Fevrier.
Dagobert II. R. d'Austrasie sur le Haut-Rhin. † 678.
Sigebert. † 678.

Clovis II. R. de Neustrie et de Bourgogne 633; de toute la France 656. † 656 en Novembre, ép. Batilde

Clotaire III. R. de Neustrie et de Bourgogne 656. † 670.
Clovis, supposé par le Maire Ebroin.

Childeric II. R. d'Austrasie 656; de toute la France 670; † 673. ép. Bilichilde.
Chilperic II. nommé dabord *Daniel*. † 720. (succède à Dagob. III.)
Childeric III. succède à Thierri IV. 742: déposé 752. † 754.

Thierri III. dabord sans états; R. de toute la F. 673. † 691.
Clovis III. † 695.
Childebert III. † 711.
Dagobert III. † 715.
Thierri IV. 720. † 737.

ANCETRES DE CHARLEMAGNE.

Pipin de Landen Maire du palais sous Clotaire II. † 639.

Arnoulf Maire du palais sous Dagobert I., ensuite Evêque de Metz. † 640.

Grimoald Maire du palais sous Sigebert III. † 656.
Childebert Roi d'Austrasie pendant 7 mois, † 656.

Begga — Ansegisus † 685.

Pepin d'Héristel (le gros, ou le jeune) Maire d'Austrasie sous Thierri III. Duc et Prince des Francs. † 714.
ép. 1) *Plectrude* 2) concubine *Alpaïs*.

1 *Drogon* Duc de Champagne et de Bourgogne. † 708.

1 *Grimoald* Maire de Neustrie et de Bourgogne, sous Childebert III., 699. † 714.
Theodoald † 715.

2 *Charles Martel* né 676; Maire du palais sous Chilperic II. 715, et Thierri IV. gouverne 737-41, sans nommer de Roi. † 741.
ép. 1) Rotrude 2) Schwanchild.

2 *Childebrand* 737.

1 *Carloman* Maire 741. devient Moine 747.
Drogon et ses frères entrent dans un couvent 753.

1 *Pepin* (le bref) Maire 741; seul 747; R. de France 752. † 768.
ép. *Berthe* ou *Bertrade*.

2 *Griphon* † 753.

Rémigius Archevêque de Rouen.

Bernard.

Jérome.

Chiltrude ép. Odilo D. de Bavière.

Landrade ép. Sigram Cte. de Hasbau.

Charlemagne né 742 le 10. Aout. † 814 le 28. Janv.

Carloman né 751. † 771 le 4. Déc.

Pepin né 759, † 762.

Gisèle

ROYAUMES DES VISIGOTHS.

701
Vitiza 701-710.
Les divisions entre les grands continuent et occasionnent la chute de la monarchie.

Un parti puissant expulse le Roi, et place Rodéric sur le trône 710.

710
Les fils de Vitiza, leur oncle Oppas Archev. de Séville, et le Cte. Julien, appellent les Arabe d'Afrique. ... *Muza*, viceroi de Mauritanie, envoye *Tarif* qui aborde 710 près d'Algésiras, et *Tarik* en 711. Malgré la défense la plus opiniâtre, Rodéric est totalement défait à *Xérès de la Fontera*. Muza soumet lui-même 713-14 toute l'Espagne, à l'exception de quelques montagnes vers le nord.

Espagne sous les Arabes.

720
Les Visigoths, obligés de se soumettre aux Arabes, conservent cependant, moyennant un tribut modéré, leurs propriétés et la liberté de conscience.

Re. des Asturies.

730
Pélage, petit fils de Chindasuind se maintient avec quelques Chrétiens, dans la contrée Cobadonga; élu R. en 718, il défait 719 les Arabes, leur enlève *Gijon*, où il établit sa résidence, Astorga, et Léon ...

Les Arabes ne peuvent établir solidement leur domination dans la *Navarre*.

740
Favila 737-39.

Alfonse I. le Catholique 739-756 (57, 58).

Grandes dissentions entre les Arabes 741. Alfonse soumet la Gallice etc. jusqu'au Dauro, ainsi que l'Alava et quelques districts voisins.

750
Après la chute des Ommiades en Orient, le viceroi Jusuf cherche à se rendre indépendant.

Abdérame I., Ommiade (à 26 a.); il trouve 755 des partisans en Espagne; il défait Jusuf 756,

Froila 757-68.

760
Les Gascons, dans l'Alava et la Navarre, se soustrayent à son autorité et se mettent sous la protection des Arabes.

763. Victoire sur Abdérame en Galice. Paix prolongée sous les Rois suivants.

770
Aurélio 768-74.

Silo 774-85.

780
Mauregat 785-88.

Bermude I. 789-91.

790
Alfonse II., *le chaste*, 791-843, transfère 792, sa résidence à Oviédo ... défait 794 les Arabes ... et s'avance 798 jusqu'à Lisbonne. Mais le Duro redevient bientôt la limite commune.

800

(Gouverneurs arabes)

Le gouvr. Abdalaziz consolide les nouvelles conquêtes par de sages établissements, et encourage les mariages entre les Arabes et les Chrétiens; c'est l'origine des *Mozarabes*.

Alabor enlève Narbonne 718.

751. Les Arabes, sous le gouvt. d'*Abdérame* pénètrent dans la Bourgogne et l'Aquitaine, enlèvent Poitiers, marchent 732 contre Tours, et sont totalement défaits par *Charles Martel*, (on prétend que c'est l'origine de son nom) et par le D. Eudes. ... Ils se rendent maitres 737 d'Avignon par trahison, et sont répoussés par Charles Martel et par les Lombards; Ils perdent aussi Narbonne.

Roye. de Cordoue.

... établit sa résidence à Cordoue, et soumet 763 les gouv. de Barcelone et de Saragosse; Durant tout son règne Abdérame a à lutter contre des révoltes, fomentées en partie par les Califes d'Orient.

785. Mosquée magnifique à Cordone.

Hescham I. 788-96, se maintient contre son frère par la victoire de Vilches 790; reprend Barcelone 793; Huesca se soumet aussi. Cependant les gouverneurs cherchent quelque fois à se rendre indépendants, par l'appui des Francs. Embellissements successifs de Cordone.

Al. Hakkam 796-822. Crise générale. Les Francs enlèvent *Lérida* 799, assiègent Barcel. (jusqu'en 801). Leur flotte soumet les îles Baléares.

ROYAUMES DES FRANCS.

Neustrie.	*Austrasie.*
Childebert III., ombre de roi, 695-711. Grimoald Maire du palais.	Pepin d'Héristel, Duc et Prince des Francs, 687-714.
Dagobert III. (à 12 ans) 711-715.	

Grimoald est tué à Liège; son fils Théobald, âgé de 6 ans, est nommé Maire de Neustrie par Pepin; celui-ci meurt peu après. Sa veuve *Plectrude* gouverne comme tutrice de Théodoald, et fait prisonnier son beau-fils Charles Martel. Ce Prince s'évade, et les Austrasiens le reconnaissent Duc.

Les Neustriens se soulèvent; choisissent 715 pour Maire Raginfred, et pour R. Chilperic II., (âgé de 40 a.); ils s'allient aux Frisons contre les Austrasiens.	Il bat les Neustriens et leurs alliés 716 à *Amblef*, 717 à *Vinci*, et reste maitre de la Neustrie (et de la Bourgogne).

Après la mort de Chilperic, Ch. Martel place sur le trône des deux états Thierri IV. (à 8 a.) 720-37: réduit 725-28 les Allemands et les Bavarois qui s'étaient précédemment révoltés; subjugue toute la Frise 734, et une partie de la Saxe 738.

Eudes D. d'Aquitaine se rend indépendant 717, défend Toulouse contre les Arabes 721, et les répousse à plusieurs reprises.	St. Boniface (Winfried) répand le Christianisme 719-22 dans la Hesse et la Thuringe, l'affermit dans la Bavière, fonde les évêchés de Wurtzburg, Eichstedt, et Burabourg (près de Fritzlar); ce dernier est bientôt supprimé. Boniface est le premier Ev. qui jure obédience au Pape. Il est élu Archev. de Mayence 745, et retourne dans la Frise.
	Après la mort de *Thierri IV.* 737 Ch. Martel laisse le trône vacant. ... Le Pape Grégoire III. l'engage de se charger du patriciat de Rome, ou de la défense du St. siège; mais il meurt avant l'exécution de ce projet 741.

Les fils de Charles Martel partagent le royaume.

Pepin le Bref	*Carloman*	*Griphon*
la Neustrie, la Bourgogne, la Provence.	741-47, l'Austrasie, l'Allemagne, la Thuringe.	n'obtient que de petites possessions isolées.

Griphon excite à la révolte les Ds. les plus éloignés, ce qui engage ses frères à proclamer R. Childeric III. 742. Ils battent Hunajd, D. d'Aquitaine. ... Les Allemands, les Bavarois et une partie des Saxons sont aussi réduits. ... *Carloman* se retire 747 dans le couvent de Mont Cassin. ... Griphon soulève de nouveau les allemands et les Bavarois, et s'empare de la Bavière; défait par Pepin 749, il est obligé de le reconnaitre comme seul souverain.

Rois Carolingiens.

Pepin, par l'influence de St. Boniface et du Pape, est couronné et *sacré* Roi aux états assemblés à Soissons 752; *Childeric* déposé est relégué avec son fils dans le couvent de St. Omer, (Sithiu).

752-55. les Francs soumettent la Septimanie.

Pepin transfère l'assemblée des états de Mars en Mai.

Guerre opiniatre entre Waifer D. d'Aquit. et Pepin 760-68. ... Thassilo II. D. de Bavière depuis 748, se soulève aussi 763, et se ligue avec les Lombards. ... La guerre avec les Saxons continue.

Carloman (à 17 a.) 768-71, obtient la Neustrie et la Bourgogne; l'Aquitaine, partagée entre les 2 frères, est entièrement réduite 769.	Charlemagne (à 26 a.) 768-814, a en partage l'Austrasie. Il épouse 769 une fille de Didier R. des Lombards, et la répudie 770.

771. *Charlemagne seul.*

Gilberge, veuve de Carloman, fuit auprès du R. Didier avec ses fils que Charlemagne exclut de la succession.

772. On prend à Worms la résolution de pousser avec vigueur la guerre contre les Saxons.

777. Les gouverneurs de Saragosse et de Huesca se mettent sous la protection des Francs; Charlemagne prend Pampelune; en détruit les murs, et aigrit par là les Gascons. *Une seconde armée prend* Girone et Barcelone, et le renforce à Saragosse. Il établit plusieurs Comtes pour défendre cette frontière, appellée la *Marche espagnole*, qui doit s'étendre jusqu'à l'Ebre. ... A son retour il est défait par les Gascons à Roncevaux; ... (Roland) ... Saragosse secoue le joug bientôt après.

Louis, le débonnaire (à 3 ans) est couronné *R. d'Aquitaine* 781.	782. Charles disciple *d'Alcuin*, et membre d'une société savante à la cour.

785. La Saxe devient province française; mais elle se révolte souvent. ... 786. Troubles dans la Bretagne; cette province ne se soumet entièrement qu'en 799.

Thassilo II. D. de Bavière, refuse de paraître 786 à la diète de Worms; il se soumet 787, et se ligue ensuite avec les *Avares*; la diète d'Ingelheim le condamne à mort; Charles le confine dans un monastère, et fait gouverner par des Comtes la Bavière et les autres provinces.

789 et suiv. Charles ordonne "qu'on érige des *écoles* dans *tous* les convents, et dans *toutes* les résidences épiscopales."

789. Conquêtes dans le pays des *Wiltzi*.

791. Campagne contre les *Avares*; les Saxons et les Frisons sont obligés de fournir des troupes. Pour faciliter les expéditions lointaines Ch. M. tente 793 d'unir le Rhin au Danube, par un canal entre la Rednitz et l'Altmühl: il échoue dans ce projet. ... Conquêtes jusqu'à la Theisse ... superbe palais à Aix l. ch. ... Evêchés à Faviana (Vienne), et à Nitra.

800, 25 Déc. Charlemagne est couronné à Rome *Empereur romain* par le Pape Léon III., au milieu des acclamations du clergé et du peuple.

ITALIE.

Royaume des Lombards.

Aribert II. 701-712, se maintient contre Luitbert et son pupille Ansprand: mais 712 il est chassé par ce dernier.

Luitprand fils d'*Ansprand* 712-44, se distingue par de bonnes loix et par diverses réformes.

Il est obligé de soumettre par les armes le D. de Spolette et de Bénévent; il prend Ravenne 728, et reperd bientôt cette ville.

Le D. de Spolette se révolte de nouveau et trouve de l'appui à Rome. ... Luitprand attaque le territoire Romain, et occupe quelques villes.

Hildebrand 744.

Rachis, debord D. de Frioul, 744-49. Il se retire dans le convent de M. Cassin.

Astolfe 749-56.

enlève aux Grecs tout l'Exarchat 749-52, et exige un tribut des romains. Le P. Etienne II. va lui-même implorer le secours de *Pepin* 753. Pepin pénètre 754 et 756 jusqu'à Pavie, et oblige Astolfe de *céder l'Exarchat*, la Pentapole et Comachio, *au Pape*, qui devient par là vassal de la Monarchie des Francs.

Didier 756-74. Les D. de Bénévent et de Spolette se révoltent; ils sont bientôt réduits. ... Différents avec le Pape sur Bologne, Ancone; etc., 757-66. ... Pepin engage le R. à renoncer à ses prétentions.

Didier prend sous sa protection 771 les fils de Carloman, pénètre dans l'Exarchat 772, et menace même Rome. ... Charlemagne entre en Italie par le M. St. Bernard et le M. Cenis. Didier, haï des Lombards, est abandonné par une grande partie de son armée, obligé de se rendre dans Pavie 774, il est relégué dans un monastère en France.

Tout le roye. des Lombards et *Rome* se soumettent à la domination des Francs.* Charlem. confirme au Pape 774 les donations de son père ... Il fait couronner 781 *R. d'Italie*, son fils *Pepin*, (âgé de 4 a.)

Arigis se fait *prince indép.* pendant de *Benevent*, et se soumet à un tribut qu'en 787. Son fils *Grimoald* se révolte de nouveau 793.

* Cependant: Les Grecs ne conservent en Italie que Naples, Gaëte, la Calabre, le pays d'Otrante et la souveraineté de Venise. La Sardaigne et la Corse se sont perdues pour eux. La première de ces îles est, suivant toutes les probabilités, dépendante des *Arabes*. Il paraît que la Corse se défend avec succès contre eux, avec l'appui des Francs.

Possessions des Grecs.

726. L'interdiction du culte des images occasionne de grands troubles dans l'Italie grecque. Le Pape *Grégoire II.* soutient les images dans un concile. Les troupes se révoltent à Ravenne et à Vénise. Grégoire III. 732 continue cette lutte, et cherche, par l'appui de Ch. Martel à se soustraire à la domination des Grecs; mais il est attaqué aussi par les Lombards 739. Le P. Zacharie conclut la paix avec ces derniers 745.

La cour de Constpl. cherche inutilement de sauver par des négociations l'Italie supérieure.

ALLEMAGNE *indépendante.*

Frisons.

Après la mort de Pepin, le D. *Radbod* se soustrait à la domination des Austrasiens. † 719.

Poppo se maintient d'abord contre les Francs, mais il est vaincu 734. La Frise entière devient province française.

Dans cet intervalle, Willebrord, soutenu par Pepin et Ch. Martel, convertit un grand nombre de Frisons, et fonde 722 l'évêché d'Utrecht. St. Boniface poursuit ces travaux, mais il est massacré par les frisons payens près de Dokkum 754.

Saxons.

Charles Martel rend tributaires quelques contrées de la *Lippe* 738; ses fils soumettent 747 la partie méridionale de l'Ostphalie. Charlemagne résout de subjuguer toute la nation, enlève 772 le fort d'Eresbourg, pénètre jusqu'à l'Ocker après la victoire de Brunsberg 775, soumet les *Ostphaliens*, les *Engriens*, et bientôt après les *Westphaliens* ... 777 Congrès à Paderborn; les Saxons promettent fidélité, et un grand nombre reçoit le baptême. Mais *Witekind* général des Westphaliens, s'enfuit chez les Danois, reparait après la retraite de Charles 778, et dévaste tout jusqu'au Rhin. Charles vainqueur à Bochholt 779 oblige 780 un grand nombre de Saxons à se faire baptiser à Orheim. Witekind renouvelle la guerre 782, et bat les Francs près du Suntel. Charles irrité fait massacrer 4500 Saxons à Verden, remporte 2 victoires décisives sur les Westphaliens 783 ... il fait la paix 785 avec Witekind et Albion, qui se soumettent et reçoivent le baptême à Attigny.

Les Saxons reconnaissent Charlem. comme souverain. Mais fatigués de prendre part à des expéditions lointaines et continuelles, ils se révoltent 795. Charles s'avance 795 jusqu'à Bardewik, et pénètre 797 dans le pays de Hadeln. Les Saxons Nordalbingiens, défaits à leur tour 798 à l'aide des Obotrites, se décident à la paix; mais elle ne dure pas. ... Cependant Charlemagne fonde les évêchés de Minden, Seligenstadt, (dans la suite Halberst.), Osnabruk, Verden, Brêmen, Paderborn, Elze (dans la suite Hildesheim), et (805) Munster.

701

ROYᵗˢ. ANGLO-SAXONS, particulièrmt. Westsex: (Ecosse — Irlande).

Ina, R. de Westsex, 689-728.

Ses loix, qui subsistent encore, sont mises au nombre des meilleures de ce siècle.

Keured, R. de Mercie, prend l'habit monastique à Rome 709, de
710 même qu'Offa, R. d'Essex.

Les écoles d'Armagh, Lismore etc. en Irlande, sont très célèbres à cette époque.

Ina soutient avec succès 710 une guerre contre Gérent, chef des Brétons, dans le pays de Galles, bat à Wo-
720 densbourg Céolred R. de Mercie 715, et maintient sa domination sur le royaume de Sussex.

Il abdique 728 par le conseil de son épouse, se rend en pélérinage à Rome, et y meurt comme moine.

Ethelhard (Adelard) 728-41, gouverne
730 paisiblemt., après une victoire sur Oswald qui lui disputait la couronne.

Céolwulf, R. de Northumberland, se retire dans le monastère de Lindisfarne 737.

Cuthred 741-54.
740
Ethelhun révolté obtient son pardon, et efface sa faute en remportant sur le R. de Mercie une victoire près de Burford 752.

Sigebert 754-55 (58)
750 chassé par ses sujets à cause de ses cruautés.

Cynewulf (Cinulphe) 755-84 (758-88).

Offa R. de Mercie, 755-94, enlève au R. de Northumb. le Comté de Nottingham; soumet par la victoire d'Otford 773 le roy. de Kent, et en 775 Ox-
760 ford et Gloccster, qui jusqu'alors avaient fait partie de Westsex; il s'unit ensuite avec Cynewulf contre les Brétons, les pousse dans les montagnes de Galles, et marque les limites par un fossé depuis la Wye jusqu'à la Dee; (Offa's dike).

Eadbert R. de Nort-
770 humberland, se retire aussi dans un cloître 758; cet état est dès lors déchiré par des troubles continuels, et à la fin peu d'aspirants ambitionnent cette couronne.

Brihtrik 784-800, s'empare du trône. Egbert, héritier le plus proche, se réfugie au-
780 près de Charlemagne.

Les Danois débarquent pour la première fois 787 (peut-être déja en 753, et même plutôt); ils pillent Lindisfarne, et Weremouth.

Offa soumet Essex, assassine 792 le R. des Estangles, s'empare du
790 royaume; passe à Rome 793, et accorde au Pape le denier de St. Pierre. † 794.

Eochol (nommé Achaius par des modernes) R. d'Ecosse 787-819, épouse la soeur de Hunges, R. des Pictes.

800 Egbert, 800-836.

DANNEMARC, NORVEGE, SUEDE.

Le Dannemarc et la Suède sont encore divisés en plusieurs petits royaumes. Il paraît cependant que depuis Iwar Vidfame jusqu'en 794. ils étaient réunis sous un R. suprème. Harald Hildetan place Sigurd I. Ring à la tête de la Suède. Sigurd se rend indépendant, et devient maître des 2 états, par la victoire de Brawalla 740. Après la mort de son fils Régner Lodbrok 794 (placé, par d'autres historiens, 60 ans plus tard, ainsi que les Rs. précédents) Sigurd II. Snogöye obtient le Dannemarc, et son frère Biörn Jarnsida la Suède.

Siegfried R. du Jutland méridional embrasse le parti du saxon Wittekind 777, suiv.

Olof Trætelja, après l'assassinat de son père Ingiald Illrade R. de Suède, s'enfuit dans les déserts du lac Waner, en défriche les forêts, et s'y établit. Ce pays, nommé Wermeland, à cause de sa situation avantageuse, se peuple toujours plus. Les descendants d'Olof, qui propagent ici la race des Inglinges, étendent successivement leur domination sur d'autres petits roys., de la Norvège méridionale.

Les Norvégiens de leur côté, défrichent peu à peu les forêts du Jemtland et d'Helgosingland; ils y trouvent des suédois établis sur les côtes.

Vers la fin du siècle, des pirates des 3 roys., (surtout du Dannemarc et de la Norvège), sous le nom de Normands, paraissent plus fréquemment qu'auparavant sur l'océan occidental: ils se servent de corbeaux pour découvrir les terres, et remontent les fleuves au moyen de leurs bateaux portatifs; pillent les contrées adjacentes, et surtout les couvents; ils forment (dans la suite) des établissements dans quelques pays, et font des déserts de quelques autres situés sur les côtes.

Ces mêmes peuples, (et principalement les Suédois) sous le nom de Werèges, se rendent redoutables sur les côtes de la Baltique, et même dans l'intérieur du pays qu'ils désignent par le nom de Gardarique (Holmgard), et de Fatiescie.

ESCLAVONS.

Les Wendes qui ont pénétré jusqu'à l'Elbe et la Sale, s'adonnent partout à l'agriculture, fondent des villes, exercent le commerce (p. e. à Rérich), et semblent égaler tout au moins les Allemands en civilisation.

Dans le siècle suivant, on trouve aussi parmi les Esclavons, (Slaves) depuis la Vistule jusqu'au Dniéper, une multitude de villes qui attestent une civilisation anterieure.

Les Oboirites se liguent avec Charlemagne 789 contre les Wiltzi ou Lutitzi dont les établissements s'étendent jusqu'à l'Oder. Le pays entre l'Elbe et la Pêne passe sous la domination des Francs, et les Oboirites eux-mêmes plient sous la dépendence de ces conquérants.

Les Sorbes attaquent 782 la Thuringe; Charlemagne les soumet en apparence 784; mais ils recouvrent bientôt leur liberté.

Les Czechi dans la Bohème obéissent à plusieurs princes: mais ces peuples, (suivant leurs notices nationales) ont à leur tête des Ducs suprèmes. Præmislas 722 est regardé comme celui qui, le premier, a possédé cette dignité.

Les Moraviens sont aussi affranchis par la victoire de Charlem. sur les Avares 791-96. Mais la partie mérid. de leur pays passe sous la domination des Francs; Pepin en recule les bornes jusqu'en Esclavonie 798.

La Liburnie et une partie de la Croatie ("Dalmatie") reconnaissent l'autorité de Charlemagne.

GHAZARES, AVARÈS.

Les Chazares se maintiennent dans leurs vastes possessions, et vivent en bonne harmonie avec les Grecs; mais ils attaquent plusieurs fois les Arabes dans l'Ibérie.

Les Avares attaquent 732 les Vendes de Carinthie; ceux-ci se défendent avec le secours des Francs et se soumettent 744 à ces derniers ... 737 dans une incursion en Bavière les Avares détruisent Lorch, (ou les restes de cette ville saccagée en 615). Il paraît que dès lors ils vivent longtemps paisibles. Un luxe grossier remplace leur première férocité. Sur l'invitation de Thassilo II., ils pénètrent dans le Frioul et la Bavière: Charlem. 791 marche contre eux, leur enleve 2 retranchements, et ravage tout jusqu' à la Raab. Dans le même temps Pepin les bat près de la Save, enlève 796, avec Eric D. de Frioul, leur principal camp, ou la résidence de leurs (Khans) entre le Danube et la Theisse, et y trouve des trésors considérables. ...

Les Avares restés en Pannonie conservent des princes nationaux, (Khans), dont il est encore fait mention en 826, et ils embrassent le Christianisme.

BULGARES.

Terbélis Khan des Bulgares en Mœsie.

Terbélis attaqué lui-même 708 par Justinien II., le repousse, et obtient 714, par un traité de demarcation, une partie de la Thrace.

Pendant ces guerres les descendants de Cubrat sont assassinés, et Télézès s'empare du gouvernt: 762.

Cardamus attaque les Grecs 791.

Les Bulgares, établis dans l'intérieur du roy. des Avares, maintiennent leur supériorité, et Crumus (Crem), dans la suite Khan des Bulgares Mœsieus, met entièrement fin e. 807 à la domination des Avares proprement dite.

EMPIRE D'ORIENT ou EMPIRE GREC.

Tibère III. 698-705.

Les Arabes font des tentatives pour pénétrer dans la Cappadoce et dans la Cilicie.

Justinien II. Rhinotmetos (v. Tab. XI.) épouse une fille du Khan des Chazares, et n'en est pas moins réduit à fuir chez les Bulgares. Ramené à Constpl. 705 par Terbélis avec une armée, il lui promet Zagora, fait exécuter Tibère, poursuit tous ses partisans, et veut sur tout anéantir Cherson et Bosporus; mais il est tué 711 par Bardane, que les troupes proclament sous le nom de

Philippicus 711. Celui-ci est supplanté, par son sécrétaire Artémius, qui prend le nom d'Anastase 713. Une insurrection de la flotte oblige aussi ce dernier à fuir chez les Bulgares.

Théodose élu à sa place, abdique 717.

Famille de Léon.

Léon III. (l'Isaurien, Iconomaque) 717-41, défait 718 les Bulgares qui veulent rétablir Anastase, ... réprime une révolte en Sicile, et 720 fait couronner pour successeur, son fils Constantin (agé d'un an).

En 716 une flotte arabe assiège Constpl. pendant 13 mois; elle est presque totalement détruite par le feu grégeois.

Il proscrit 726 le culte des images; et malgré le mécontentement du peuple il fait enlever des temples 730, ces objets de sa vénération. Les habitants des îles cyclades, et les sujets de l'empire en Italie; particulièrement le Pape et les Romains se soulèvent. Léon reste inflexible.

Constantin V. (à 22 a.) 741-75. ... Irène son épouse, princesse Chazare... Constantin se montre aussi zélé que son père contre les images; il reçoit le surnom de Copronyme. ... Il marche contre les Arabes 741. ... Pendant son absence, son beau-frère Artabasde favorise à Constpl. le culte des images, et est proclamé E. par les menées du Patriarche; mais il est défait et privé de la vue par Constantin, 743.

Les Esclavons établis en Macédoine se révoltent 746 et s'étendent jusqu'au Péloponnèse.

Constantin profite des dissensions des Arabes, pénètre en Syrie 746, enlève plusieurs places, détruit près de Chypre la flotte ennemie, et prend 752 Théodosiople, Mélitène, Dolichia, et une partie de la Mésopotamie. Un concile de 338 évêques, à Constpl. défend 754 d'adorer, et même de conserver des images; l'E. traite avec une extrême rigueur les réfractaires et sur tout les moines; dont plusieurs prêchent la révolte; il en fait exécuter et aveugler quelques-uns.

Les Bulgares font des courses jusque sous les murs de Constpl. 755. L'E. les repousse, réprime les Esclavons dans le Pélopon. ... attaque 759 les Bulgares par terre et par mer; battu aux défilés de Bérégaba 760, il marche de nouveau 764. pour anéantir les Bulgares, et il continue la guerre, presque toujours victorieusement, jusqu'à sa mort.

Léon IV. (à 25 a.) 775-80. Son épouse Irène (d'Athènes) court risque d'être répudiée, pour s'être procuré secrétemt. des images.

Constantin VI. Porphyrogénète (à 25 a.) 780-97, sous la régence de sa mère Irène.

780. Le jeune Haroun-al-Raschid s'avance jusqu'à Nicomédie, et arrache à Irène 781 un tribut annuel.

781. Nouvelle révolte des Esclavons dans le Péloponnèse; ils se soumettent enfin à un tribut 782.

Irène s'efforce de rétablir le culte des images; elle y réussit enfin au moyen du concile de Nicée.

Elle fiance 781 son fils à Rotrude fille de Charlemagne, mais elle rompt ce mariage 788 dans la crainte de perdre son autorité. Cependant Constantin, avec l'appui de l'armée, parvient au gouvernement 790, éloigne sa mère 791, bat les Bulgares 792, et les Arabes près d'Antioche 796. Touché du sort de sa mère, il la rappelle déja en 792; mais cette princesse l'entraine dans des démarches imprudentes, pour le rendre odieux, et le fait enfermer 797. On lui crève les yeux, et il meurt des suites de cette opération.

Irène seule 797-802.

ASIE et AFRIQUE dans leurs rapports avec l'Europe.

Califes Ommiades.

Abdal-Malec 685-705.

Walid I. 705-14, défait, près du Gihon, les Turcs, qui avaient pénétré dans l'Arménie, prend Bokhara, Samarkand etc. ... Muza soumet les Berbères dans la Mauritanie, (Mogreb) 705-707, et envahit l'Espagne en 711 et suiv.

L'empire s'étend trop pour être gouverné par un seul.

Soliman 714-17.

Omar 717-19.

Jezid II. 720-24; nouvelle guerre avec les Turcs.

Hescham, 724-42. Les Arabes chassent les Turcs de l'Arménie, font un grand nombre de prisonniers, soumettent tout jusqu'au Caucase, imposent un tribut au général Turc à Derbend. Ils pénètrent 726 dans la Capadoce; quoique défaits à Sinnada, ils enlèvent Castomanie; et pillent la contrée.

Dissentions dans l'empire des Califes. Walid II. 742 assassiné à Buchaira par Jezid III. et celui-ci par Ibrahim 743.

Mervan II. 743-49. Ibrahim, comme descendant d'Abbas, oncle de Mahomet, a des prétentions au califat, trouve des partisans à Damas, Cufa etc. et périt 749; mais son frère Aboul-Abbas défait Mervan près de Mosul, et expulse la dynastie des Ommiades.

Califes Abassides.

Aboul-Abbas 750-55, transfère la résidence à Anbar ... cruelle persécution contre les Ommiades.

Al-Mansor (à 42 ans) 755-74; détruit les Ommiades; Abdérame seul s'enfuit en Espagne: ... Il bâtit Bagdad pour sa capitale 762; réduit de nouveau la Mésopot. et l'Arménie; bat les Chazares qui pénètrent en Arm. par les portes caspiennes 764, limite les libertés des Chrétiens, et favorise les arts et les sciences.

Al-Modi 774-84. Les Grecs obtiennent quelques succès en Syrie 777. Les Arabes à leur tour font des courses jusqu'à Dorylæum 778, en tournant les forteresses des Grecs.

Al-Hadi 785.

Haroun-al-Raschid (à 22 a.) 786-808 ... Zobéide son épouse. Giafar, de la famille des Barmécides son Ministre; Bagdad siège des sciences. Haroun rétablit la flotte. Guerre avec les Chazares 789; avec les Grecs 796. Haroun à Amorium 798 ... ambassade à Charlemagne.

Edris descendant d'Ali fuit en Mauritanie. Son fils Edris batit 789 Fez, où ses descendants règnent jusqu'en 908.

Ibrahim, fils d'Aglab se rend aussi indép. dans le Kairvan 800.

TABLE XIII. Europe depuis l'an 800

801

ROYe. DE CORDOUE.

—

Al Hakkam 796 - 822; ses flottes détachées 806-12 contre la Corse et la Sard. sont battues par les Fr.

810

Révoltes fréquentes des gouverneurs de Mérida, Tolède et Saragosse.

820

Abdérame II. (41 ans) 822-52, ami des arts et des sciences.

830

Les Chrétiens, en insultant Mahomet, se font persécuter et se croyent martyrs. Pour arrêter ces abus, Abdérame fait convoquer un concile à Cordoue.

840

850

844. Les Normands pillent Gijon, Lisbonne, Cadix, Séville, et font des courses jusqu'à Cordoue.

Bel aqueduc à Cordoue.

Mohamet I. 852-86. Les révoltes continuent à Tolède.

860

862. La province de Mérida suit l'exemple des rebelles. Ordogno pénètre jusqu'à Salamanque et Coria, et en rase les fortifications.

870

869. Courses des Arabes jusqu'à Bénavente et Léon; ils sont défaits. Alfonse passe 870 le Douro, rétablit les Chrétiens à Lamégo, Visen, et Coïmbre; bat de nouveau Mohamet à Orbigo 878, se ligue avec *Abenlope*, qui se soulève à Saragosse; s'avance jusqu'au Tage 881, et est toujours redoutable aux Arabes.

880

Almouzir (Almondar) 886-88.

890

Abdallah. 888-912.

Les insurrections, fomentées par les Chrétiens, continuent dans les provinces mahométanes; cependant les gouverneurs ne parviennent pas à se rendre tout-à-fait indépendants.

900

Res. DES ASTURIES (ou d'OVIEDO); NAVARRE.

Alfonse II., le chaste 791-841, chasse les Arabes de la Biscaie.

Les Français prennent *Barcelone* 801, assiègent inutilement *Huesca*; la Sègre marque les limites.

806. Pampelune se soumet aux Français.

Etablissement de l'évêché de St. Jâques de Compostelle. 808 (828), 835).

Les Arabes pénètrent à plusieurs reprises en Gallice etc.; mais malgré la supériorité de leurs forces, ils ont rarement des succès, à cause de leurs dissensions sous le gouvernt. des Ommiades.

Les Gascons, dans la *Navarre*, secouent le joug des Français c. 831; et sous l'autorité de leurs Comtes, ils s'unissent, tantôt au R. des Asturies, tantôt aux Arabes.

Ramire I. 842-50. Victoire importante d'Albelda sur les Arabes 846.

Ordogno nommé corégent. Cependant quelques Grands s'opposent à l'hérédité de la couronne.

Ordogno I. 850-66. Troubles dans l'Alava. Il fortifie 855 Léon, Tuy, Amaya etc.

Le Gt. Garcias, qui vit entre 858 et 870, prend le titre de R. (on ignore en quelle année). Ses successeurs jusqu'à l'an 1000 sont peu connus.

Alfonse III. le grand (18 a.) 866-910, réprime une révolte dans la Gallice et l'*Alava*.

881 il fortifie *Oviédo*, y bâtit un palais, repeuple Burgos 884, et en fait une barrière à l'Est.

894. Révolte en Gallice; 896 à Astorga.

MONARCHIE CARLOVINGIENNE et Royaumes particuliers auxquels elle donne naissance.

Charlemagne, R. depuis 768; Emp. rom. depuis 800. Les Transalbingiens se soulèvent 804; Charles les réduit, et transplante, des 2 rives de l'Elbe, dans d'autres contrées, un grand nombre de Saxons; il donne aux Obotrites quelques districts des Albingiens. Les Saxons se soumettent enfin entièrement 805, à la paix de *Salz*.

806. Les Sorbes et les Bohémiens soumis à un tribut.

Charlem. nomme 806 *Charles*, son fils aîné, successeur à la souveraineté de la monarchie. Ce dernier meurt déjà 811.

808-10. Guerre avec Gottrik, R. du Jutland merid. ... 809 fondation de Hambourg. 811 flotte à Boulogne contre les Normands. Paix avec *Hemming*. L'Eyder désigné pour limite.

Re. d'AQUITAINE.

Louis (le débonnaire 778-814.

Louis passe 806 dans l'Aquitaine, et y fonde en peu de temps 24 couvents.

Pepin obtient l'*Aquitaine*, une partie de la Septimanie et quelques districts de la Bourgogne.

Charlemagne meurt à Aix-l. ch. le 28. Janv. 814.

Louis I. *le débonnaire* (26 ans) 814-40, couronné Emp. 816 à Rheims, par le Pape Etienne II.; il partage à Aix l. ch. 817 l'empire entre ses fils.

Lothaire, (21 ans), nommé et couronné par son père, corégent et souverain présomptif de la monarchie.

Louis épouse 819 Judith (Jute), fille de Guelfe, Cte. de Bavière; elle lui donne encore un fils, *Charles* (le chauve).

Louis reçoit comme royaume la *Bavière* avec la Carinthie, la Bohème et les conquêtes sur les Avares et les Esclavons, près du Danube.

820. Les Normands pillent les bords de la Seine et de la Garonne. Depuis cette époque ils reparaissent (presque chaque année) sur *toutes* les côtes de la monarchie.

Louis I., trop faible envers les grands de la cour, trop dévoué au clergé, perd toute considération. Avec le consentement de Lothaire, il donne 829 l'*Allemagne* et la *Rhétie* à Charles (le chauve). ... L'Abbé Vala, parent de l'Emp., irrité de l'influence de l'Impératrice, et de celle du nouveau Ministre Bernard, D. de Septimanie, excite à la révolte Lothaire, Pepin et les Français. ... Louis I. abandonné de ses troupes 830, dans une expédition en Brétagne, est détenu prisonnier à Compiègne par Lothaire. On veut lui faire prendre le froc, mais il est rétabli à la diète de Nimègue, par Louis de Bavière et par les Allemands; *pardon général*.

833. Révolte des trois fils aînés réunis; Grégoire IV. se joint à eux; les armées se rencontrent en Alsace. Louis abandonné des siens, est déposé par ses fils, conduit à Soissons, et obligé de faire publiquement pénitence. Louis de Bavière le délivre.

Durant ces agitations les Esclavons s'affranchissent du joug des Français.

835. Nouveau partage au détriment de Lothaire.

Charles le chauve reçoit 837 la Neustrie, et après la mort de Pepin 838 l'Aquitaine. Louis irrité d'être réduit à la Bavière prend les armes 839. Son père le repousse en Bavière, lui pardonne et meurt 840.

Lothaire I., veut dépouiller tour à tour ses deux frères; ils se réunissent contre lui, et remportent une victoire à *Fontenai* 841. Lothaire affaibli, est obligé, après quelques tentatives pour se relever, de signer la paix 843.

843. *Partage de Verdun.*

Charles *le chauve* reçoit la France occid. ou le royo. de *France*.

Le D. Nomenoi se soulève en Brétagne, et se rend maître de Rennes et de Nantes.

Lothaire I., reçoit les provinces intérieures, ou la *Lorraine* actuelle, l'*Alsace*, la *haute et basse Bourge.* (avec Maçon et Châlons; il conserve aussi l'Italie qu'il cède 844 à son fils aîné Louis.

Louis de Bavière (actuellement le *Germanique*) reçoit la France orientale, ou le royaume *d'Allemagne* depuis l'Yssel et le Rhin, et de plus les districts de Worms, Spire et Mayence.

La rivalité des régents continue, et les Normands ravagent toutes les côtes, depuis la Garonne jusqu'à l'Elbe.

Charles est aussi faible envers les Grands qu'envers les Normands; ceux-ci s'établissent 858 à Oissel. Quelques Grands prêtent hommage à Louis le Gros à Pontyon; et se rétractent peu après. ... Charles emploie contre les Norm. d'Oissel des mercénaires de cette nation; il obtient 875 par l'appui du Pape, l'Italie et la dignité impér.; il est vaincu à Andernach par Louis le jeune, et meurt 877.

Louis II., *le Bègue* † 879.

Louis III. et Carloman, 879-884. Après la mort de ce dernier, les Grands élisent pour R. Charles III. *le Gros*, au détriment de *Charles le simple* encore mineur. Les Normands assiègent Paris 885, que le C. Eudes défend avec courage. L'Empr. Charles se met à la tête d'une armée nombreuse 886, *achète* la levée du siège, et laisse les Normands piller sans obstacle d'autres contrées. Son autorité s'affaiblit partout. Les Allemands le déposent 887 à Tribur; la défection devient générale, et tous les états de la Monarchie Carlovingienne choisissent d'autres régents.

855. Lothaire I. se retire dans le couvent de Prum. Partage. L'Emp. Louis II. garde l'Italie.

Charles reçoit le roye. de *Provence* (la haute et basse Bourgogne). Après sa mort 863 Louis II. reçoit la Provence propre et la haute Bourg.; Lothaire obtient le reste.

Lothaire II. le roye. de *Lorraine*. Lothaire se sépare 862 de Thietberge, pour épouser sa maîtresse Valdrade. Le Pape l'excommunie, et les troubles se succèdent jusqu'à sa mort 869. La partie orientale du roye. est unie à l'Allemagne; l'occident à la France.

Boson, beau-frère de Charles le ch. renouvelle 879 le roye. de *Provence* sous le nom de roye. de *Bourgogne*; il est couronné à Mantaille, et il prête hommage à Ch. l. grs. † 887.

Ludolf, premier Duc de Saxe; la Thuringe a aussi des Ducs (j. 908).

Guerres continuelles avec les Obotrites, les Sorbes, les Dalemintziens, les Bohémiens etc. Rastitz, prince de Moravie, (846-70) propage le Christianisme par les soins de St. Cyrille; il se révolte 855.

Carloman, fils aîné de Louis, reçoit la Carinthie 855 comme Duché.

Les *Bohémiens* et Zwentebold, (Swiatopulc) D. de *Moravie*, sont réduits 874. ... Louis le gros † 876; ses fils partagent l'Allemagne en trois royaumes.

Louis *le jeune* (45 ans) a la *France orientale*, la Saxe, la Lorraine. ... 876 Victoire à Andernach sur Charles l. ch. 880 *Toute* la Lorraine unie à l'Allemagne. ... Grande défaite des Normands à Ebstorf.

Charles *le gros* (44) *l'Allemagne* et l'Alsace; après la mort de Louis 882, il reçoit la Germanie entière.

Carloman (47 ans) à la *Bavière*, la Bohème, la Moravie; il obtient aussi 877 l'Italie. ... Les Sarrasins imposent un tribut au Pape. Carloman † 880. Son fils naturel *Arnoul* a en partage la Carinthie.

Louis le j. a le Bavière.

Charles le gros, reconnu R. en Italie et couronné Empr.

Gui, D. de Frioul trouve quelques partisans 888; Eudes C. de Paris le chasse avec le consentement du R. Arnoul. Un parti élit Charles IV. le simple, et l'oppose à Eudes 893 ... guerre. ... Eudes cède quelques provinces 897, et † 898.

Charles IV. *le simple* seul, 898-923. Les Normands portent partout la dévastation.

Basse-Bourgogne. (Bourg. cisjurane).

Louis, fils de Boson (7 a) 887-923 est adopté par *Charles le gros*, déjà en 887, et protégé par Arnoul.

Les Arabes s'établissent à Frainet. (Fraxinetum).

Haute-Bourgogne. (Bourg. trans-jurane).

Rodolphe I. gouverneur de cette province profite de la minorité de *Louis*, pour se faire reconnaître R. 888-912. Arnoul tente en vain de l'expulser.

Le D. Arnoul (38 ans) 887-99, reconnu R. par tous les Allemands, s'efforce vainement de rétablir la monarchie Carloving. ... Il échoue contre les *Obotrites* 889, et bat les Normands à Louvain 891. ... *Zwentebold* D. de Moravie reçoit d'Arnoul 885 la marche des Avares, et 890 la *Bohème*, dont il gagne au Christianisme le D. Borzivoi, par des motifs d'ambition. Il se révolte 891, et se déclare R. indépendant de la (*grande*) *Moravie*, mais 893 il est réduit 893 par Arnoul qui excite les *Hongrais* contre lui. Son fils *Moimir* lui succède comme prince sous la titre de ro-rain. ... Défection des Bohémiens 895.

Zwentebold, fils naturel d'Arnoul, reçoit la Lorraine. ... † 900.

Louis *l'enfant* (7 ans) 899-911. ... La Lorraine le reconnait aussi. Une armée Bavaro-bohémienne parcourt la Moravie 900. Les Hongrais subjuguent "la Pannonie" et pénètrent jusque dans la Bavière.

Re. d'ITALIE.

Pepin, 781-810.

806, Grimoald Prince de Bénévent se soumet.

806-12. guerre avec les Grecs pour la Dalmatie.

Bernard, fils de Pepin obtient l'Italie, se révolte 817 à cause de l'élévation de Lothaire; abandonné de ses troupes, il se rend à l'Emp. qui lui fait crever les yeux; il meurt des suites de ce supplice.

Lothaire 820, R. d'Italie, couronné Empereur 823.

827. Les Aglabites s'affermissent en *Sicile*, s'emparent d'Agrigente et d'Enna 858, prennent et détruisent Syracuse 878. Palerme devient la capitale.

Bénévent recouvre son indépendance 818. ... Dissensions intérieures 840. Salerne devient une principauté séparée.

Lothaire fait couronner son fils aîné Louis II. R. d'Italie 844 et Emp 850. ... Les Arabes devant Rome 846. Tour à tour appelés par les Grecs et par les Lombards ils s'établissent dans le midi de l'Italie, surtout à Bari, d'où ils pillent Bénévent, etc.

Les Pr. de Bénévent et de Salerne se soumettent à l'Emp. 851; mais après qu'il a repoussé les Aglabites, et occupé Bari, ils se liguent avec les Grecs contre lui 872.

Charles le chauve 875-77.

Bérenger I. D. de Frioul, monte sur le trône 888-924. Il est battu et enfermé à Vérone par Gui D. de Spolette. Après la mort de Gui 894, son fils Lambert est Ch. Arnoul marche contre lui, et est couronné Empr. à Rome 896. Il est obligé de se retirer. Lambert † 898. *Berenger* ne peut expulser les Hongrais 899. ... Les états lui opposent Louis R. de la Basse-Bourgogne. 900.

ROY. d'ANGLETERRE, ECOSSE, etc.

—

Egbert 800-36 réduit les Bretons révoltés dans le Devonshire.

Dans le *Northumberland*, les prétendants à la couronne se chassent mutuellement. Des dissensions intérieures agitent aussi la Mercie.

Egbert bat 823 à Ellendun Bernulf, usurpateur de *Mercie*, et soumet en 4 années *Kent*, *Essex* et l'*Estanglie*; il passe dans le *Northumb.* où les Grands se soumettent aussi 827. Il prend dès lors le titre de Roi *d'Angleterre*.

Ethelwolf 836-57.

Les Danois qui, déjà en 832, débarquent en plus grand nombre dans l'île de *Shepey*, sont vaincus à *Hengstonhill* 835; ils hivernent dans l'île de Thanet 851, sont totalemt. défaits à *Okeley*, et reparaissent cependant chaque année.

Ethelwolf va à Rome 854, avec son plus jeune fils *Alfred*, et cède à l'aîné *Ethelbald* le roy. de Westsex 855.

Ethelbert lui succède dans les autres états 857, et 860 dans celui de Westsex.

Ethelred 866-71; Les Danois hivernent 866 en Estanglie, et y reçoivent des chevaux, ils subjuguent 868 *Northumb.*, 870 *Estanglie* et *Mercie*, se fortifient à *Reading* et tuent le R. Ethelred.

Alfred *le gd.* (22 ans) 871-901. 8 fois vainqueur, chasse 871 les Danois de Westsex; malgré les traités, ils l'attaquent de nouveau, et font la conquête de *toute l'Angleterre* 878. Alfred se cache dans l'île d'*Athelney*, et remporte ensuite 878 l'importante victoire d'*Eddington*.

Guthrum est baptisé avec ses guerriers, et obtient des établissemens sur les côtes pour les défendre contre ses compatriotes. *Hastings* et les Danois payens passent en Flandre etc. il débarque encore 895, et est défait à Farnham et Bamflete. Alfred réprime aussi les Danois établis dans le pays; la plupart quittent l'Anglet. 897. ... Ce prince ne se montre pas moins *grand* par ses soins pour l'enseignement, l'institution de bonnes loix, et l'établissement d'une flotte.

IRLANDE.

Les Normands (particulièrement les *Danois*) débarquent en Irlande 807 suiv. et détruisent Bangor 812. *Turgesius* gouverne en tyran 818 suiv.; les rois réunis l'attaquent et le noyent 845. D'autres troupes abordent 849, bâtissent (ou fortifient) *Dublin* 851, Waterford et Limmerik. Au milieu des dévastations de ces étrangers, et des guerres continuelles des rois, l'Irlande commence à tomber entièrement dans la *barbarie*.

ECOSSE.

La branche mâle des rois *Pictes* s'éteint avec *Hung*. Le petit-fils de sa sœur *Kenneth II.* R. d'Ecosse 834-54, défait à Scone 842 un concurrent, et réunit les deux royaumes.

Grig II. ... (Grégoire le gd.) 875-92, soumet Galloway et Berwik.

	DANEMARC.	*SUÈDE et NORVÈGE.*	*ESCLAVONIE particulièrement POLOGNE et RUSSIE.*	*CHAZARES, PETCHÉNÈGUES, HONGRAIS, UZES.*	*BULGARIE.*	*EMPIRE D'ORIENT ou EMPIRE GREC.*	*ASIE et AFRIQUE dans leurs rapports avec l'Europe.*
801	Sigurd II. Snogöye, Roi suprême 794-824. *Godefroi I.* (Gœtrik) R. du Jutland mérid. en guerre avec Charlemagne et les Obotrites, pille *Rérich*, et en transplante les marchands à Slerwig; élève le long de l'Eyder 808, le 1r rempart des Danois.	1) SUÈDE. Les descendants de *Sigurd II.* se maintiennent comme rois suprêmes de la Suède, jusqu'en 1060. ... Sous *Biœrn, Jarnsida*, Anschar et Gautbert passent à Biœrkœ (Birca) alors capitale, et y introduisent le Christianisme.	Parmi les Esclavons (Slaves) occident., ou *Vendes* proprement dits, les *Polènes*, ou Polonais *près de la Vistule*, deviennent plus particulièrement connus; mais on ne peut encore déterminer leurs limites. On présume que Piast, leur premier Duc, vivait 840-61, et qu'il résidait à Kruswik; sa race existe en Pologne j. 1370; et en Silésie j. 1675.	Les *Petchénègues* ou *Patzinacites*, peuplade Turque, qui ne paraît qu'en 834 e., font des courses dans le territoire des *Chazares*, depuis le Wolga au Jaïk. Les Chazares, dirigés par des ingénieurs que l'E. Théophile leur envoye, construisent 834 le fort de Sarkel ou de Bélowesch. Une partie des Chazares se convertit au Christianisme, 858 e.; cependant on trouve aussi parmi eux des Mahométans et des Juifs. ... Les Russes leur enlèvent une grande partie de leur territoire 862-85.	*Chrumnus.* *Nicéphore* attaque 809 les *Bulgares* qui, voyant leur pays horriblement dévasté 811, sollicitent la paix, mais inutilement; bientôt après ils exterminent l'Empr. avec son armée.	*Irène* 797-802. Charlemagne négocie avec elle pour un mariage. Révolte des Grands. Nicéphore I. 802-11; trésorier de l'emp. relègue Irène à Lesbos ... 804-6 les Arabes s'avancent jusqu'à Héraclée du Pont; obligent l'Empr. à payer le tribut auquel il voulait se soustraire; subjuguent *Chypre* 805, pillent Rhodes.	*Haroun al Raschid* 786-802. Al-Amin 808-13.
810	*Hemming* fait la paix.	Le R. *Olof* reçoit aussi le baptême d'Anschar 853; néanmoins le paganisme conserve longtemps la supériorité. ... Olof soumet 854 la *Courlande* (qui s'étendait alors depuis le Courischhaff jusqu'à la Semigalle). Les Suédois dominent aussi sur les côtes de la *Finlande*.	Dans la première moitié de ce siècle, les peuples, nommés par les Esclavons du Dniéper, *Russes* ou *Wæræges* (la plupart Suédois), s'étendent toujours plus sur les côtes orient. de la Baltique; ils soumettent e. 859 à un tribut annuel les Tschudes, les Slaves (Slovènes) les Kirvitchi et les Méri. Obligés de repasser la mer e. 862, ils sont rappelés par quelques-uns de ces nations divisées entr'elles.		Chrumnus obtient par le moyen d'un traître le *feu grégeois* et des machines de siége, ravage la Thrace, prend Adrinople, transporte au delà du Danube en 814, 50000 prisonniers. Léon entre 816 dans la Bulgarie, et oblige le nouveau Khan *Omortag* (ou *Mortagon*) à conclure une paix de 30 ans.	Michel I. 811-13. Léon V. *l'Arménien.* 813-20. L'Empr. ordonne 815 l'expulsion des images ... relève des villes détruites, se distingue par sa justice et sa bonté; mais il ne peut se concilier les partisans des images, et il périt par une conspiration de son successeur	Al-Mamoun 813-33. traite avec bonté la famille *d'Ali*, et s'expose par là à des révoltes; il tolère aussi les Chrétiens; mais il poursuit avec rigueur les *Sunnites*, fanatiques qui paraissent (ou se multiplient) à cette époque, et qui soutiennent *l'éternité du Coran.*
820	Harderknut I. 824-55. Différent au sujet de l'hérédité, entre les Rois du Jutland, terminé par Louis le débonnaire 835.	Quelques Norvégiens fugitifs peuplent *l'Herdalie*. Cette province, la Jemtie et l'Helsingie deviennent vers la fin du siècle, tributaires des Suédois.		e. 884. Les *Uzes*, (Gozz, Ghazi, Jazii) venus de la Turcomanie, paraissent à l'Est du Wolga. Les *Cumani*, dont on fait déja mention en 866, appartiennent à cette peuplade Turque qui chasse les *Petchénègues* de leurs établissements précédents.	825. Différents avec l'E. Louis le débon. au sujet des limites. Les Bulgares pénètrent 827 dans la Pannonie; ils sont repoussés 828.	Michel II. *le bègue* 820-29, associe à l'empire 821 son fils Théophile. *Thomas*, esclave transfuge, se fait passer pour *Constantin IV.*, s'avance avec le secours des Arabes, jusqu'à *Constpl.* 821, l'assiège pendant un an, est battu et livré à l'Empr. 823. .. Les Arabes *d'Espagne* s'emparent de *Crête* 823, y bâtissent Candax, d'où l'île reçoit le nom de *Candie*. ... Euphémius attire de l'Afrique en *Sicile* les Aglabites 827. Théophile 829-42. est défait par les *Abaigernes* 830; les Arabes subjuguent aussi 832 toute la *Cilicie*. *Théophile* s'avance jusqu'à Sozopétra; il est repoussé et poursuivi jusqu'à Amorium; les Arabes brûlent cette ville et Ancyra.	
830	*Hériold* (Harald), baptisé à Ingelheim 826, reçoit en fief de l'Emp. Louis, la *Rustringie*; il conduit dans le Jutland 826 *Anschar* qui y pose les fondemens du Christianisme, et qui 834 est nommé Ev. de Hambourg, et Légat du P. dans tout le nord. ... Premières églises à Sleswig et Ripen.	2) NORVÈGE. *Halfdan le noir*, (Ynglingue) R. de Westfolden etc. 824-63, soumet quelques états limitrophes. Son fils Harald *Harfragi* (10 ans) 863-933), étend sa domination presque sur toute la partie mérid. du pays, par les victoires de son général Guttorm 865-67. Harald lui-même, (pour obtenir la main de la belle Gida), attaque et défait les autres rois nationaux; bâtit *Lada* pour résidence; trouve des rivaux plus puissants dans les îles des côtes et des îles; défait cependant, dans le *Hafursfiord*, leur flotte combinée; établit sur chaque province un Jarl (Comte), et affermit son pouvoir par de sages établissements. Il soumet aussi les îles de *Shetland* (Hialtaland), les *Orcades*, les îles *Feroë*, les *Hébrides* et l'île de *Man* (Sudder Oer), et les cède en fiefs à plusieurs Jarls.	Rurik et ses frères, *Sinéus* et *Truvor*, conduisent ses auxiliaires *Russes*, se fortifient 863 à Ladoga, Bélooséro et Isborsk; et se rendent maîtres du pays qui reçoit alors le nom de		Baldimer permet 836 aux prisonniers de guerre grecs de retourner dans leur patrie. Bogoris demande 843 (sans beaucoup de zèle) à l'Impératrice Théodora des missionaires Chrétiens.	L'Empr. fortifie et embellit *Constpl.*, aime les arts et les sciences, et favorise l'industrie. Il est un ennemi des images. Michel III. (à 3 ans) 842-67. Sa mère *Théodora* exerce la régence; rétablit le *culte des images* dans toute son étendue 842; et poursuit avec sévérité les Pauliciens (qualifiés de Manichéens). Plusieurs milliers fuient chez les Arabes, et obtiennent d'eux Téphrice et 2 autres places fortes. ... L'éducation de l'Empr. est entièrement négligée.	Al-Motazem 833-41. institue une garde du Corps des prisonniers *Turcs*. ... Ils usurpent bientôt toute l'autorité. ... Samarra sa résidence. Al-Wathek 841-46, bienveillant à l'égard des Chrétiens.
840			GRAND-DUCHÉ DE RUSSIE.	Les *Petchénègues* à leur tour se jettent dans la Lébédiane en 888 sur les *Hongrois* descendus aussi des Turcs, mais qui, dans le IVme siècle, vivaient parmi les *Finnois*. Une partie des Hongrois, sous la conduite *d'Almus*, passent à côté de Kief, et traversent les Carpathes, prennent Munkatsch, Ungwar etc., et chassent les *Wolaques*, ou *Rumuli* (anciens colons romains) qui s'étaient relevés dans ces contrées. ... Une autre troupe passe à Atel-Kusu, avec le consentement du Khan des Chazares; élit *Arpad* pour Grand-Duc, et reçoit un renfort de 8 tribus échappées du territoire des Chazares, en particulier de celles des *Cabares* et des "*Mégères*" ou *Magyares* (dont le nom devient ensuite celui de toute la nation dans la Hongrie même). Ils secourent 889 les Grecs contre les Bulgares, et marchent 891 contre les *Moraviens*, sur l'invitation du R. Arnoul. La place d'Atel-Kusu, affaiblie par ces expéditions, tombe 892 au pouvoir des *Petchénègues*. Ceux-ci s'avancent maintenant jusqu'au pont de Trajan; mais une partie de la nation reste au delà du Don. Cependant les Hongrois occupent la plus grande partie de l'ancien domaine des Avares, pénètrent en Carinthie et en Italie 899, et en 900 en Bavière jusqu'à Erlaf.	Traités d'amitié avec Louis le Germanique 845-52.	Le Patriarche Photius, excommunié 863 par le Pape Nicolas I. "comme illégitimement élu," excommunie à son tour le pontife 867. Cette querelle devient dogmatique, et jette le germe du schisme des deux églises.	Al Motawakel 846-61. élu par les Grands, au détriment de son neveu, et appuyé par Wasif, chef de la garde turque; cette garde déja forte de 10000 h. est encore augmentée. ... Les Chrétiens persécutés à cause du culte des images ... Wasif assassine le Calife et place sur le trône le fils de ce dernier.
850	Entreprises plus considérables de Rs. corsaires Danois contre l'Irlande et l'Anglet. 832, suiv. Gorm l'ancien 855-936 soumet les Rs. du Jutland; il tente inutilement d'anéantir le Christianisme dans leurs états.		864. *Rurik* soumet *Novogorod*, dont il fait sa résidence, *Pleskow*, *Rostow* et *Mourom*; il y établit des gouverneurs de sa nation. Deux de ses guerriers, *Oskold* et *Dir* 863 font la conquête de *Kief* et de la contrée adjacente. Rurik † 879.		Famine en Bulgarie, augmentée par une attaque de l'E. Michel III. Bogoris demande des nouveaux docteurs chrétiens; Michel lui envoye Méthodius 860; Bogoris reçoit 865 le baptême et le nom de *Michel*; ses sujets suivent son exemple. Malgré les efforts du Pape l'Église Bulg. est soumise aux patriarches de Constpl. Bogoris obtient le titre de *roi*, Michel lui cède *Zagora*. 870 il se retire dans un couvent.	857. L'Empr., excité par son oncle *Bardas*, prend les rênes du gouvernt., relègue dans un couvent sa mère et ses soeurs, et déclare "qu'il veut imiter *Néron*;" il prodigue aux héros du cirque les trésors laissés par son père (et augmentés par Théodora), et se montre digne de son modèle. ... *Bardas* devient César 860, est assassiné 866. ... *Basile* (né en Macédoine) corégent 866, prévient l'Empr. qui voulait aussi le faire assassiner.	Al-Montaser, 862 et après sa mort Al-Mostain 862-66. Troubles et factions générales, même parmi les Turcs; ceux-ci déposent le Calife.
860	Les autres petits rois, et une partie des côtes des Vendes (Vendland) passent aussi sous la domination de Gorm l'anc. Cependant le R. de *Bornholm* (Borgundarholm) est encore indépendant vers la fin du siècle (871-900.		Igor, fils de Rurik, (14 ans) lui succède comme Grand-Duc. ... *Oleg*, son tuteur; enlève 880-85 *Smolensko* et *Lubicz*; défait Oskold et Dir qui refusent de reconnaître son autorité; soumet *Kief* qu'il désigne pour sa résidence ... et rend tributaires les *Séveriens*, les *Radimitzes* et les *Dréviens*.			*Dynastie des Macédoniens.* Basile *le Macédonien* 867-86, doué de qualités éminentes ... assure à ses fils la succession au trône en les couronnant de bonne heure ... défend Raguse et la Dalmatie contre les Arabes d'Afrique; attaque les Pauliciens à Téphrice 871, en envoye un grand nombre en Thrace, et poursuit avec succès la guerre contre les Arabes près de l'Euphrate; plusieurs Emirs se soumettent; mais il ne peut sauver la *Sicile*. Il projette un nouveau code, et cherche à rétablir les finances.	Al Motaz 866-69. Les Alides se rendent indépendants dans plusieurs contrées. Al Montadi 869. Al Motamed 869-92.
870		Mais un grand nombre de mécontents fuient, les-uns dans l'Herdalie, la Jemtie etc., les autres par mer dans les contrées les plus éloignées. ... *Hrolf* (Rollon), banni par Harald, ravage depuis 876 la France etc., et devient D. de Normandie 912.					*Ahmed*, fils de *Thulun*, esclave Turc, qui est ensuite gouverneur *d'Egypte*, s'y rend indépendant, et subjugue aussi 883 Damas et toute la *Syrie* jusqu'à Alep.
880		*Grim Gamle* découvre déja 861 les îles *Feroë* et s'y établit. Le pirate *Nadod* passe de ces îles dans celles de *Snæland*, mais sans y former d'établissement. *Floke* l'abandonne aussi et lui donne le nom *d'Islande*. ... *Ingolf* y cherche un asile 870, et y porte 875 des colons Norvégiens, qui restent longtemps indépendants sous des *Juges* (Lagmannen).	SERVIE et CROATIE. Ces deux pays se mettent quelques fois sous la protection des Grecs, surtout après la victoire de l'Emp. Bazile I. sur les Sarrasins qui 867 pillent Cataro et Budua, et assiègent Raguse.		Préslam 870-83. Campagnes malheureuses contre les Serviens.	Léon VI., *le Philosophe* (19 ans) 886-912, et son frère Alexandre (15 ans) 886-912. Léon se distingue par son savoir; il fait completter en 60 livres par Sabbathius, le code commencé par son père.	D'autres rebelles assiègent le Calife à Bagdad. Al-Motanded 892-902.
890	Depuis 801, le Jutland paraît n'avoir plus de rois particuliers.		La *Dalmatie* se soustrait 822 au joug des Francs; les *Narentains* redoutables par leurs pirateries, sont constamment en guerre avec Venise.		Siméon 883-97. Après de vaines réclamations sur l'oppression qu'éprouvent les marchands Bulgares à Thessalonique 888, Siméon s'avance en Macédoine, et traite les prisonniers avec une extrême barbarie (suivant la coutume qui alors était réciproque). Léon se ligue 889 avec les Hongrois établis à Atel-Kusu, et bat les Bulgares. Siméon de son côté s'unit 890 aux Petchénègues, qui expulsent bientôt après les Hongrois d'Atel-Kusu.		Troubles continuels. Les *Carmathiens*, secte Christo-mahométane, soumettent plusieurs contrées de l'Euphrate. etc. Les *Aglabites* achèvent la conquête de la Sicile et de la Sardaigne, et dévastent quelques contrées de l'Italie.
800							

TABLE XIV. Europe depuis l'an 900

901 Re. DE CORDOUE.

Abdallah 888-912.

Des provinces entières se déclarent en faveur de Califes de Bag-

910 dad.

Abdérame III. (à 24 ans) 912-61. s'arroge le titre d'*Emir al Mumenin*, que les Califes d'Orient avaient porté, et rétablit la

920 tranquillité.

Les Arabes exploitent les mines d'or d'Espagne, et celles de rubis à Malaga et à Béja; cultivent la soie, etc.

930

940 Madrid 932, et pénètre jusqu'à Tolède. Abdérame tente en vain de le repousser d'Osma. Ramire rend pour quelque temps tributaire 934 le Gouv. de Saragosse. *Abdérame* revient 938 d'Afrique avec des renforts prend Osma, Gormaz etc.; complètement battu à Simancas, par Ramire et par Ferdinand Gonzalès, Ct.

950 de Castille, il éprouve une nouvelle défaite à Talavéra.

Constantin Porph. envoye des Ambassadeurs à *Abdérame*, pour l'engager à une guerre contre les Califes d'Orient ... Ambassade d'Abdérame à

960 Otton le gd. 956.

Al Hakkam II. (à 48 ans) 961-76 fonde à Cordoue une haute école, et favorise tous les arts pacifiques.

970 Heschan II. (11 a.) 976-1007.

Mahomet Almanzor, ministre adjoint de Heschan, usurpe toute l'autorité; profite des divisions des Chrétiens et leur enlève

980 983-94 toutes leurs possessions au midi du Douro, et en 996 Léon et Astorga; mais il échoue devant Luna et Albe; il s'avance de nouveau 967 au delà de Coimbre jusqu'à Braga. Enfin les Rs. de Léon et de Navarre, (Garcias le trembleur), se liguent contre lui, remportent une grande

990 victoire à *Calatagnazor* 998. et lui arrachent la plupart de ses conquêtes. Son fils Abdal-Malek est aussi défait 999 par Garcias C. de Castille.

1000

ROYe. D'OVIEDO ou DE LEON. NAVARRE. CASTILLE.

Alfonse III. le grand, 866-910.

905 il repeuple Zamora et d'autres villes près du Douro, et fait des courses jusqu'aux portes de Tolède.

907 révolte de ses fils aînés; il leur cède le gouvernt. et se fait moine.

Garcias, 910-13. doit céder la Gallice à son frère Ordogno II. Il fortifie Rueda Osma, Coca etc. et pénètre dans le Re. de Cordoue.

Ordogno II. seul 913-23; choisit *Léon* pour résidence (913) 917.

ROYe. DE LEON.

Froila II. 923-24.

Alfonse IV. 924-27; cède le gouvernement à son frère et passe dans un convent.

Ramire II. 927-50; s'empare de Madrid 932, et pénètre jusqu'à Tolède.

Le comté de *Bourgos* ou de *Castille* devient à cette époque (923-35) indépendant de Léon.

Ordogno III. 950-55. Divisions intestines fomentées par Ferdin. Gonzalès.

Sanche I. 955 expulsé par

Ordogno IV. (le mauvais): réintégré 961; son règne est troublé par des révoltes continuelles.

Ramire III. (à 5 ans) 967-82.

Les Galliciens se révoltent; le R. périt dans une bataille.

Bermudo II. 982-99.

Alfonse V. (à 5 a.) 999-1027.

Sanche III. le gr. règne dans la Navarre 1000-35.

Le C. Raimond se rend indépendant des Français à *Barcelone* e. 997.

ROYe. DE FRANCE.

Charles le simple, 897-923.

Les possessions des Grands vassaux deviennent peu à peu héréditaires ... 903 le ministre Haganon se rend odieux.

Rollon (Hrolf) chef d'une troupe de Normands, oblige le R. par ses ravages, à lui céder en fief 911, la province nommée dès-lors la *Normandie*, et comme arrière-fief la *Bretagne*. Rollon, baptisé sous le nom de Robert, épouse (à 60 a.) la princesse roy. Gisèle (à 14 ans); il répare les malheurs du pays. ... 920 Les grands se soulèvent et demandent envain l'éloignement de Haganon.

Robert *Duc de France*, élu R. est battu par Charles 923.

Raoul, D. de Bourgogne (923-36) soutenu par Hugues le blanc (fils de Robert), et par Herbert C. de Vermandois, obtient la couronne. ... Le R. Charles pris perfidement par ce dernier, meurt 929 à Péronne. Les guerres des Grands, soit contre le R. soit entre eux, continuent.

Louis IV. *d'Outremer* (à 16 ans) 936-54, rappellé d'Angleterre. ... Guillaume D. de Normandie est assassiné; Louis s'assure du fils de ce Prince, âgé de 8 ans, et se ligue avec Hugues le gd. 946. pour enlever la Normandie: mais il est défait par les Normands 945, et obligé d'investir le jeune Richard des états de son père.

951. Son fils Lothaire corégent.

Les Hongrais attaquent 937 l'Aquitaine, 954 la Champagne et le Vermandois.

Lothaire (à 13 ans) 954-86.

Après la mort de Hugues le gd., son fils *Hugues Capet* reçoit les comtés de Paris et d'Orléans, avec le duché de France. ... Le R. n'a que l'appui arbitraire des Grands, et la ville de Laon.

961. Richard, D. de Normandie, trahi par le R. et les Grands, reçoit des secours de Harald II. de Danemarc 962, et oblige ses rivaux à demander la paix 965.

977. *Charles*, frère du R. reçoit de l'Emp. Otton, la basse Lorraine en fief. Lothaire marche contre eux: mais Otton s'avance jusqu'à Paris, et l'oblige 980 à faire la paix (près de Mouzon).

Louis V., *le fainéant* (à 19 ans), ne gouverne que 14 mois. † 987. Son frère *Charles*, D. *de la basse Lorraine* est exclu du gouvernement.

Rois Capétiens.

Hugues *Capet* (47 ans) 987-97, soutenu par le Duc de Normandie, et par d'autres Grands, se fait proclamer R., couronner et sacrer à Reims. Il gagne le clergé par des bénéfices, confirme aux laïcs l'hérédité de leurs fiefs, et défait les Ds. d'Aquitaine et d'autres partisans du *D. Charles*; ce dernier livré par trahison à son rival, meurt à Orléans 990.

Robert 997-1031. L'excommunication du P. Grégoire V., et l'influence des Grands, l'obligent à répudier 998 son épouse Berthe.

ROYe. DE BASSE BOURGOGNE.

Louis Boson 887-957 est aussi couronné Emp. à Rome 901; mais il ne peut se maintenir en Italie contre Bérenger.

ROYe. DE HAUTE BOURGOGNE.

Rodolfe I., 888-912.

Rodolfe II. 912-37, vent s'approprier une partie de l'Allemagne) e. 918), mais il est battu par le Duc Burkhard près de Kybourg.

Il obtient cependant 920 de l'E. Henri I., en échange de la *sainte lance*, une partie de l'Helvétie allemande; il promet à son rival, Hugues C. de Provence et d'Arles, la possession paisible de l'Italie, reçoit en échange les possessions de ce dernier dans la b. Bourgogne. Avant succédé 937 à Louis Boson, il se trouve maître du royaume réuni de

BOURGOGNE ou *d'Arles.*

Conrad II., le pacifique (à 12 ans) 937-93.

Il défait 954 les Hongrais; bat aussi à *Fraxinet* les Sarrazins, qui s'y maintiennent cependant jusqu'en 975, et portent souvent le ravage en Italie.

Rodolfe III. 993-1032.

ROYe. D'ALLEMAGNE.

Louis l'enfant, 900-911.

Guerre de Bamberg 902-905.

Pendant les invasions des Hongrais 901, 2, 7, la *Bavière* reçoit de nouveau un *Duc*.

908-10. Les Hongrais dévastent la Saxe, la Thuringe et l'Allemanie.

Conrad I. 911-18, C. de Franconie, proposé par Otton l'illustre D. de Saxe, est élu par les Franconiens et les Saxons. Les Bavarois et les Suabes accèdent ensuite à ce choix. Les Lorrains se soumettent à Charles le simple.

Troubles intérieurs, pendant lesquels les Hongrais continuent leurs irruptions. ... Le duché d'*Allemanie* érigé 918.

Rois et Empereurs Saxons.

Henri I., le *Saxon*, ou l'Oiseleur, (42 ans) 918-36.

La Lorraine rejointe à l'Allemagne 925. ... Trève avec les Hongr. 926. ... Henri soumet 926-34 les Hévelliens, Dalemintiens, Rédariens, Tholiziens, Obotrites, Wagriens, Ukres, Polabingiens et autres peuplades d'origine Vende; il maintient la dépendance de la Bohème; bâtit plusieurs *bourgs* (villes); fonde les Margraviats de *Misnie* 929 de *Saxe sept.* 9 0, et de *Sleswig* 931; et remporte à *Merseboug* 933 une victoire importante sur les Hongr.

Otton I. *le grand* (24 a.) 936-73.

Premières traces des *charges* de l'empire à son couronnement. Révolte de ses frères Thancmar et Henri, ligués avec les Ds. de *Franconie* et de Lorraine, et le R. de *France*. Otton vainqueur à Andernach. ... Géro Margr. de la *Saxe orient.* (Lusace), soumet 936-60 tous les Vendes jusqu'à l'Oder, et soumet à un tribut le D. de *Pologne*. Nouveaux évêchés de Havelberg, d'Oldenbourg, Brandenbourg, Meissen 936-48, Posen e. 950. Le D. de Bohème, revolté 938, est vaincu 950. Otton le gd. qui passe en Italie; les peuples l'accueillent partout, et il épouse cette Princesse.

Ludolf fils d'Otton suscite des troubles. ... La Lorraine divisée 953 en deux duchés.

955 Les Hongrais battus près du Lech, et repoussés de l'Ens.

Sur l'invitation du P. *Jean XII.*, Otton passe les Alpes 961. Couronné R. d'Italie à Milan il renouvelle 962 *l'Empire romain* qui reste dès lors réuni à *l'empire germanique*; il obtient la souveraineté de Bénévent et de Capoue 967, fait couronner E. son fils Otton II., demande pour lui une princesse grecque à l'E. *Nicéphore II.*, et cherche en même temps à s'assurer les possessions grecques en Italie; il pénètre en Calabre 969, et fait la paix 871 avec *J. Tzimiscès*.

Guerres heureuses avec les *Danois* 948-72. ... Fondation de l'Archévêché de Magdebourg 968. Découverte des mines d'argent du Hartz 968. (72).

Otton II. (18 ans) 973-83 ... son épouse *Théophanie*, fille de l'E. grec Romanus II. Elle introduit des moeurs grecques à la cour. ... Otton défait 975 Harald II. R. de Danemarc; son cousin *Henri* de Bavière, ligué contre lui avec les Ds. de Bohème et de Pologne 975-87, et obligé de se rendre, est déposé 977-80.

Guerre avec la France, à l'occasion de la *Lorraine*, qui dès lors reste incorporée à l'Allemagne.

Otton attaque 981 en Italie les Grecs unis aux Sarazins; battu à Basientello 982, et fait prisonnier, il échappe avec peine et † à Rome 983.

Otton III. (à 3 ans) 983-1002: sous la régence de sa mère. ... *Henri* D. de Bavière déposé, se fait proclamer R. par quelques partisans puissants; mais il ne recouvre que la Bavière 984. La *Carinthie* en est séparée comme duché. Léopold I. Margrave d'*Autriche* 984.

Les Obotrites révoltés depuis 982, et les autres Vendes, exercent de grands ravages, malgré leur défaite près du Tanger 983; la plupart sont réduits 995. ... Otton couronné à Rome 996, punit 998 Crescentius coupable de révolte depuis 975.

Orséolo, Doge de Venise, prend sous sa protection contre les Croates les villes marit. de la Dalmatie; il fait voile pour ces contrées 997 *le jour de l'ascension*, se fait rendre hommage à Zara etc. soumet par force quelques villes, et prend le titre de Duc de Dalmatie.

La Corse obéit à des Comtes qui paraissent être indépendants.

ROYe. D'ITALIE.

Bérenger I. 888-924, et son compétiteur *Louis* (*III.*) *Boson*. Ce dernier est battu et jure de ne pas revenir: il revient 905 (913) est battu de nouveau, et renvoyé aveuglé.

906. Les Hongrais ravagent la haute Italie. Bérenger achète leur retraite.

Rome obéit à des Consuls, à des Comtes, et à d'autres Grands, et pendant quelque temps à la fameuse *Théodora* 912, et à sa fille *Marozie*. Les Papes corrompus de cette époque sont sans autorité.

Rodolfe (*II.*) R. de la haute Bourg. sollicité par plusieurs Grands, marche 922 contre Bérenger, qui malgré le secours des Hongrais, est défait à Plaisance 923, et assassiné 924. Hugues C. d'Arles, soutenu par d'autres seigneurs passe en Italie 926, chasse Rodolfe; s'associe son fils Lothaire 931, épouse Marozie, mais n'obtient aucun pouvoir à Rome, gouverne par le conseil d'*Albéric* comme prince et Sénateur de tous les Romains. ... Attaque réitérée des Hongrais. ... Hugues † 946. Lothaire † 949.

Bérenger II. Marquis d'Ivrée et son fils Adalbert, couronnés à Pavie 949. ... *Adelaïde*, veuve de Lothaire refuse sa main à Adalbert; persécutée par lui, elle se réfugie à Canosse, implore Otton le gd.

Bérenger reçoit d'Otton la Angis. 952 l'Italie comme un fief. Ses vengeances etc. excitent un mécontentement général; il inquiète aussi les romains.

ROYe. D'ANGLETERRE.

Edouard l'Ancien, 901-25.

Son cousin Ethelwald excite des troubles 901-4. Les Danois l'appuyent et sont battus à Tetenhal 911. Edouard multiplie contre eux les châteaux, mais ils renouvellent sans cesse leurs descentes.

La Mercie qui avait encore des princes particul., est entièrement réunie à la couronne 920.

Edouard soumet 922 les Gallois à l'Angleterre, et réduit les Bretons du nord.

Adelstan 925-41, permet de nouveau aux Danois dans le Northumb. d'élire des gouverneurs de leur nation, et reconnait Sithric comme leur R. Les successeurs de *Sithric Anlaf* et *Guthfri* se déclarent indépendants, abjurent le Christianisme, et sont repoussés en Ecosse et en Irlande par Adelstan. Constantin R. d'Ecosse vent les soutenir, et perd la grande bataille de *Brunanburgh* 938.

... Les îles Scilly sous la domination anglaise.

Edmond 941-48 (46). Nouvelle victoire sur Anlaf et les Danois Northumb. ainsi que sur les Bretons du Cumberland.

Edred (à 17 ans) 848-55 institue de nouveau des *Comtes* sur le Northumb. au lieu de Rois.

St. Dunstan, tout puissant à la cour, enrichit les couvents, et cherche à élever les moines au préjudice des prêtres mariés.

Edwi, (17 ans) 955-59, épouse *Elgive*. Odo Archév. de Cantorb. et Dunstan trouvant la parenté trop intime, arrachent parforce cette princesse à son époux. Odo la défigure, la relègue en Irlande, et lui fait ouvrir les veines après son retour.

Edwi excommunié est obligé de céder le trône à son frère, et meurt bientôt après.

Edgar 959-75. augmente considérablement la flotte; il exige annuellemt. des Gallois 300 têtes de loup, au lieu du tribut ordinaire de bestiaux. ... Dunstan Archev. actuel de Cantorb. abolit presqu'entièrement le mariage des prêtres, et rend le clergé plus indépendant de la couronne.

Edouard *le Martyr*, 975-79.

Sa belle-mère *Elfrède* le fait assassiner à Corfe, pour placer son propre fils Ethelred sur le trône.

Ethelred (11 ans), 979-1016.

Les Danois débarquent et battent 991 une armée anglaise à Maldon. Le R. conseillé par l'Archév. de Cantorb. achète leur retraite par une rançon de 10000 L. St. (Danegeld).

993. *Sven*, R. de Danemarc, et *Olof* Pr. de Norvège débarquent avec des forces plus considérables, pillent Lindsey, assiègent Londres, et exigent 16000 L. St. pour leur retraite. (Olof reçoit le baptême et passe en Irlande.

997-99 d'autres flottes moins considérables abordent en Anglet.

ECOSSE. IRLANDE.

L'histoire d'*Ecosse* est encore fort incertaine, particulièrement jusqu'en 1057 (suivant quelques uns). Les guerres entre les Ecossais et les Anglais sont surtout rapportées très partialemt. par les historiens des deux nations.

Constantin gouverne 903-953, et se retire dans un couvent.

Malcolm I. (Mal) 953-58, reçoit l'investiture du *Cumberland* d'Edmond R. d'Anglet., et dès lors l'héritier présomptif de la couronne d'Ecosse, est toujours régent de cette province.

Indulf 958-61, bat les Danois à Cullen.

Duff, 961-65.

Culen 965-70, est tué par le Than (chef) de Methwen.

Kenneth III. 790-94. Les Danois débarquent à Montrose, et sont défaits à Loncarthy.

Malcolm II. 994, dépossédé par Grime jusqu'en 1004.

IRLANDE.

Les Danois y embrassent le Christianisme vers le milieu du siècle; défaits à Témor 980, ils reçoivent bientôt des renforts.

ROYe. DE DANEMARC.

901

Gorm l'ancien 855-936.

910 Les Danois et les Obotrites pénètrent en Saxe; l'E. Henri I. les défait et fonde 931 le margraviat de Sleswick.

920

Harald fils cadet de Gorm, embrasse le Christianisme, mais sans recevoir le baptême.

930

Harald II. Blaatand 935-85(86) relève le rempart de Dana, mais dans une autre direction. ... ravage

940 l'Anglet. 937 suiv. prend Julin, et fonde de Jomsborg.

Frotho qui règne dans le Jutland

950 comme roi vassal, rétablit les églises à Sleswick et à Ripen, et en fonde une à Aathus. Otton le gd. pénè-

960 tre 948(72) jusqu'au Limford, (Ottesund); et oblige Harald à recevoir le baptême.

970 Otton II. brûle le rempart de Dana 975.

Suénon I. *Tiugurking* (Suénon Otton) abjure le Christisme.

980 980; pille 982 les environs de Sleswick, est défait par Otton III.; chasse son père du trône 985. et attaque plusieurs fois l'Anglet. avec

990 Olof Trygwason.

1000

ROYe. DE NORVEGE.

Harald Harfager 863-933, partage l'état entre ses fils; mais il en désigne un comme R. suprême.

Eric, *Bitheyx* 935-36, chassé à cause de ses cruautés.

Hako, *le bon* 936-50 baptisé en Angleterre, veut introduire le Christisme en Norvège; mais il éprouve des oppositions à la diète de Froste. Il est tué par les fils d'Eric.

Harald *Graafeld* et ses frères 950-62.

Harald attiré à Hals dans le Jutland, par Hako, Jarl exilé de Thrand, y est tué.

Hako reçoit la Norvège comme fief du Danemarc, mais il se rend indépendant 975.

Eric le roux d'Islande découvre 982 le *Grœnland*; on y fait des établissements sur les côtes orient.

Olof I. *Trygwason*, après beaucoup d'aventures, arrive à Thrand, 994; élu R., il introduit par la persuasion et par la violence le Christisme dans tout le roye. envoye des missionaires en Islande d'où cette religion passe dans le Grœnland depuis l'an 1000 et suiv. Il bâtit Nidaros (Drontheim) 997: ... Il est vaincu par les Rs. de Danemarc et de Suède, ligués avec les fils de son prédécesseur, "et se précipite dans la mer." Les vainqueurs se partagent la Norvège.

ROYe. DE SUEDE.

Sous les rois de la maison de Sigurd, les Suédois maintiennent leur domination sur (les côtes) de la Finlande et de l'Esthonie.

Unno, Archevêque de Brême, relève le Christianisme à *Birça* 930.

La Wermie, la Jemtie et l'Helsingie passent sous la domination suédoise c. 930.

Eric IV. *Segersäll* (le victorieux) expulse son frère Styrbiörn; on croit qu'il soumet pour quelque temps le Danemarc (peut-être quelques provinces). † 995.

Olof *Skautkonung* (c. à d. reconnu sur les genoux de sa mère) 995-1026.

DUCHÉ DE POLOGNE.

Sous le Duc *Zémislau* c. 913, on présume que le Christianisme trouve déjà beaucoup de partisans en Pologne.

Avec Mieczko (Micislav, Miséco); qui parvient au gouvernmt. vers le milieu du siècle, l'histoire de Pologne acquiert peu à peu plus de certitude. Il est converti par sa femme *Dambrowka*, fille de Boleslav I. D. de Bohême.

Géro, Margr. de la Saxe orientale l'oblige de se soumettre à l'empire germanique. *Iordan*, nommé évêque de *Posen* par Otton I., introduit la religion Chrét. dans ce pays.

Mjesko attaque Wichman Cr. de Saxe 967, et Uto Margr. de Misnie 972. Il secourt le D. de Bavière *Henri* contre Otton II., et finit par se soumettre à ce dernier 978.

Otton III. ordonne à Mjesko de marcher contre les Wendes 985 et 86, et lui fournit des secours 987 contre Boleslav II. de Bohême. Mjeske † 992.

Boleslav I. *Chrobri*, (le vaillant) (25 ans) 992-1025, chasse ses frères avec lesquels il devait partager l'état; secourt Otton III. contre les Wendes 992-95; fait des conquêtes considérables en Pommeranie, et attaque les Prussiens. Adalbert Evêque de Prague veut convertir ces derniers 997, et est massacré par eux. Boleslav achète son corps et le transporte à Gnesne. Otton III. y fait un pélerinage et y érige un Archevêché qui comprend les évêchés de Colberg, de Cracovie et de Breslau.

GRAND-DUCHÉ DE RUSSIE.

Igor, 879-945. *Oleg* aborde 904 près de *Conspl.* avec 2000 vaisseaux de construction du nord, et dicte à l'E. Léon un traité de commerce avantageux aux Russes, et confirmé 912. Les Russes apprennent à connaître les arts des Grecs et la religion Chrét. ... Après la mort d'Oleg 913, les Dréviens se révoltent et sont réprimés par Igor.

Igor attaque 941 les Grecs, et perd beaucoup de vaisseaux par le feu grégeois; il s'unit avec les Warèges et les Petchénègues pour une nouvelle attaque, et consent 944 à des négociations de paix. Parmi les ambassadeurs Russes il y a déjà des Chrétiens. Igor est tué par les Dréviens 945.

Swiatoslav I. 945-72; sous la régence de sa mère *Olga*; elle venge la mort de son mari sur les Dréviens 946, et reçoit le baptême à Conspl. 955.

Swiatoslav enlève aux Chazares "Béluwesch" 965, bat les *Jases* et les *Kosogues*, s'empare probablement des provinces voisines des Chazares avec Tmutaracha ou Tmoutarakan, rend les Wiatitzes tributaires; soumet la Bulgarie 968, et partage 970 la Russie entre ses fils. Il est chassé de la Bulgarie par les Grecs 971, et tué par les Petschénègues 972 près des cataractes du Dnieper.

Jaropolk I. 972-80; Gr. Duc de Kiew ... attaque ses frères. Oleg périt dans la bataille d'Owruez; *Wladimir* fuit chez les Warèges, recouvre avec leur secours Novogorod, et fait assassiner Jaropolk.

Wladimir, 980-1015, prend sur les Polonais 981 Przemis, Czerwen et son territoire; bâtit Wlodimir, soumet 983 les Jatwinges marche 988 contre "Cherson" (Kertch) prend cette ville, et embrasse le Christ.; il épouse la Princesse *Anne*, fille de l'E. Romanus II., et partage ses états entre ses 12 fils.

Re. DE HONGRIE.

Plusieurs corps de Hongrais parcourent et ravagent cruellement. 900-24 la Dalmatie, l'Italie septent., la Franconie, la Bavière, la Suabe, l'Alsace, la Lorraine, la Thuringe, la Saxe: battent 924 l'E. Henri I., et acceptent une trève de 9 ans, pour acheter la liberté d'un de leurs généraux. Ils essuyent une grande défaite 933 à Merseburg. Ils pénètrent 937 par la Suabe et la France jusqu'à l'Océan atlantique, et reviennent par la Bourgogne et l'Italie, portant partout la devastation. La défaite d'Augsbourg 955 les dégoûte de ces expéditions occidentales. Ils tournent leurs armes 957-65 contre la Bulgarie et échouent encore 967 contre la Grèce.

Deux Princes hongrais reçoivent le baptême à Conspl. c. 948, et emmènent des missionaires.

Sous Geysa, qui gouverne 972-97 comme chef suprême, Piligrin Ev. de Passau envoye en Hongrie des moines; ils prêchent l'évangile avec succès, et Geisa lui-même se fait baptiser.

997. Léopold Marg. d'Autriche repousse les Hongr. de Melk jusqu'à Kalenberg.

Etienne *le saint* (41 ans) 997-1038, défait les princes turbulents de Schimegh. ... A l'instigation d'Otton III., il se fait couronner R. 1000.

CHAZARES, PETSCHENEGUES.

Les *Chazares*, défaits par les Russes 965, perdent la forteresse de Béluwesch (Sarkel) et par là leur domination sur les Wiatitzes. Au sud; l'établissement de la principauté de Tmoutarakan les rend aussi sujets des Russes. Plusieurs fuyent à Conspl. 965, et y forment une garde impériale particulière.

Les Petschénègues tentent inutilement 915 de pénétrer en Russie. Ils sont attaqués par Igor 920; ils assiègent Kiew 968, éprouvent une défaite, et [illegible] contre les Russes.

SERVIE et CROATIE.

La *Servie* entièrement sous la domination de Léon IV.

Le Prince Gabriel fournit des secours aux Grecs contre les Bulgares.

Le Prince *Servien* Testlav, échappé de la Bulgarie 934, relève à quelques égards l'état dans les provinces occident.; mais il conserve peu d'autorité sur les Zupans de Zachlum etc. Le nouvel état est très dépendant des Grecs 949, et ne reparoît dans l'histoire qu'en 1013. Les *Narentins* continuent leurs pirateries jusqu'en 997, surtout contre les bâtiments vénitiens.

CROATIE.

La puissance des Croates s'élève sous leur chef *Crescimir*. Son fils Dircislav prend 970 le titre de Roi, et le transmet à ses successeurs.

Tercimir c. 994, se ligue avec les Narentins contre les Vénétiens, et inquiète les villes marit. de la Dalmatie, qui, avec le consentement de la cour de Conspl. se mettent sous la protection de Venise.

ROYe. DE BULGARIE

Siméon 883-927.

est battu 904 par les Hongrais, et perd ses possessions près de la Theiss; il veut inutilement conclure la paix avec Alexandre 912;

il assiége *Conspl.* et arrache aux Grecs des présents; victoires réitérées sur les généraux grecs; il ravage la Macedoine et la Thrace, prend Adrinople 923, se fait proclamer Empr. 923 dans un fauxbourg de *Conspl.* et accorde cependant la paix à Romanus. Il attaque ensuite la *Servie* et en fait un désert, en n'y laissant que des bois (forêt des Bulgares) et en transplanté les habitants en Bulgarie. Un petit nombre fuit en Croatie.

Pierre, 927-69; épouse la Presse. Marie, fille du César Christophe; il est obligé de défendre par les armes son autorité contre ses frères.

Pierre accorde aux Hongrais 962 et s. un libre passage sur le territoire grec. ... Nicéphore à son tour persuade le Gd. D. *Swiatoslav* d'attaquer les Bulgares. Ce dernier subjugue tout le pays 968, et fixe sa résidence à Peréslawetz. Il fait la guerre aux Grecs, mais il est totalement défait à Dristra 971, et obligé de se retirer. Le roy. de Bulgarie est soumis aux Grecs jusqu'en 976.

Les Bulgares se soulèvent sous la conduite du Boyare *Sisman*. Son plus jeune fils Samuel, élu Roi, ne peut entièrement expulser les Grecs de la Bulgarie propre; mais il prend 978 la *Macédoine*, la *Thessalie* etc. jusqu'à Larissa; il réside à *Prespa*, et puis à *Achrida*, et s'avance jusques dans le Péloponnèse. L'E. Basile échoue contre lui 981. Bardas *Phocas* usurpe aussi la pourpre 987, propose un partage à Bardas *Sclérus*, et périt 989. Sclérus se soumet ... le général Uranus défait Samuel 995. Basile prend 1000 Presthlaba, Pliscuba etc. ce qui lui assure la possession de la Bulgarie propre.

EMPIRE D'ORIENT ou EMPIRE GREC.

Léon IV. 886-911 et *Alexandre.*

904. Les Russes devant *Constpl.*

Léon contracte un quatrième mariage, et encourt par là l'excommunication du patriarche 906.

Andronicus Ducas défait les Arabes 909, et est réduit ensuite à chercher un asile chez eux. ... Une flotte arabe ravage les côtes de la mer Egée; mais les Grecs pénètrent dans la Mésopotamie et obtiennent une paix avantageuse 915.

Alexandre seul, 911-12.

Constantin VII. *Porphyrogénète*, (6 ans) 912-59.

Sa mère *Zoë* usurpe l'autorité; Romanus I. *Lacapène*, amiral devient *beau-père* de l'Empr. 919, et se fait couronner corégent, avec ses fils Christophe et Etienne.

934 et 43. Courses des Hongrais par la Bulgarie jusqu'à *Conspl.*; on les éloigne par des présents.

Les Russes paraissent 941 dans la mer noire avec 10000 vaisseaux, pillent les côtes de l'Asie mineure, et sont défaits; ils ressemblent 944 des forces plus considérables; Romanus achète la paix; "les Russes s'engagent non seulement à respecter Cherson, mais à défendre son territoire contre les Bulgares noirs."

944. Romanus I. relégué dans un couvent par son fils Etienne.

945. *Constantin* fait emprisonner ses corégents, les oblige à prendre la tonsure, et fait couronner 948 son fils Romanus II. (âgé de 9 ans); il compose 949 un ouvrage, "sur la meilleure administration" et se montre incapable de gouverner par lui-même.

Léon et *Nicéphore*; fils de Bardas *Phocas*, s'emparent 956 de Mélitène, Samosate, Théodosiopolis etc. ... Les princes chrétiens (Curopalates) d'Ibérie, relèvent aussi des Grecs à cette époque.

Romanus II. (20 ans) 959-63 son épouse *Théophano*. ... "Il abandonne le gouvernement aux Ministres." ... Les deux Phocas prennent *Crète* 961, imposent un tribut à l'Emir d'*Alep* 962, et reculent les bornes de l'empire jusqu'à l'Euphrate. ... Après la mort de Romanus, son épouse gouverne au nom de ses fils, Basile II. et Constantin IX. Mais pour se maintenir contre le ministre Joseph, elle engage Nicéphore II. *Phocas* (51 ans) à prendre la pourpre 963. Il épouse Théophano, et soumet par son général Tzimisces 965 et s. la *Chypre*, la *Cilicie* etc. ... Ambassade d'Otton le gd. 968.

Jean *Tzimisces* (44 ans) 970-76.

Bardas Phocas se révolte 970. Il est réprimé par Bardas *Sclérus*.

L'Empr. prend Apamée etc.; empoisonné à l'instigation du ministre Basile, il défend de poursuivre ce crime.

Basile II. (c. 20 ans) et Constantin IX. (17 ans) 976-1025.

Bardas *Sclérus* offensé par le ministre Basile, prend le titre d'Empr. 977, et enlève Nicée; défait par Bardas Phocas il s'enfuit à Bagdad 980.

ASIE et AFRIQUE dans leurs rapports avec l'Europe.

Al-Motahded 892-902.

Al-Moctafi 902-908, prend Séleucie; enlève aux Thulunides 905 l'Egypte et la Syrie.

Al-Moktader 908-32.

Al-Mahadi, comme descendant de *Fatime*, usurpe en Afrique la dignité de Calife; chasse 908 les *Aglabites* du Kairwan; il bâtit Mahadia pour résidence.

Al-Motawakkel, deux fois déposé par les soldats, est enfin assassiné.

Al-Kaher, aussi déposé 933.

Al-Radi 934-40, confie 935 à un *Emir al Omra*, (premier Emir), le pouvoir exécutif suprême. ... Le Turc Bahkam usurpe cette dignité 937.

Al-Mottakki 940-44.

Al-Mostakfi 945; ils sont tous les deux déposés.

Al-Moti 945-73. Ahmed un *Buide*, dont la branche principale règne en Perse depuis 933, s'empare de *Bagdad* 945; et est élu par le Calife Emir al Omra, sous le nom de *Moezzoddaulet*.

Le Calife Fatimite Al Moëz envahit l'*Egypte* et la *Syrie* 963 et s. Il bâtit le *Caire* pour résidence, et investit les *Zeirites* du *Kairwan*.

Al-Tai 973.

Le Sultan Buide de Perse prend possession de Bagdad 978.

982. Les Carmathiens sont battus et dispersés.

985. L'Emir d'Alep secoue le joug des Grecs et paye tribut aux Fatimites.

990. Les Ocailites s'établissent à Mosul.

Al-Kader 992-1031.

(Bagdad a des Caliphes jusqu'en 1258, mais depuis 935 leur autorité est restreinte aux affaires de religion).

TABLE XV. Europe depuis l'an 1000

1001 · 1010 · 1020 · 1030 · 1040 · 1050 · 1060 · 1070 · 1080 · 1090 · 1100

Rs. DE CORDOUE.

Hescham II. 976-1027.

est fait prisonnier 1007 par Mahomed Al-Mahadi. Ce dernier est expulsé par *Suleiman* (Zulima), qui amène un grand nombre de Berbères (*Maures*) en Espagne, où il leur donne des établissemens.

Des compétiteurs se supplantent mutuellement. Le Gouverneur de Tolède 1012, et celui de Saragosse 1014, s'arrogent le titre de Rois; mais ils sont bientôt soumis aux Etats chrét. *Valence* forme aussi un roy. particulier 1026.

Sous Hescham IV., avec lequel finit la dominat. des Ommiades 1038, *Séville*, Orihuela, Jaen, Lisbonne, *Tortose*, Murcie, Almérie, Dénia, les Iles Baléares, Grénade, Badajoz et Huesca, forment autant de petits royaumes.

Mohamed I. R. de Séville s'empare de Cordoue 1044; sous son fils *Mohamed II.* 1068-97, Séville fleurit, et devient le nouveau siège des sciences.

Mais Jusuf Tasfin, R. de *Maroc*, débarque 1097 en Espagne, et fait passer Séville et tous les Royaumes arabes, à l'exception de *Saragosse*, sous la *domination des*

Morabethines, ou *Almoravides*; il assiège inutilement Tolède et Valence.

Rs. DE LÉON.

Alfonse IV. 999-1027.

relève Léon de ses ruines 1016.

Bermudo III. 1027-37.

1031. Guerre avec Sancho III. au sujet des limites de la Castille ... 1033, traité. "*Ferdinand* fils de Sancho épouse Sancha, soeur de Bermudo, et reçoit la Castille érigée en roye. Le Céa marque les limites."

1034. *Sancho forme 4 Roys. de ses états.*

CTé. DE CASTILLE.

Garcias Fernandes 1005.

Sancho Garcias 1005-22.

s'empare 1018 de Sépulvéda et de la contrée.

Garcias Sanchez, 1022-28, assassiné par des ennemis personnels, ne laisse aucun héritier mâle.

Rs. DE NAVARRE, CTés. DE BARCELONE.

Sancho III. le grand 1000-1035.

épouse 1001 *Munia Elvire*, fille aînée de Sancho Garcias C. de Castille; soumet 1012 le *Sobrarve* et 1015 *Ribagorça*.

comme époux de Munia Elvire il prend possession de la *Castille* 1028.

CATILLE.

Ferdinand I. († 1065).

Bermudo périt près de Carrion dans une bataille contre *Ferdinand*, qui prend possession du roy. de *Léon*.

Ferd. enlève 1044 Lamégo, Visen, et 1045 Coïmbre, quoique vigoureusement défendue par le R. de *Séville*. Il prend 1046 Berlanga au R. de Tolède, et le réduit à acheter la paix 1048 par un tribut annuel.

Le R. de *Saragosse*, et 1063 celui de *Séville* deviennent ses tributaires.

Ferdin. partage 1064 l'état entre ses 3 fils. Sancho, qui reçoit la *Castille*, chassé 1070 Alfonse IV. de *Léon* et des Asturies, et Garcias de la *Galice* et du Portugal. Il est tué devant Zamora.

Alfonse VI. 1072-1109. ... Les Rs. d'Espagne ne se soumettent point à l'investiture de Grégoire VII.; mais à sa demande on substitue au rite goth. le *rite romain* 1077, quoique l'excellence du premier ait été prouvée par un duel.

Alfonse attaque *Tolède* 1081 et soumet tout le roy. 1085 (Nouvelle Castille).

Il appelle à son secours *Raymond de Bourgogne*, et d'autres Comtes Français, contre les Rs. ligués de *Séville* et de *Badajoz*. Les 2 Rs. deviennent tributaires 1086.

1092. Alfonse s'empare de Santaren etc. et nomme *Gouv. du Portugal* 1095 le C. *Henri de Bourg.* auquel il donne sa fille naturelle *Thérèse*. ... Rodrigue Dias de Vivar (Cid), avec l'agrément du R. prend pour lui-même *Valence*. ... Alfonse épouse 1096 *Zaïde*, fille de Mohamed II.; elle se convertit, et lui apporte en dot *Cuenca*, Huète etc. Mais l'invasion des *Almoravides* lui fait perdre ces acquisitions 1097.

ARRAGON.

Ramiro I. († 1063.)

s'unit 1043 avec le R. de Saragosse contre Garcias III., il est battu.

il perd la vie dans un combat contre *Ferdin.*

Sancho I. *Ramirez*, 1063-94 soumet Barbastro 1065.

Sancho I. est aussi élu R. de Navarre 1077, qui reste unie à l'Arragon jusqu'en 1134. Cependant Alfonse VI. enlève *Rioja* et Najéra.

Sancho périt au siège d'Huesca.

Pierre I. 1094-1104 se rend maître d'Huesca 1096.

SOBRARVA, Gonzales († 1038.)

NAVARRE

Biscaye et Rioja.

Garcias III. († 1053.)

fait prisonnier par *Ferdinand*, il échappe, l'attaque de nouveau et périt dans le combat.

Sancho III. 1053-76.

(*Raymond II.* Cte. de Barcelone 1017 *Marésa* etc.) Le R. de Saragosse vassal de Navarre 1073. Sancho †, assassiné sans héritiers.

Les Comtes de Barcelone expulsent les Arabes de Taragone 1088.

ROYe. DE FRANCE.

Robert 997-1031.

Des guerres interminables entre les Cts. d'Anjou de Chartres et d'autres Grands, occasionnent dans tout le roy. la misère, des épidémies etc. *La paix de Dieu*, proposée d'abord dans le Roussillon est successivement adoptée par d'autres provinces, et apporte quelque adoucissement à ces calamités.

Robert s'associe 1017 son fils aîné *Hugues*, et après la mort de celui-ci son second fils *Henri*. Robert le troisième fils reçoit le D. de *Bourgogne*, et y établit une souche qui dure jusqu'en 1361.

Henri I. (26 ans) 1031-60: *Anne* son épouse Princesse Russe. *Constance* sa mère soulève contre lui Eudes C. de Champagne et d'autres Grands. *Robert II.*, D. de Normandie embrasse le parti du Roi.

1037. Le D. *Robert* va en pèlerinage à Jérusalem, désigne pour son successeur son fils naturel *Guillaume*, et le met sous la protection du R. Il meurt à Nicée 1045. Quelques vassaux normands se révoltent; et Henri lui-même manifeste des vues sur la Normandie; mais Guillaume réprime les mutins, et défait 1054 à Mortemer l'armée du Roi.

Philippe I. (8 ans) couronné déjà en 1059, gouverne 1060-1108, d'abord sous la régence de Baudoin V. C. de Flandre. Révolte infructueuse des Gascons 1062.

1066. *Guillaume* (le bâtard) D. de Normandie, envahit l'Angleterre, et réprime 1073 une révolte dans le Maine qui lui est échu par testament. Hoël D. de *Bretagne* est aussi obligé de lui prêter hommage.

Grégoire VII. menace le R. à cause de la vente des bénéfices eccles. etc., et fait convoquer des conciles par ses Légats 1074-75, mais ses menaces produisent peu d'effet.

Robert fils aîné de *Guillaume* se révolte contre son père 1076, et le blesse dans un combat sans le connaître.

Guillaume † 1087, pendant une guerre contre *Philippe*. *Robert* lui succède dans la Normandie et le Maine, mais il est contraint, 1090 d'en céder une portion à son frère *Guillaume le Roux*.

Philippe se sépare 1092 de son épouse *Berthe*, enlève et épouse Bertrade femme du C. d'Anjou. Urbain II. fait lancer contre lui dans le concile d'Autun 1094, une excommunication qu'il confirme dans celui de *Clermont* 1095. Il y effectue aussi la première croisade. Un nombre considérable de Grands abandonnent et vendent leurs domaines pour prendre la croix. Le D. *Robert* engage la Normand. à son frère Guill. le R. L'excommunication du R. n'a aucune suite.

ROYe. DE BOURGOGNE et D'ARLES.

Rodolfe III. 993-1032.

nomme héritier 1016 et 1018 l'Empr. *Henri II.*, comme étant l'aîné de ses neveux.

Prétentions de Conrad II., comme *R. d'Allem.* 1024, il prend Bâle 1025. ... Rodolfe et les Grands renouvellent 1027, le traité, (au préjudice des héritiers immédiats) ... Après la mort du R. 1032, Eudes Ct. de Champagne trouve quelques partisans, mais l'E. le force à la retraite.

EMPIRE GERMANIQUE.

Otton III. 983-1002.

Henri II., *le saint* (à 30 a.): 1002-24, D. de Bavière, ... Ses compétiteurs, Hermann de Suabe, et Eccard, Mrgr. de Misnie trouvent d'abord un parti puissant.

Guerre malheureuse contre la Pologne, 1003-18.

Fondation de l'Evêché de Bamberg, malgré de vives oppositions, 1007-20.

Les Grands deviennent plus puissants en Allem. Cependant l'E. réprime et punit sévèrement les troubles et les *hostilités* en Franconie 1003 en Lorraine 1006-11, en Misnie 1010-11.

Empereurs Franconiens.

Conrad II. (*le Salique*)

1024-39 D. de Franconie. Son beau-fils Ernest, D. de Suabe, qui veut soutenir par les armes son droit d'hérédité sur la Bourgogne 1026, est tué 1030. Guerres avec Mjesko II. de Pologne 1025-3?, et avec Othelrik D. de Bohème. ... Diète à Soleure 1038. Conrad fait couronner R. de Bourg. son fils Henri, et veille au maintien de *la paix de Dieu*.

Henri III. (22 ans) 1039-56; soumet Bretislav D. de Bohème, 1042 ... gagne les Gr. turbulents de Bourg. par son mariage avec *Agnes* fille du D. d'Aquitaine. 1043 ... rend pour peu de temps, la Hongrie dépendante de l'Allemagne 1043-54, prend Raab et Heimbourg ... soumet le Dch. de Franconie à la chambre royale) et dispose arbitrairemt. des autres duchés. Il retient 1056 la Bavière pour son ép. Agnès, et indispose les Etats; (qui cependant nomment son fils pour successeur déjà 1053). ... Révolte de Godefroi, D. de la Basse Lorraine 1044-56.

Henri IV. (6 ans) 1056-1106, sous la régence de sa respectable mère. Elle donne aux Cies, *Rodolfe* de Rheinfeld le Dch. de Suabe 1058, *Berthold* de Zæhringen la Carinthie 1060, et *Otton* de Nordheim la Bavière 1061. ..., 1062 *Hanno*, Arch. de Cologne se rend maître du jeune R. et de la régence. Ils tombent 1064 au pouvoir d'*Adalbert* Arch. de Brême qui irrite les Saxons et les autres Gr. par son despotisme, et veut inspirer au R. les mêmes principes.

Le D. Otton perd 1070 la Bavière (qu'obtient Guelfe IV.), et s'unit avec Magnus fils d'Ordulf. D. de Saxe. ... Ils sont faits prisonniers. ... Henri retient ce dernier même après la mort de son père 1072, bâtit des chateaux sur les frontières de la Saxe, et conclut un traité secret avec Swen R. de Dan. ... Les Saxons et les Thuring. assiègent le R. à Goslar, détruisent beaucoup de châteaux, et libèrent leur Duc. ... Paix de Goslar 1074 "le R. s'engage à raser les autres châteaux" mais le peuple détruit dans le *Hartzbourg* les églises et les tombeaux des Rois! ... Henri vainqueur à Hohenbourg 1075. Les Saxons réduits ont recours à Grégoire VII. ... Ce dernier, quoique maltraité à Rome par le préfet Cencius, et déposé à Worms par les Ev. Allemands, excommunie le R. 1076. ... Les Princes allem. menacent de déposer Henri. Il passe en Italie, s'humilie devant Grégoire à *Canosse* 1077 (Janv. 25-28) et reprend bientôt les armes. ... Ses adversaires en Allem. élisent E. (15 Mars) Rodolfe *de Suabe* qui, vainqueur 1078 à *Melrichstadt*, et 1080 à *Flodenheim* et près de *l'Elster*, périt dans le dernier combat. Le parti d'Henri se fortifie; il assiège Rome 1081, 2, 3, la prend 1084, confirme le P. Clément III. élu à Brixen 1080, et est couronné *Empr.* par ce dernier. ... *Grégoire VII.* assiégé par les Rom. dans le ch. d. St. Ange, délivré par Rob. Guiscard, fuit à Salerne, et † 1085. ... L'Anti-roi Hermann *de Luxembourg*, élu 1081 est sans autorité et résigne 1088. Les Grands Saxons se soumettent successivement, 1088-90.

Conrad fils d'Henri (déjà couronné successeur 1087), se fait proclamer R. d'Italie 1093. Les troupes de son père se rangent en partie sous ses drapeaux; d'autres vont en Palestine. ... Les Pr. allem. se réconcilient entièrement avec l'Emp. et reconnaissent 1097 son fils *Henri* comme successeur.

Vendes septentr.

Les Lutitzes attaquent les Obotrites 1018, chassent leur Pr. *Mistevoj*, et abolissent chez eux le Christme. ...

Ils sont battus 1020 par le D. Bernard et par les Danois. Les Wagriens pénètrent dans le Jutland 1036...

Gottschalk, (petit-fils de Mistevoi) soutenu par les Danois et par Ordulf D. de Saxe, soumet *à sa domination* 1047 (mais sous la suzeraineté de la Saxe) les Obotrites, et *tous les Vendes au nord des riv. Bille, Eldena, et Pène*. Il est assassiné 1056.

Révolte générale et cruautés des Vendes payens contre les Chrétiens, sous la conduite de *Kruko* Pr. Ruge, qui se maintient jusqu. 1105.

ITALIE.

Domaine impérial.

1001. Révolte à Rome. ... Otton meurt du pourpre 1002.

Ardoin Mgf. d'Ivrée 1002 est élu par un grand nombre de Seigneurs; ... Henri II. (I.) le chasse, et est couronné R. à Pavie 1004, et Emp. à Rome 1014. Ardoin se retire dans un couvent. 1015.

Cruautés des Catapans grecs. *Melus et Datus* (derniers Lombards) se soulèvent; vainqueurs à Arenola 1017, avec le secours de quelques pèlerins de la *Normandie*, ils sont ensuite battus à Cannes 1019. Pandolfe P. de Capoue s'unit aux Grecs. L'E. Henri, appellé par Mélus et par le Pape, passe en Italie 1021, et dépose Pandolfe; mais il revient bientôt sur ses pas. ... *Plusieurs corps de Normands abordent successivt., soumettent l'Italie mérid. et y fondent de nouveaux états.*

Conrad II., après qqs. troubles, élu aussi R. d'Italie, et 1027 E., ne peut réduire l'Arch. de Milan.

Les Cts. de Tusculum et d'autres gr. familles dominent à Rome. Le vicieux P. Benoit IX. chassé par Sylvestre, vend sa dignité à Grégoire VI. ... *Henri III.* (II.) les fait déposer tous les trois 1046 dans le concile de Sutri, ... confirme Clément II., (Ev. de Bamb.) et se fait couronner E. par lui.

Malgré leur serment de n'élire aucun P sans le consent. de l'E., les Rom. élisent 1057 Etienne IX. sans participation de l'impératrice.... Nicolas II. se ligue avec les Normands, attribue aux *Cardinaux* l'élection des Papes et restreint le droit de confirmation des Emp.

Grégoire VII., (Hildebrand) confirmé par l'E. Henri IV. (III.) 1073 interdit de nouveau 1074 la *Simonie* et le *mariage des prêtres*, et 1075 *l'investiture* des Evêques etc. de la main d'un Laïque.

Mathilde Mqse. de Toscane donne au St. Siège *tous ses biens* (allodiaux) et le secourt de ses troupes.

Urbain II. renouvelle 1089 l'excommunication contre Henri IV. ... 1095 concile à Plaisance. Sommation à la conquête de la Palestine.

Domaines Grecs et Normands.

1. *Cté. d'Aversa et Princip. de Capoue.*

Le C. *Rainulf* secourt le D. de Naples contre Capoue; il reçoit de lui un petit district, bâtit *Aversa* 1026, et s'en fait investir par l'E. Conrad. ... Le C. *Richard I.* reçoit du P. Nicolas II. 1059 l'investiture de *la pr. de Capoue*, s'en empare 1062, et paye tribut. ... Jalousie entre le Pr. *Jordan I.* (1078-91) et Robert Guiscard. ... *Richard II.* 1091-1100.

2. *La Pouille.*

Guillaume bras de fer est proclamé par les siens D. d'*Apulie* 1043.

Drogon 1046 étend ses conquêtes.

Humfroi 1047-57, en guerre avec le P. Léon IX., le fait prisonnier à Citella 1054. Les Normands demandent la bénédiction du P. et obtiennent *l'investiture de toutes leurs conquêtes précédentes et futures*. ... *Rob. Guiscard* (1057-85) reçoit 1060 le titre de *D. d'Apulie, de Calabre et de Sicile*; prend ces pays comme fiefs de Nicol. II., et promet tribut; avant 1076 il est maître de toute l'Italie mérid., à l'except. de *Naples* qui reste aux Grecs, et de *Bénévent*, (cédé au Pape 1053 par Henri III.) Guerre contre l'E. Nicéphore 1080-85. *Roger* 1085-1101. *Boëmond*; son frère aîné n'a que *Tarente*, et passe en Palestine.

3. *Sicile.*

Le C. *Roger*, (frère de Guiscard) enlève aux Arabes la *Sicile* et *Malte* 1060-90, et prend le titre de *Grand-Comte*.

La ville de *Milan* s'érige en république 1056: *Pise, Gênes, Pavie* etc. suivent cet exemple. La *Corse* soumise au Pape 1045: il la cède en fief aux Pisans 1092. — La *Sardaigne* après 1009 conquise par les Pisans et les Génois; ils y établissent des *Juges*, et s'en disputent la possession; Les Pisans conservent l'île.

ROYe. D'ANGLETERRE.

1001 *Ethelred*, 979-1013 épouse *Emma*, fille de Richard, D. de Normandie ... fait massacrer 1002 presque tous les Danois qui se trouvent en Angleterre.

Suénon I. R. de Danemark, fait plusieurs descentes 1003-12; après de grandes dévastations, on achète sa retraite, en augmentant le Danegeld, (porté enfin à 18000 L.); il
1010 revient avec son fils *Canut* 1013, prend Londres, et soumet toute l'Anglet. à

la domination des Danois.

† 1014 à Gainsborough.

Canut *le grand* (à 20 ans) 1014-35. ... *Ethelred*, soutenu par Olaüs, (Olof le gros), depuis R. de Norvège, tente en vain de chasser les Danois; † 1016. Son vaillant fils Edmond (*Ironside*) vainqueur à Gillingham, est défait à Assington, par la trahison d'Edric: il partage 1016
1020 l'Anglet. avec Canut, et meurt bientôt après.

Canut envoye en Suède, (auprès d'Olaüs son allié), les fils d'Edmond, qui passent de là en Hongrie. Il se reconcilie avec Richard, en épousant *Emma*; il mérite beaucoup des Anglais, quoiqu'il augmente le Danegeld: son pélérinage à Rome 1027, pour expier ses crimes commis dans
1030 la conquête du pays. Malcolm II. qui refuse le Danegeld pour le Cumberland, est battu 1032.

Hardi Canut, fils de Canut et d'Emma, appellé par son père à la succession, n'y parvient qu'en 1039, après la mort de son frère du premier lit Harald *Harefoot*; il augmente encore le Danegeld. † 1041.

Les Anglais, au préjudice d'Edouard, alors en Hongrie, appellent au trône le fils d'*Ethelred* et
1040 d'*Emma*.

Edouard *le Confesseur*; il règne 1041-66. Il épouse *Edgithe*, fille du puissant D. Godwin, et obtient le nom de *confesseur*, par un voeu bizarre de virginité. ... Il favorise trop ses courtisans normands, et introduit dans sa cour l'usage de la langue française.

Harald, fils de Godwin devient C. de Kent, Sussex, Westsex, Essex,
1050 et Ostanglie; il se fait aimer.

Le Pr. *Edouard* appellé par le R. en Anglet. comme successeur, meurt bientôt après, et laisse un fils mineur, *Edgar Etheling*. ... Le R. destine la couronne à son ami *Guillaume D. de Normandie*; on présume qu'il donne aussi des espérances à *Harald*.

Rois Normands.

Guillaume I. *le Conquérant* (à 38
1060 ans) 1066-87.

Harald couronné; il bat à Stamfordbridge son frère *Tosti*, et Harald IV. de Norvège: mais il ne peut empêcher la descente de Guillaume à Pevensey (29 Sept.), et il périt dans la bataille de *Hastings* (14 Oct.) ... Guillaume généralement reconnu comme R., récompense ses Normands, avec les biens de ceux qui ont combattu contre lui; il di-
1070 vise 1070 toute l'Angleterre en fiefs chargés de redevances onéreuses de toute espèce, et veut introduire par force la langue française. Rigueur excessive de ses loix forestières, du couvre-feu et autres: (Malgré ses fréquents séjours en Normandie), il résiste aux révoltes de ses sujets 1067, 68, 69, 71, 74, aux prétentions de Grégoire VII. 1084, et aux
1080 attaques des Ecossais 1069, 72, 80, et des Danois 1070.

Guillaume II., *le Roux* 1087-1100, couronné en Angleterre par l'appui de *Lanfranc*, Archév. de Cantorb., et suivant les dispositions de son père, au préjudice de son frère aîné; il se montre d'abord sévère, provoque 1088 une révolte de la
1090 noblesse. Il attaque 1090 son frère Robert, et repousse 1095 les Gallois dans leurs montagnes. Robert lui engage la Normandie; Guillaume se procure de l'argent par de nouvelles impositions; le Clergé, avec lequel il est déja en différents sur les investations, doit aussi y contribuer.

Henri I. 1100-35, donne la *grande Charte*, pour s'assurer l'Anglet.
1100 contre son frère Robert, alors absent.

ROYe. D'ECOSSE.

Malcolm II. 1004-34.

Duncan et Caynyn, 1034-40.

"Macbeth 1040-57. d'abord Thane d'Angus: assassine le R. Duncan à Inverness 1040; est proclamé R. par ses partisans. Le Prince *Malcolm* (*III.*) fils de Duncan, se rend dans le Cumberland. Après quelque temps, Macbeth assassine le principal moteur de son élévation, Bancho, Thane de Lochaber.... Bacduf, Thane de Tife, ramène Malcolm en Ecosse: Edouard R. d'Anglet. le soutient aussi. Macbeth est défait dans la haute Ecosse 1057."

Malcolm III. 1057-95; se déclare pour *Edgar Etheling* contre Guillaume I.; prend Durham 1069, et est repoussé; après une nouvelle guerre, il est contraint 1072 de prêter serment de vassalage pour quelques provinces; il recouvre cependant encore quelques unes 1091, mais il perd le Cumberland, où Guillaume I. construit le château de Carlisle.

Duncan II., 1097-99, fils de Malcolm, lui succède après quelques troubles.

Edgar 1099-1103.

IRLANDE, MAN.

La domination des Danois à Dublin, Waterford et Limmerik, et les guerres des autres Rois, soit contre ces étrangers, soit entre eux, continuent, et l'*Irlande* tombe toujours plus dans la barbarie.

Vers le milieu de ce siècle, les gouverneurs des Hébrides et des îles voisines secouent le joug de la Norvège, et fondent

le Re. de MAN.

Le Roi Fingal monte 1066 sur le trône. Mais Godred Corvan, qui avait accompagné Harald IV. en Anglet., débarque au port de Ramsey, subjugue *Man* etc. *Dublin* et une partie de l'Ecosse. † 1082 env.

Son fils Lagmann perd Dublin, devient 1093 tributaire de la Norvège, passe 1095 à Jérusalem. *Godred* devait lui succéder; mais *Magnus*, *Barvod* soumet de nouveau les îles, et y établit son fils Sigurd 1099.

ROYe. DE DANEMARC.

Suénon I. Tiuguskiæg, 985-1014.

Les Jarles Eric et Suénon, fils de Hakon, reçoivent 1000 la Norvège, en partie comme état indépendant, en partie comme fief du Danemark et de la Suède.

Roskild devient florissant.

Suénon soumet l'Angleterre 1013, et l'assigne à son plus jeune fils Canut.

Harald III. 1014-16.

Canut *le Grand* (à 22 ans) 1016-35; obtient aussi le Danemark, après la mort de son frère ... il amène de l'Angleterre des moines qui passent aussi en Suède, en Islande etc.; il fonde dans les provinces de Schonen, Séeland et Fyonie de nouveaux évêchés, qu'il soumet à l'archév. de Hambourg. Cour splendide et garde d'élite; c'est l'origine de la noblesse héréditaire; il introduit le *Witterlag* (loi criminelle), et fait le premier frapper des monnaies danoises; il prétend hommage d'Olof R. de Norvège 1028.

Hardi Canut 1036-41; veut réconquérir la Norvège; Traité de succession entre lui et Magnus, ménagé par leurs sujets réspectifs. ... Canut passe 1039 en Angleterre et meurt 1041 sans héritiers.

Les *Askemands*, pirates norvègiens et Danois, (probablement de l'île d'Aske) pillent les rives du Weser, etc. *Magnus I. le bon*, est aussi reconnu R. par les Danois 1042; il nomme *Suenon Estritson* Jarle de tout le Danemark. Ce dernier prend 1044 le titre de Roi, et s'unit aux Suédois. Magnus le bat plusieurs fois, et défait 1045, avec le secours des Saxons, les Wendes qui avaient pénétré dans le Jutland, Jomsberg révolté est détruit.

Suénon III. *Estritson* 1047-76; excommunié par Adalbert, Archv. de Brème, et par le Pape, à cause de son mariage avec Guda, sa parente, Prsse. suédoise, est obligé de s'en séparer 1051, et entretient des concubines. Avec l'appui de Bernard D. de Saxe, il assure à son gendre *Gottschalk* le royes des *Wendes* ou *Slavons*; il fonde 1065 les évêch. de Lund, Dalby, Wiborg et Rörglum; s'humilie devant l'Ev. de Roskild, qui l'avait excommunié, à cause d'une cruauté (commise dans une église); vaine tentative pour conquérir l'Anglet. 1070. Il reste toujours étroitement uni aux Emps. Henri III. et IV.

Harald IV. *Hayn*, 1076-80 ... abolit les *duels juridiques*, et gagne l'affection de Grég. VII., en favorisant le Clergé.

Canut II., *le saint* 1080-86 ... réprime les pirateries etc. par de sévères loix; s'efforce d'abolir la servitude personelle, affranchit le Clergé de la jurisd. civile, et fait les Evs. ses premiers conseillers. Il veut, avec Olaüs de Norvège envahir l'Anglet.; troubles sur la flotte; il en punit tous les moteurs, soulève par là les Jutlandais, qui le poursuivent en Fyonie et le tuent.

Olaüs III. *Hunger*, 1086-95 ... disette pendant sept ans en Danemark.

Erik I. *Eyegód*, 1095-1103 ... cède au peuple une grande part au gouvernement; réprime avec rigueur les pirateries de ses sujets, et des *Wendes*, et obtient du Pape 1097 la canonisation de son frère *Canut II.*

ROYe. DE NORVEGE.

Olaüs (*le gros ou le saint*) petit-fils d'Harald Harfager, exerce partout ses pirateries; enfermé dans le lac Mälar, par le R. Olaüs Skautkonung, en 1012, il échappe, passe en Anglet. secourt le R. Ethelred et ses fils contre Canut le grand; après la mort d'*Eric* 1017, il revient en Norvège; chasse Suénon 1018, s'empare des provinces suéd. et dan., et est aussi reconnu *Roi* dans le reste de la Norvège; il fixe sa résidence à *Drontheim* 1019; introduit par la violence le Christme; rend tributaires le Grönland 1025, les îles Faröe 1026, l'Islande 1029, et devient odieux à ses sujets.

Ce dernier, uni au R. de Suède 1029, ravage le Schonen et le Séeland, obtient quelques avantages sur Canut, près de la riv. Nissa, est cependant contraint de fuir en Russie 1031, revient par la Suède 1033, et est tué par les habitants de Drontheim à Stiklestad. Canut proclamé R. à Drontheim et Sarpsbourg; il cède la Norvège à son fils naturel *Suénon II.*, qui se rend bientôt odieux.

Olaus assassiné est reconnu comme saint par les Norvègiens; ils appellent de Russie au trône, son fils Magnus I. *le bon*, (à 10 ans); 1036-47. Ce Pr. diminue les impôts, et donne de nouvelles loix.

Harald IV. *Hardraade* (à 31 ans) 1047-66.

vent chasser *Suénon III.*, ravage les côtes du Dan., bâtit *Opslo*, pour se rapprocher des frontières, et après des succès balancés, il est obligé de faire la paix 1064; voulant conquérir l'Anglet. 1066, il s'unit à Tosti, frère du C. anglais Harald, et emporte avec soi les cheveux et les ongles de St. Olaüs; mais il périt dans la bataille de Stamfordbridge.

Magnus II. et son frère Olaüs III. *Kyrre*, 1066. Le premier meurt 1068. Olaüs s'efforce à maintenir la paix, favorise le commerce; bâtit 1070 *Bergen*, *Stavanger* etc., cède aux anglais un quartier particulier à Bergen; prépare l'abolition de la servitude; augmente la considération du Clergé, et introduit à la cour et dans les villes la civilisation et même la magnificence. †. e. 1087.

Magnus III. *Barvod*, (fils d'Olaüs III.), 1087-1103, ne reçoit d'abord que la partie mérid. du Roye.; Hako II. (fils de Magnus II.), élu à Drontheim, meurt bientôt après. *Magnus* soumet de nouveau les Orcades 1092, le Roye. de *Man*, et Cantyre en Ecosse.

Magnus soutient une longue guerre contre les Suédois, pour enlever les provinces situées près du lac Waner; il est défait à Foxerne 1098.

Les différents sont terminés 1099 (1100), par la médiation d'Eric I. de Danemark, dans une conférence entre les trois rois à Konghall.

ROYe. DE SUEDE.

Olaüs Skautkonung 995-1026. Il se fait baptiser 1001, et introduit de nouveau le Christme., depuis longtemps entièrement aboli en Suède; cependant les sacrifices payens se maintiennent à Upsal.

Il change son titre de R. d'Upsal en celui de R. de *Suède*.

1020 et suiv. il tente inutilement de recouvrer les provinces norvég. perdues; ses sujets l'obligent à faire la paix avec Olaüs le gros.

Amund Jacob, son plus jeune fils, est associé à la régence par le peuple, déja en 1024. Ce dernier favorite aussi l'établissement du Christianisme,

mais il s'oppose aux prétentions d'Adalbert de Brême.

Dynastie de Stenkil.

Stenkil 1060-66 gendre du dernier R. ... montre encore beaucoup de condescendance pour le paganisme.

Il a d'abord pour successeur Hakon *le roux*, 1066, puis son propre fils Inge I. *le bon* qui, par zèle pour le Christme. fait bruler le temple d'Upsal.

Les payens le contraignent de fuir dans la Gothie occident.; et élisent pour Roi son beau-frère Blot-Suénon.

Après trois ans, Inge recouvre sa couronne, mais il est obligé de céder quelques provinces à son frère Halstan.

POLOGNE.

Boleslas I. Chrobri, 992-1025.
guerres presque continuelles avec l'Emp. Henri II., 1002-13; il soumet 1002 Budissin, Strehla, Meissen, etc. 1004 la Bohème et la Moravie; doit céder 1005 la Lusace et la Bohème; renouvelle la guerre 1006; pénètre jusqu'à Zerbst; se soumet 1013 à l'Emp. à Magdebourg, et obtient la Lusace. Une nouvelle guerre 1015-18 lui procure une paix avantageuse. ... Campagnes contre les Russes; il se soustrait 1025 à la supprematie des Allemands, et prend le titre de *Roi*.

Micislas II. (*Mjesko*) 1025-34. Guerre contre son frère Otton, soutenu par l'Emp. Conrad II., qui lui donne la Pologne, en fief, et le titre de *Duc* 1030. ... Les habitants de la Bohème recouvrent la Moravie. ... Après la mort d'Otton 1032, Micislas se soumet à l'Emp., cède la Lusace; fonde les évêchés de Masovie ou Plotzk, et de Cujavie ou Kruswik. ... Son fils *Casimir* passe en Allemagne, avec sa mère Richenza, fille d'un Palatin du Rhin, et se fait moine à Clugni, puis à Braunweiler.

Anarchie 1034-42. Le paganisme se relève. *Brzetislas*, D. de Bohème detruit 1038 Guesna etc., et soumet la Silésie. Les Masoviens élisent Maslav pour Duc; d'autres appellent *Casimir* du cloître. L'Emp. Henri III. appuye ce dernier contre Brzetislas, qui cède la Pologne 1042, mais garde la Silésie.

Casimir I. (28 ans) 1042-58, épouse Marie, soeur du Gr. Duc Jaroslav; chasse, avec l'aide des Russes, le Duc de Masovie Maslav; envoie des secours à Henri III. 1051 contre les Hongrais; recouvre la Silésie, mais en payant un tribut à la Bohème ... il rétablit le Christme. et l'ordre en Pologne.

Boleslav II. *le hardi*, 1058-79, assiège Grodek en *Prusse*; est battu et perd ses possessions en Pomméranie; il défend le D. Hongrais Béla contre son frère André, et contre l'E. Henri III., et lui fait avoir la couronne 1060; il secourt 1067 le Gr. Duc Isiaslav, expulsé de ses états.

1070. Guerre avec Wratislav II. de Bohème, Henri IV. cite les deux Ducs à Meissen; mais *Boleslas* se fait couronner R. 1075, et continue la guerre. Il assassine 1078 de sa main devant l'autel *St. Stanislas* Ev. de Cracovie, qui lui reproche ses crimes; excommunié par Grégoire VII., il est réduit à fuir devant ses sujets. On ignore sa destinée ultérieure.

Wladislas I. *Hermann* (36 ans) 1079-1102.
Henri IV. donne au D. de Bohème Wratislas II. le titre personnel de Roi, et aussi celui de R. de *Pologne* 1086. Wladislas épouse la soeur de l'Empereur 1087, et le désarme, mais il doit payer un tribut à la Bohème.
1094. Brzetislas II. D. de Bohème arrache, en ravageant la Silésie, le tribut refusé. Beaucoup de riches Juifs, que ce D. veut forcer d'embrasser le Christme. sont reçus en Pologne. ... *Wladislas* partage d'avance le Re. entre ses fils 1097.

1000-1100 IIde feuille. **TAB. XVI.** Europe orient. depuis l'an 1000-1100 après Jés. Chr.

Re. de Hongrie.

1001 *Étienne le saint*, 997-1038, vainqueur 1002 de la maison *Moglur*, qui régnait sur la Hongrie noire, réunit ce pays à la couronne ... abolit la distinction des tribus, divise le pays en Comtés, nomme un Comte palatin, des conseillers d'état etc.

1010 Il fonde l'archevé. de Gran, les évêch. de Vesprim, Cinq-églises etc. divers couvents: relève plusieurs villes anciennes, et dresse 1016, avec le consentement des états, un code de loix écrites.

1020 Étienne attaque la Bavière 1020. L'Emp. Conrad de son côté pénètre en Hongrie 1030, mais il est obligé de faire la paix.

Après la mort de son fils unique *St. Emeric*, Étienne nomme 1031 pour successeur Pierre, fils de sa troisième soeur, et du D. de Venise Dan-
1030 dolo. *André* et *Béla*, fils de son oncle, fuient en Pologne et en Russie.

Pierre 1038-41. 44 maltraite la reine douairière. Sa partialité pour les courtisans vénitiens et ses exactions le rendent odieux. Les Hongrais élisent pour Roi

1040 Samuel Aba (Ovo Samuel) 1041. Pierre fuit auprès de Henri III.: rétabli par lui 1044, il déclare la Hongrie fief de l'empire germ. 1045.

André I. 1046-60, rappellé de Russie par les états; on crève les yeux à *Pierre*; il meurt. André obligé d'abord à mé-
1050 nager le paganisme, le réprime ensuite presqu'entièrement.

La Hongrie en guerre 1050-52, 54 avec Henri III. Après sa mort, *André* se rend indépendant.

Il attaque 1056 les *Grecs* et les *Serviens*. En associant au trône son
1060 fils *Salomon* 1058, il irrite son frère *Béla*, et périt dans un combat.

Béla 1060-63, fait beaucoup d'établissements utiles; cependant les partisans du paganisme se soulèvent.

Salomon 1063-86, parvient au trône par le crédit de son beau-frère
1070 l'Emp. Henri IV. mais il doit céder 1064 le tiers du roye. aux fils de Béla; il est battu 1074 par l'aîné Geysa. Ce dernier est couronné 1075 et meurt 1077.

Wladislas I. *le saint* 1077-95, frère de Geysa, reçoit le roye. en fief
1080 de Grégoire VII. *Salomon*, renonçant à la couronne 1080, fait après de nouveaux troubles chez les Cumanes; il est tué 1087 ... Wladislas prend *Sirmium* 1079, la plus grande partie de la *Croatie* 1088, repousse une invasion des *Cumanes* 1091, et transplante les prisonniers près de
1090 la Theiss; il se distingue encore en affermissant le Christme. et en faisant de bons établissements.

Colomann 1095-1114. Il refuse 1096 le passage aux premières troupes indisciplinées des croisés, et est obligé d'armer pour s'opposer à leurs pillages. ... Il é-
1100 tend les possessions hongroises en *Croatie* 1098.

Grand-Duché de Russie.

Wladimir I. 980-1015. Gr. Duc à Kiow.

Les principautés de Polozk, Pskow, Smolensko, Turow, Wlodimir (Lodomirie), Czernigow, Rostow, Murom, Tmutarakan etc. sont longtemps séparées, et leur dépendance du Gr. Duché est rarement respectée; ce qui est une source de guerres continuelles.

Swiatopolk I. 1015-19, assassine trois de ses frères, et usurpe leurs pays; battu par Jaroslav, Pr. de Novogorod 1016, il fuit auprès de son beau-frère, Boleslas de Pologne; rétabli par lui 1018 à Kiow, il l'entraîne dans une guerre; il est obligé de fuir de nouveau en Pologne 1019, où il meurt.

Jaroslav I. 1019-54. Mstislav devient Pr. de Tmutarakan e. 1021, tue en duel le Pr. des *Kasoghes* (Cosaches), et reste souverain du pays. Il marche contre Jaroslav 1024, prend Czernigow, et par la paix de Gorodek 1026, reçoit tout le pays à l'est du Dniéper.

Jaroslav dompte les Tchoudes 1031, bâtit Yurjew (Dorpat) ... gouverne seul 1036 après la mort de Mstislav, défait les Petschénègues, bâtit plusieurs villes, propage le Christme. et la vie monacale, et traduit les livres liturgiques grecs. ... Il bat 1038 les *Jatwinges* révoltés, 1040 les *Lugiens* et les *Jame*, ... guerre avec les *Lithuaniens* et les *Masoviens*. 1043, expédition inutile contre Constantinople. Il aide 1047 Casimir à rebâtir les Masoviens. Il marie ses filles aux Rs. de Suède, de France et de Hongrie.

1054 il partage la Russie entre ses cinq fils qui résident à Kiow, Czernigow, Péréjaslav, Wlodimir et Smolensko.

Isiaslav I. (c. 56 ans) 1055-78. 1061, les Polowziens pénètrent pour la première fois en Russie, et sont vainqueurs à Olt 1067. Les Kioviens se révoltent, et choisissent pour souverain Wseslav, Pr. de Polozk. Isiaslav fuit en Pologne, et reçoit des secours de Boleslas II. ... Swiatoslav Pr. de Czernigow bat les Polowziens près de Snow.

Swiatoslav I. réunit son frère Iziaslav à fuir de nouveau en Pologne 1073. ... Ambassade de Henri IV. (qui médiait alors une guerre contre Boleslav II.) 1075. Après la mort de Swiatoslav 1076, *Isiaslav* remonte sur le trône, à l'aide des Polonais, et périt 1078 dans une bataille contre *Oleg*, Pr. de Tmutarakan, et contre les Polowziens.

Wsevolod I. 1078-93, défait 1080 les "*Torkes*," qui font une irruption depuis Péréjaslavl.

1086. La princesse Anne fonde à Kiow une école de couvent pour les filles.

1088. *Les Bulgares de la Kama* s'emparent pour peu de temps de Mourom.

Swiatopolk II. 1093-1114, est battu à Trépol, avec d'autres Princes Russes, par les Polowziens; il épouse 1094 la fille de leur Khan Tugor. ... Les Polowziens aident 1094 Oleg, Pr. de Tmutarakan, à s'emparer de Czernigow, Rézan, Mourom etc. ... 1096 ils assiègent Kiow. ... En 1070 et s. *Nestor* écrit ses annales. ... Convention des princes Russes à Lubics 1097, pour leurs possessions suivie de dissentions et de cruautés. ... 1100 nouveau partage des provinces.

Petschénègues, Uzes.

1015-36. Irruptions répétées de quelques hordes de *Petschénègues* dans les prov. grecques, et guerres fréquentes contre les Russes; ils sont chassés 1038 par les *Uzes*. ... Deux tribus de Petschénègues, sous leur Chef *Kegenes*, se soulèvent contre le Khan *Tyrach*, passent le Danube, et sont accueillis par les Grecs. Tyrach les poursuit avec les autres tribus (v. Emp. orient.) Pour revenir de cette expédition quelques-uns sont assujettis, (sous le nom de *Bissènes*) aux *Hongrais*, qui leur cèdent 1070 des établissements en Transylvanie. Dans la plus grande partie de leur ancien territoire, ils sont obligés 1054 et s. de se soumettre aux Uzes.

Uzes ou Comanes (Cumanes). Dès 1061 ces derniers, sous le nom de *Polowziens*, deviennent redoutables aux Russes: 1065 ils éprouvent une perte considérable; ils passent 1078 le Danube avec les Petschénègues, (et peut-être les *Valaques*, qui paraissent de temps en temps en Thessalie), obtiennent là quelques établissements, et s'unissent aux Grecs contre les Petschénègues transplantés en Bulgarie etc. ... Ils échouent dans leurs entreprises contre la Hongrie 1070, 84 et 91.

Croatie.

Cresimir R. de la Croatie intérieure, tente 1009 d'expulser les Vénitiens des villes maritimes de la Dalmatie: leur ... 1018 par le Doge Othon Urséolus, il s'unit plus étroitement aux Grecs. La contrée de *Sirmium* se soumet à ces derniers.

Étienne R. c. 1042, entretient aussi des relations avec la cour de Constpl. dont il dépend en quelque manière.

Crezimir Pierre 1052-61. Il fonde ... dans sa résidence de *Belgrade* (sur mer) et à Knin.

Slavizo 1073-75. Les Normands s'établissent à Lissa, et sont chassés par les Vénitiens.

Demetrius Zwonimir se fait couronner 1076 R. de Croatie et de Dalmatie, par les Légats de Grég. VII. L'Emp. Alexis rend 1085 aux Vénitiens leurs possessions en Dalmatie. Anarchie après la mort de Zwonimir. Les Hongrais 1091-98 envahissent le royaume à l'exception des villes maritimes et des montagnes.

Servie.

La Servie passe aussi 1018 sous la domination des Grecs.

1033-36. Tentatives inutiles pour se soustraire à cette domination.

1039. Étienne Boïslav se rend indépendant dans la partie occident. du pays.

Dabroslav défait 1043 les Zupans de *Rascie*, de Bosnie et de Zachlumie, ... des Grecs.

1067 la Dalmatie se met sous la protection des Grecs.

Bodin 1085-95, maître de la Rascie, de la Bosnie et du pays ... à Durazzo, est très pressé par les Grecs.

Bolcan 1090-1105 est obligé de reconnaître à quelques égards la souveraineté des Grecs; il réside cependant 1096 à Scutari, avec le titre de R. des Slaves.

Re. des Bulgares.

Samuel 976-1014.

Empire d'Orient ou Empire des Grecs.

Basile II. 976-1025, et *Constantin IX.* 976-1028.

Basile s'empare 1001 de la Thessalie Bulgare, 1002 de Widdin: vainqueur à Scopi, il échoue devant Pernicum. Victoire décisive 1014; *il fait crever les yeux* à 15000 prisonniers, et les renvoie, conduits par un borgne, au R. Samuel, qui, (déjà affaibli), s'évanouit à ce spectacle, et meurt peu de jours après.

Gabriel, fils de Samuel, est assassiné 1015 par Wladislav, qui est à son tour défait 1016 par Basile: Tous les Boyares se soumettent 1018, et la Bulgarie devient une province de l'empire grec.

1025. Basile envoie une armée contre la Sicile, mais il meurt en poursuivant ses armements. *Constantin IX.*, après la mort de son frère, néglige les soins de l'état; † 1028. Ses filles *Zoé* et *Théodora*, conservent l'autorité sous les règnes suivants, jusqu'en 1056

Romain III. *Argyre* (1028-34) avait été contraint par Constantin IX., déjà 1027, de répudier sa femme et d'épouser Zoé (âgée de 44 ans); ... expédition infructueuse contre les Sarazins de Béroea (Halep); sa femme le fait assassiner 1034, et épouse

Michel IV., *le Paphlagonien*, cambiste, de basse extraction, mais bel homme: immédiatement, après son élévation il tombe dans une noire mélancolie, et nomme César son neveu *Michel V.* Calaphate, (fils d'un calfateur de vaisseaux). ... Les *Petschenègues* dévastent 1036 les provinces europ. ... *Maniacès* soumet 1038 presque toute la *Sicile*: il est rappellé 1040, et l'île est perdue.

Michel V. *Calaphate* 1041 confine Zoé dans un cloître. Le peuple se soulève. Zoé et Théodora proclamées Impératrices; Michel aveuglé. Zoé épouse

Constantin X. *Monomaque* 1042-52. Révolte de Maniacès 1042, de Léon Tornicius 1047; ils sont défaits. ... *Togrul Beg* (Tangolipix) prend Erzérum, et somme même l'Emp. de se soumettre. ... 800,000 *Petschénègues* passent le Danube gelé 1048-49; leurs dissensions et des épidémies les détruisent presqu'entièrement. Trève de 30 ans conclue 1053, avec ceux qui échappent, et qui s'établissent dans la Servie.

1053. L'orgueilleux Patriarche *Cérularius* reproche à l'église latine toutes sortes d'hérésie, et achève ainsi le schisme complet des deux églises.

Théodora gouverne 1054-55 avec beaucoup de gloire, et nomme pour successeur

Michel VI. *Stratioticus*: mais les meilleurs généraux conspirent 1057, et déposent ce prince.

Maison des Comnènes et des Ducas.

Isaac Comnène 1057-59, trouve le trésor épuisé, établit des impôts, même sur les couvents, dépose Cérularius qui ose le menacer 1059, abdique la couronne, et nomme (au préjudice de sa famille) pour successeur

Constantin XI. *Ducas* 1059-67. ... Les Seldschouks envahissent l'Ibérie et la Mésopotamie. .. Les *Uzes* pénètrent 1065 dans la Thrace, la Macédoine et la Grèce.

Michel VII. Andronicus, et Constantin XII., fils du précédent, sous la régence de leur mère *Eudocia* 1067. Elle épouse le général

Romain IV. *Diogène* 1068. ... Les Turcs en Cilicie et en Cappadoce. ... Romain bat à Tarse *Alp Arslan* (Asan); il est pris par ce dernier 1071, puis relâché. Paix. ... Pendant ce temps le *César Jean* fait proclamer

Michel VIII. *Parapinace* 1071; Romain est aveuglé et empoisonné. ... 1074 *Soliman* enlève la Romanie (Rum), et fixe sa résidence à *Nicée*. ... Les Grecs ne conservent dans l'Asie min. que les côtes et quelques places fortes. ... Les Normands s'emparent des prov. italiennes. *Nicéphore Bryennius* se révolte à Durazzo.

Nicéphore III. *Botoniate* proclamé 1078 à Constpl. *Michel VIII.* abdique et devient Ev. d'Ephèse. ... Nouvelle irruption des *Uzes*.

Alexis I. *Comnène* 1081-1118 prend *Constple.*, oblige *Nicéph. Bot.* à se retirer dans un convent; il a quelques avantages contre Soliman. Traité: "les Turcs s'engagent à respecter la Bithynie."

Le D. *Robert Guiscard* exige la réintégration de *Michel VIII.*, son parent, prend le parti d'un imposteur qui se donne pour ce prince, et enlève 1081 *Avlon*, *Durazzo*, etc. Sa mort met fin à la guerre 1085.

Les *Petschénègues* s'emparent de la Thrace 1086-91: mais ils sont presque détruits 1093, à l'aide des Cumanes et des Walaques.

1092. Les Turcs en Bithynie, 1096 démêlés entre l'Emp. et les croisés. Traité: "on doit restituer à l'Emp. les prov. qui avaient appartenu à l'empire grec."

1097. Les Grecs recouvrent Nicée et d'autres places.

Les occidentaux retiennent Antioche etc. Alexis attaque Boëmond 1099: mais la paix est bientôt rétablie.

Les Turcs sont chassés de la Lydie.

1100, 18 Juillet. Son frère *Baudouin I.* lui succède 1100-18. Boëmond obtient la pr. d'*Antioch.* 1098.

En Afrique s'élève la Dynastie des *Almoravides*, (Morabethûn) e. 1050. Jusuf Taschfin bâtit *Maroc* 1070, chasse les Zéirides de l'Afrique occid., et étend son empire jusqu'en Espagne.

Asie et Afrique dans leurs rapports avec l'Europe.

1) *Gaznevides.*

Mahmud, Lieutenant de Gazna, aux frontières du Khorasan et de l'Inde, fonde cette dynastie 997; on croit qu'il prend la premier le titre de *Sultan*. Grandes conquêtes en Perse et dans l'Inde.

2) *Seldschouks, Seljoucides.*

Togrul Beg, fils de *Seldschouk*, du Turkestan, prend sur les Gaznavides 1037-44 le Khorasan etc. s'empare de *Bagdad* et du Califat 1055; enlève aux Grecs plusieurs prov. or.; † 1063. ... Alp Arslan soumet la Géorgie, et bat son cousin *Kutulmisch* (Cutlu-Mose); † 1073. ... Malek Schach, 1072 s. fait occuper l'Asie min. par *Soliman*, fils de Kutulmisch 1074. Soliman pénètre en Bithynie et fonde le Sultanat de *Rum* 1085. Après sa mort ses lieutenants cherchent à se rendre indépendants; son fils *Kilidsch Arslan* (Klitziastlan) ne monte sur le trône qu'en 1095, et † 1106. ... La domination de Malek Schach s'étendait sur la Syrie, l'Egypte, le Turkestan, le Mavarennahar, la Bukharie, etc.

Fakhrok gouverne encore en chef 1092-1104, bat 1095 son oncle Thutusch, révolté en Syrie. Cependant les fils de ce dernier se maintiennent; Dudak à *Damas*, et Rodvan à *Halep*. Il se forme encore d'autres principautés à Antioche, Malatia etc.

Ortok, Turcoman, enlève *Jérusalem* à l'Egypte 1086. Ses fils lui succèdent 1091, et sont chassés par le Calife Fatimite Mostaali, peu avant l'arrivée des croisés (1096 ou 98).

3) *Re. de Jérusalem.*

Depuis l'invasion des Seldschouks, les pélerins occid. sont traités moins favorablement à Jérusalem. L'Emp. Alexis même sollicite des secours. ...

Excités par *Pierre l'Ermite*, et par Urbain II, les français (et beaucoup d'allemands), entreprennent 1095 *la première croisade* contre les infidèles. ... L'avant-garde (100-300 m. h.) sous *Pierre l'Herm.* *Gautier sans avoir*, *Gottschall*, *Emico C. de Leiningen*, et *Volmer*, part 1096, 15 Août s. dévaste tout, et est réduite au nombre de 7000 par les Hongrais, les Serviens, les Petschénègues etc. et surtout par la défaite à *Nicée*. ... *Godefroi de Bouillon*, D. de la basse Lorraine, *Baudoin* son frère, *Hugues* C. de Vermand., *Robert*, D. de Normandie, *Robert* C. de Fland., *Raimond* C. de Toulouse, *Boëmond* Pr. de Tarente etc. conduisent la principale armée (600 m. h.)

1097. Kilidsch Arslan éprouve plusieurs défaites. *Nicée* se rend aux auxiliaires grecs. Affreuse disette, (surtout d'eau), dans la marche en Cilicie. ... Prise de Tarse. ... Baudoin invité à *Edesse*. ... Siège d'*Antioche*: Détresse et découragement de l'armée; On trouve la sainte Lance, et la ville est prise 1098 ...

1099, 15 Juin, *Jerusalem* pris d'assaut, et saccagé.

Godefroi de Bouillon élu *Roi* le 18 Juillet, †

III. DESCENDANTS DE CHARLEMAGNE.

CHARLEMAGNE n. 742, 10 Avril; R. d'Austrasie 736; de Neustrie etc. 771; d'Italie 774; Emp. romain 800. † 814. 20 Janv. ... Ep. 1) une inconnue de Franconie; 2) une fille du R. Lombard Didier; 3) Hildegarde 771-† 783; 4) Fastrade 783-† 793; 5) Luitgarde † 800.

4 *Charles*, † 811, 4 Déc.

3 PEPIN né 776; R. d'Ital. 781; † 810.

1 BERNARD, né 798; R. d'Italie 813; † 817.

3 LOUIS *le débonnaire*, né 778; R. d'Aquit. 781; Corégent de son père 813; Chef de toute la monarchie 814; Couronné Empereur 816 † 840. 20 Juin. ... Ep. 1) Irmengarde, fille d'Ingram, C. de Hasban; 796-818; 2) Judith, fille du D. Guelfe 819. † 843.

3 *Lothaire*, né 778; † 780.

3 Cinq filles.

4 Deux filles.

quatre fils nat. et trois filles nat.

Pepin Comte.

Héribert, C. de Champagne et Vermandois.

1) Odo C. de Laon. 2) Heribert. 3) Hugue, Arch. de Rheims, déposé 930.

1 LOTHAIRE I. né 796; Corégent du père 817; R. d'Italie 820; Emp. 823; reçoit au partage du Verdun 843, la France centr. † 855. Ep. Irmengarde.

1 PEPIN. R. d'Aquit. † 838.

PEPIN R. d'Aquit. 845; Moine 852; † 864, en prison.

1 LOUIS *le Germanique*. (né 806) R. de Bavière 817; de la Francon. orient. etc. ou Allemagne 843. † 876. 28 Aout ... ép. Emma.

2 CHARLES *le Chauve* n. 823. 13 Juin; R. d'Allemannie 829; de France 843; d'Italie et Emp. 876. † 877. ... Ep. 1) Irmentrude 866; † 899; 2) Richilde 870.

Gisèle, ép. le C. Eberhard 867.

LOUIS II. R. d'Italie 844; et Emp. 850. † 875, 13 Aout. Ep. Angilberge.

LOTHAIRE II. R. de Lorraine 856; † 868, 8 At. Ep. 1) Thietberge; 2) Waldrade.

CHARLES, R. de Provence, Lyon etc. 856; † 863.

Irmengarde, ép. Boson R. de la Bourgogne cisjur. † 887.

Hugue (le Batard,) D. d'Alsace 868; aveuglé 885.

Gisèle, ép. Godefroi, Chef des Normands.

Berthe, ép. 1) le C. Théobald; 2) Adalbert, Mqs. de Toscane † 926.

LOUIS *Bosonides*: (n. 880); R. de Bourgogne 887; et d'Italie 898-905. † 923.

HUGUE D. Arles; R. d'Italie, 926; † 947. ... Ep. 1) Alda; 2) Berthe, veuve de Rod. II, R. de Bourgogne.

1 LOTHAIRE, R. d'Italie 946; † 950. E. Adélaïde, fille de Rod. II., R. de Bourgogne.

CARLOMAN, R. de Bavière etc. 876; d'Italie 877. ... † 888. Concub. Ludswinda.

LOUIS *le jeune*. R. de la Francon. orient. etc. 876; hérite de Carloman 880. † 882. ... Ep. Luitgarde fille de Ludolf, D. de Saxe.

CHARLES *le gros*, né 832. R. d'Allemannie 876; d'Ital 880; de toute l'Allem. 882; de France 884; déposé 887. † 888.

ARNOUL D. de Carinthie, 880; R. d'Allemagne 887; E. 896; † 899 29 Nov. 1) Couc. Ellinrath. 2) Ep. Otha.

Louis, † 880.

Bernard, fils nat.

1 ZWENTEBOLD R. de Lorraine 895. † 900, 13 Aout.

Ratold.

2 LOUIS *l'enfant*, né 893. † 911, 20 Juin.

CHARLES, R. d'Aquitaine 866; † 866.

Carloman Abbé † 865.

LOUIS II. *le Bègue* n. 843; R. de France 877 ... † 879, 10 Avril. Ep. 1) Ansgarde; 2) Adélaïde.

Judith, épouse 1) Ethelwolf, R. d'Anglet. 2) Ethelbald; 3) Baudoin I., C. de Flandr.

LOUIS III. n. 860. R. de France 879; † 882.

CARLOMAN, n. 866; R. de France 879; † 884.

les deux sans héritiers.

CHARLES *le simple*, n. 879, 17 Sept. R. de France (893) 897-923. † 929. Ep. 1) Fréderine: 2) Ogive (Edgive) f. du R. d'Angl. Edouard I, 918; † 948.

Gisèle, Ep. de Rollon, D. de Normand.

LOUIS IV. *d'Outremer*, né 920. R. de France 936; † 954, 10 Sept. Ep. Gerberge, fille d'Henri I., R. d'Allemagne.

LOTHAIRE né 941; R. de France 954; † 986, 2 Mars ... Ep. Emma, f. de Lothaire, R. d'Italie.

Mathilde Ep. de Conrad D. de Bourg. († 994).

Charles, né 945 D. de Lorraine, (investi par Otton le gr.) 977. † 991.

LOUIS V. *le fainéant*, né 967. R. de France † 987; sans héritiers.

Arnoul, fils natur. Archv. de Rheims; † 1029.

Otton D. de Lorraine 991; † 1005, 4 Nov.

Louis. *Charles*.

BERENGER I. R. d'Italie. 888; ... † 924.

Gisèle, Ep. d'Adalbert, Mqs. d'Ivrée.

BERENGER II. R. d'Italie, 950-61. † 966, 4 Aout.

ADALBERT, R. d'Italie, comme corég. de son père 950-961.

IV. ROIS ET EMPEREURS SAXONS ET FRANCONIENS.

Ludolf, D. de Saxe; † c. 864.

Bruno, D. de Saxe; † 880. *Otton l'Illustre*, D. de Saxe, 880; † 912. *Hathumoda*, Abbesse de Gandersheim, † 874. *Luitgarde*, ép. du R. Louis le jeune. *Gerberge*, *Christine*, l'une et l'autre Abbesses de Gandersheim.

HENRI I. (l'oiseleur) né 876; D. de Saxe 912; R. d'Allemagne 919. † 936, 2 Juillet. Ep. 1) Hatburge (séparé); 2) Mathilde (Methild) fille du D. Saxon Dieteric.

1 *Thancmar*, (Tammo) † 939.

2 OTTON I. *le Grand*, n. 912; R. d'Allemagne 936; R. d'Italie (951) 961. E. rom. 962. † 973, 7 Mai. Ep. 1) Edgède, (Editha), fille d'Edouard I. R. d'Anglet. † 946. 2) Adélaïde, fille de Rodolf II. R. de Bourgogne, veuve de Lothaire, R. d'Italie, † 999. 3) une concubine.

2 *Gerberge*, ép. 1) Giselbert, D. de Lorr. 2) Louis IV., R. de France.

2 *Henri*, D. de Lorraine 940; de Bavière 945; reçoit aussi Vérone et Aquilée 952; † 955. ... Ep. 1) une fille d'Arnoul de Bav. 2) une concub.

2 *Bruno*, n. 923. Arch. de Colog. D. suprème de Lorr. 954. † 995, 11 Oct.

2 *Hatwigis*, (Hedwige): ép. Hugue le gr. D. d. France, C. de Paris.

1 *Ludolf*, né 930 (931) D. de Suabe, 949-954, † 957. ... Ep. Ida, f. d'Herman I. D. de Suabe. 949. † 980.

1 *Luitgarde*, ép. Conrad, D. de Lorr. fils de Werinhérus, C. de Franconie.

2 OTTON II. né 954; couronné R. d'Allem. 961. Emp. rom. germ. 967; † 983, 8 Déc. ... Ep. Théophanie, f. de l'Emp. gr. Romain II. † 991.

2 *Mathilde*. n. 955. Abbes. de Quedlinb. 966. † 999.

3 *Guillaume*, Arch. de Mayence 954; † 968.

1 *Henri le querelleur*, né 951; D. de Bavière; Mq. de Verone et Aquil. 955-975; dispute à Otton II. le re. d'Allemagne 984; recouvre la Bavière. † 995; ép. Gisèle, fille de Conrad, D. de Bourgogne.

2 *Bruno I.* C. de Hohenworde, près de Brunswik; † 972.

Otton né 954; D. de Suabe 973; de Bav. 976. † 982, 15 Juill.

Otton, D. de Karinthie et C. de Vérone, † 1026.

Sophie, Abbesse de Gandersh. † 1039.

Adélaïde, Abbesse de Quedlinb. 999; de Gandersh. 1039. † 1044.

OTTON III. n. 980. succ. 983; couron. Emp. 996. † 1002, 24 Janv. sans hérit.

Mathilde, ép. Ezo, C. palat. du Rhin. † 1024.

HENRI II., *le saint*, D. de Bav. 995; E. 1002; † 1024, sans hérit. ... Ep. Cunegonde de Luxembourg.

Bruno, Ev. d'Augsbourg. † 1029.

Arnald, Archv. de Ravenne.

Gisèle, ép. Etienne R. de Hongrie.

Bruno II., Sgr. de Brunswik; C. en Saxe; † 1006. ... Ep. 1) Gisèle, f. d'Herman de Werla; 2) Gisèle f. d'Herman II. D. de Suabe.

Henri, D. en Francon. † 989.

Bruno, Mq. de Vérone, ensuite Pape (Grég. V.) † 999, 18 Févr.

Conrad, D. de Carint. † 1012.

Guillaume, Ev. de Strasb. 1028. † 1048.

Conrad le jeune, D. de Francon. et de Carinth. † 1039, 30 Aout.

Bruno, Ev. de Wurtzb. 1034. † 1045.

Empereurs Franconiens:

CONRAD II. *le Salique*, élu pour R. par les Allem. 1024; reconnu aussi en Italie comme R. acquiert 1032 le Roye. de Bourgogne. † 1039, 4 Juin. ... Ep. Gisèle, fille d'Herman II. D. de Suabe, et veuve 1) de Bruno II. C. de Saxe; 2) d'Ernest I. D. de Suabe.

Otton, Palat. du Rhin 1035. D. d. Suabe 1045; † 1048.

Ludolf. Conrad D. d. Bav. 1049; déposé 1053.

Richenza, ép. Mjesko R. d. Polog.

Casimir I. R. de Pol.

Herman, Archv. de Cologne.

N. N. une fille ép. Gebhard. C. en Saxe. † 1075, 9 Juin.

LOTHAIRE, n. 1075. C. de Supplinbourg, D. de Saxe 1106; R. 1125; † 1137, 3 Déc. Ep. Richenza f. d'Henri de North.

Gertrude, † 1134.

Ludolf, C. en Saxe; Sgr. de Brunswik. † 1038, 23 Févr.

Bruno, C. en Saxe. Sgr. de Brunswik. † 1057.

Ecbert I. C. en Saxe, Sgr. de Bruns. Mrgr. de Thuringe et de Misnie 1067. † 1068.

Ecbert II. Mrgr. de Thuringe et de Misnie; C. en Saxe; Sgr. de Brunsw. se révolte contre Henri IV. 1088. † 1090.

Gertrude, héritière de son frère. Ep. 1) Théod. C. de Katlemb. 2) Henri de North. † 1101. 3) Henri, C. d'Eilenbourg, Mrgr. de Misnie; † 1103.

Richenza, † 1141. ... ép. Lothaire C. de Supplinbourg.

Gertrude, ép. Siegfried, Palatin du Rhin.

HENRI III. n. 1017. R. 1039; † 1056. ... Ep. 1) Cunégonde, f. de Canut le gr. R. d. Dan. † 1038. 2) Agnès, f. de Guill. C. de Poitou, D. d'Aquit. 1043. † 1077.

Béatrix, † 1034.

Mathilde, † 1034.

1 *Béatrix*, Abbesse de Quedlinb. † 1038.

2 *Mathilde*, n. 1045; † 1060; ép. Rodolf. C. de Suabe, † 1080.

2 *Judith*, n. 1047; ép. Salomon, R. de Hongr. † 1025. 2) Wladislav, D. de Pol. † 1101.

2 HENRI IV. n. 1050. R. 1056; † 1106. ... Ep. 1) Berthe, f. d'Otton Mq. d'Ital; † 1088. 2) Adélaïde, f. de Wsevolod, Gr. D. de Russie, 1089.

Conrad, né 1052. D. de Bavière. † 1056.

Conrad, né 1074; couronné comme succ. 1087; se révolte 1093; † 1101. ... Ep. Mathilde, f. de Roger I. C. de Sicile.

HENRI V. né 1081. † 1125. Ep. Mathilde, f. de Henri I. R. d'Anglet 1114. † 1107.

Agnès, † 1143; ép. 1) Frederic I. D. de Suabe 1080. 2) Léopold IV. Mgr. d'Autriche.

Berthe.

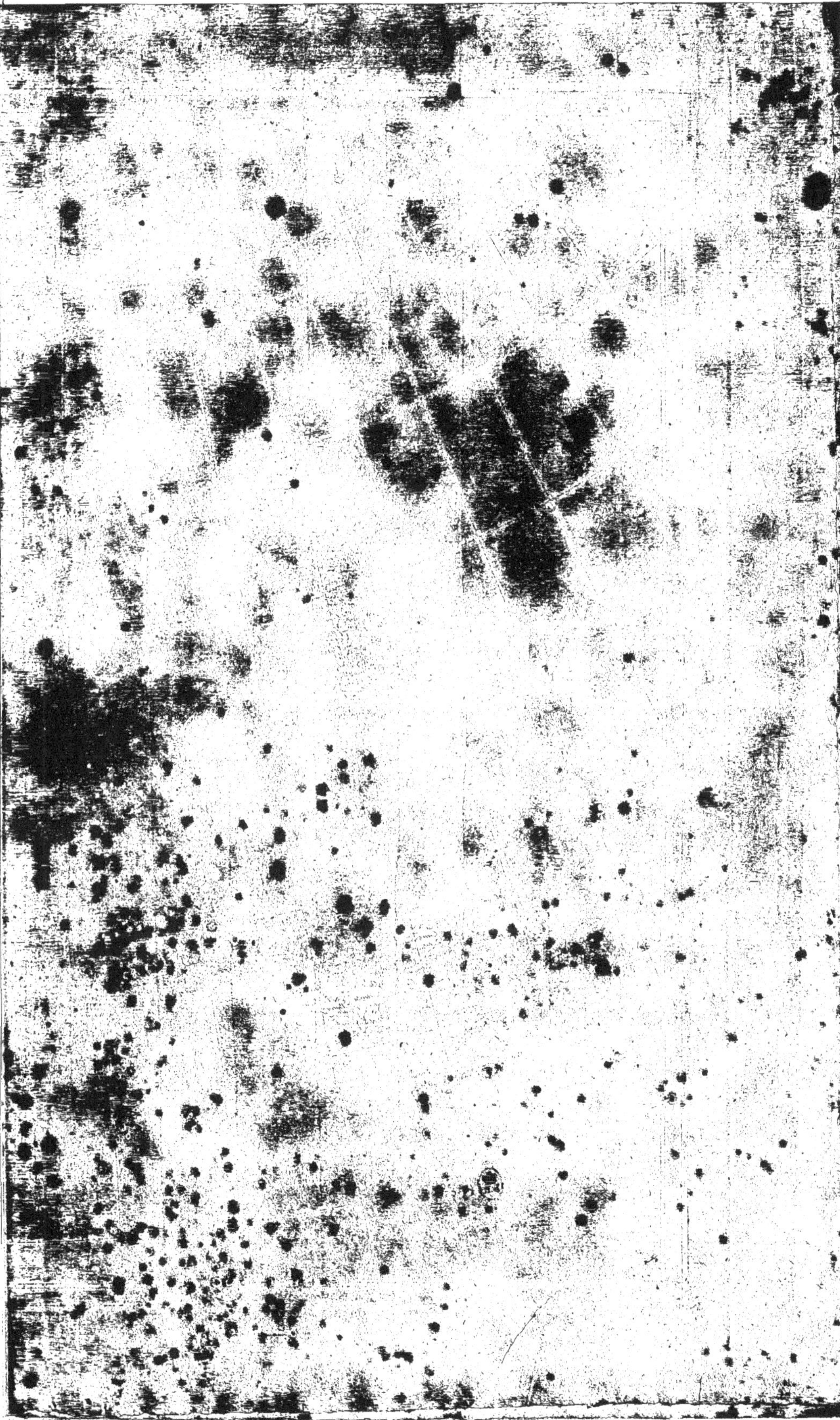

L'Europe à la fin de l'An 400 après la naiss. de J. Chr. tant pour faciliter

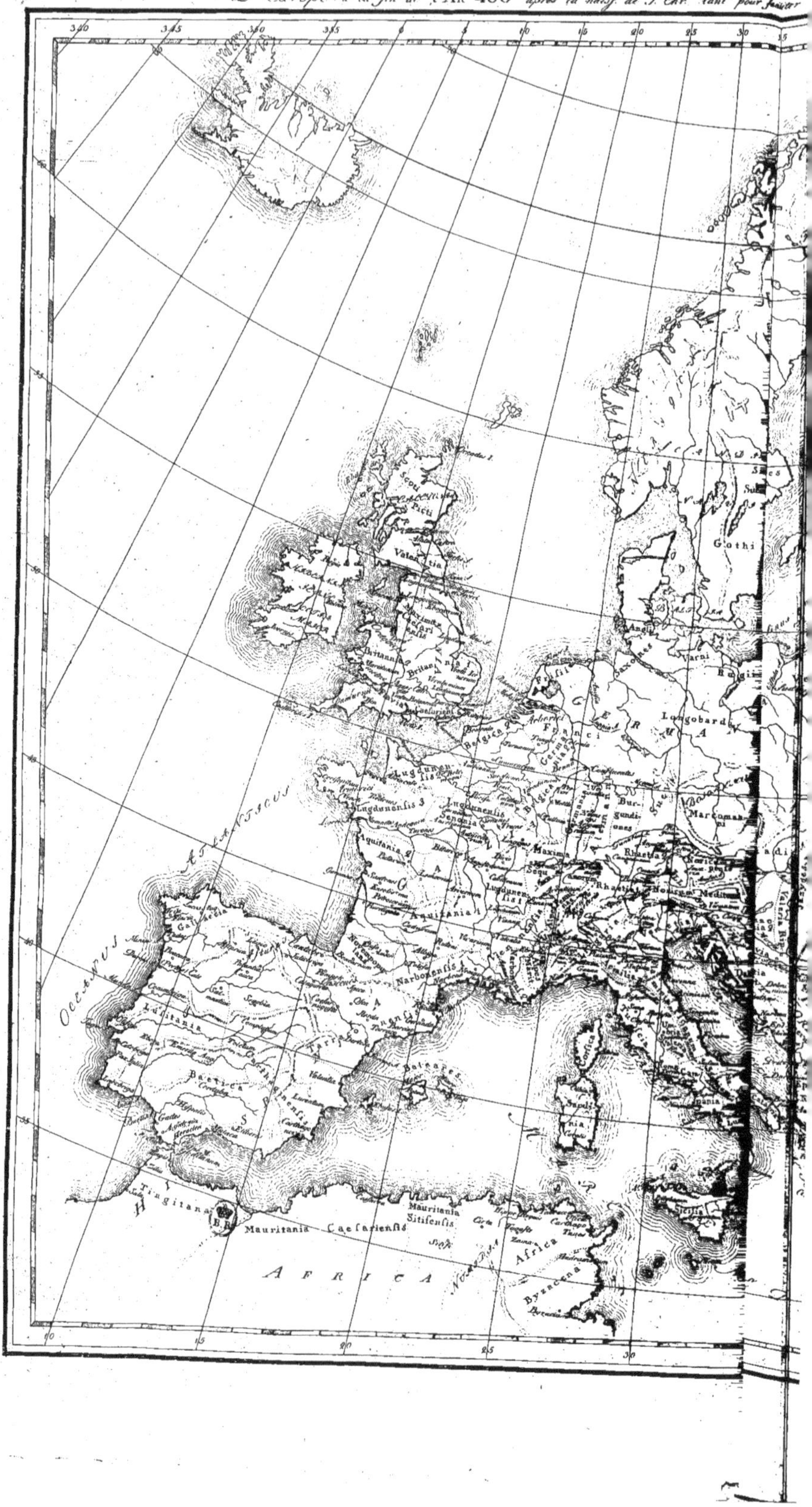

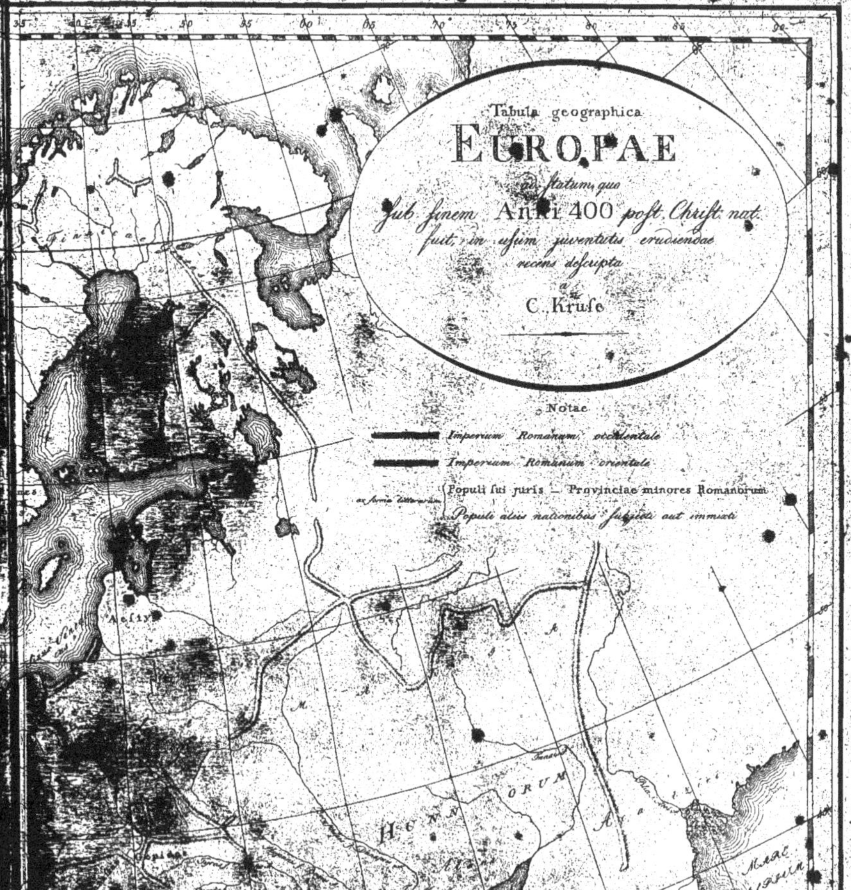

Tabula geographica
EUROPAE
ad statum, quo
sub finem Anni 400 post Christ. nat.
fuit, in usum juventutis erudiendae
recens descripta
a
C. Kruse
Notae
Imperium Romanum occidentale
Imperium Romanum orientale
Populi sui juris — Provinciae minores Romanorum
Populi aliis nationibus subjecti aut immixti
Hunnorum
Pontus Euxinus
Cappadocia
Cilicia
Cyprus
Mesopotamia
Palaestina
Saraceni

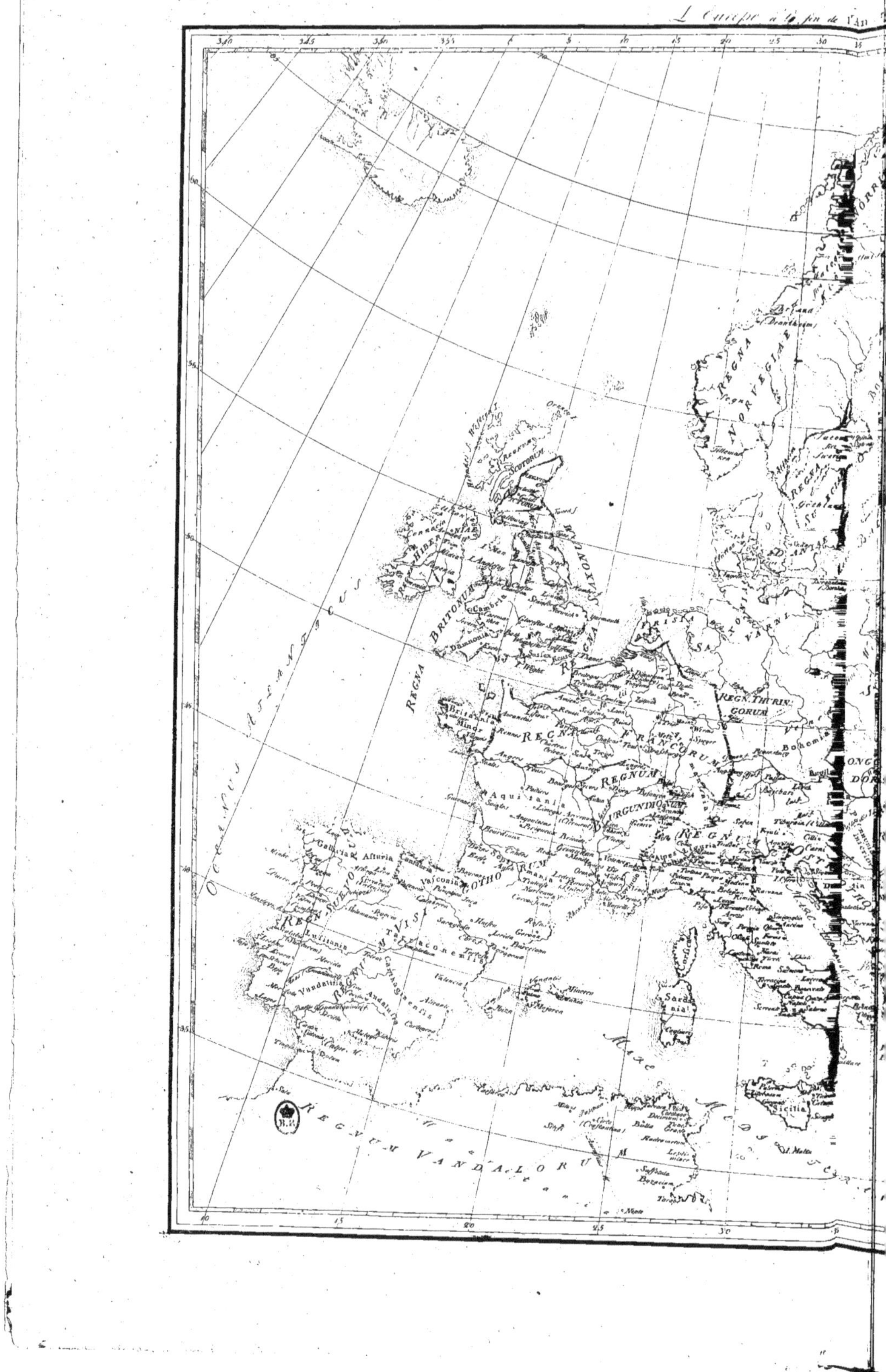

L'Europe à la fin de l'An
OCEANUS ATLANTICUS
REGNA BRITONUM
SCOTORUM
HIBERNIAE
REGNA NORVEGIAE
FRISIA
REGN. THURINGORUM
Bohemia
FRANCORUM REGNUM
Aquitania
Britannia Minor
GOTHORUM
Gallaecia
Asturia
Lusitania
Corsica
Sardinia
Sicilia
REGNUM VANDALORUM

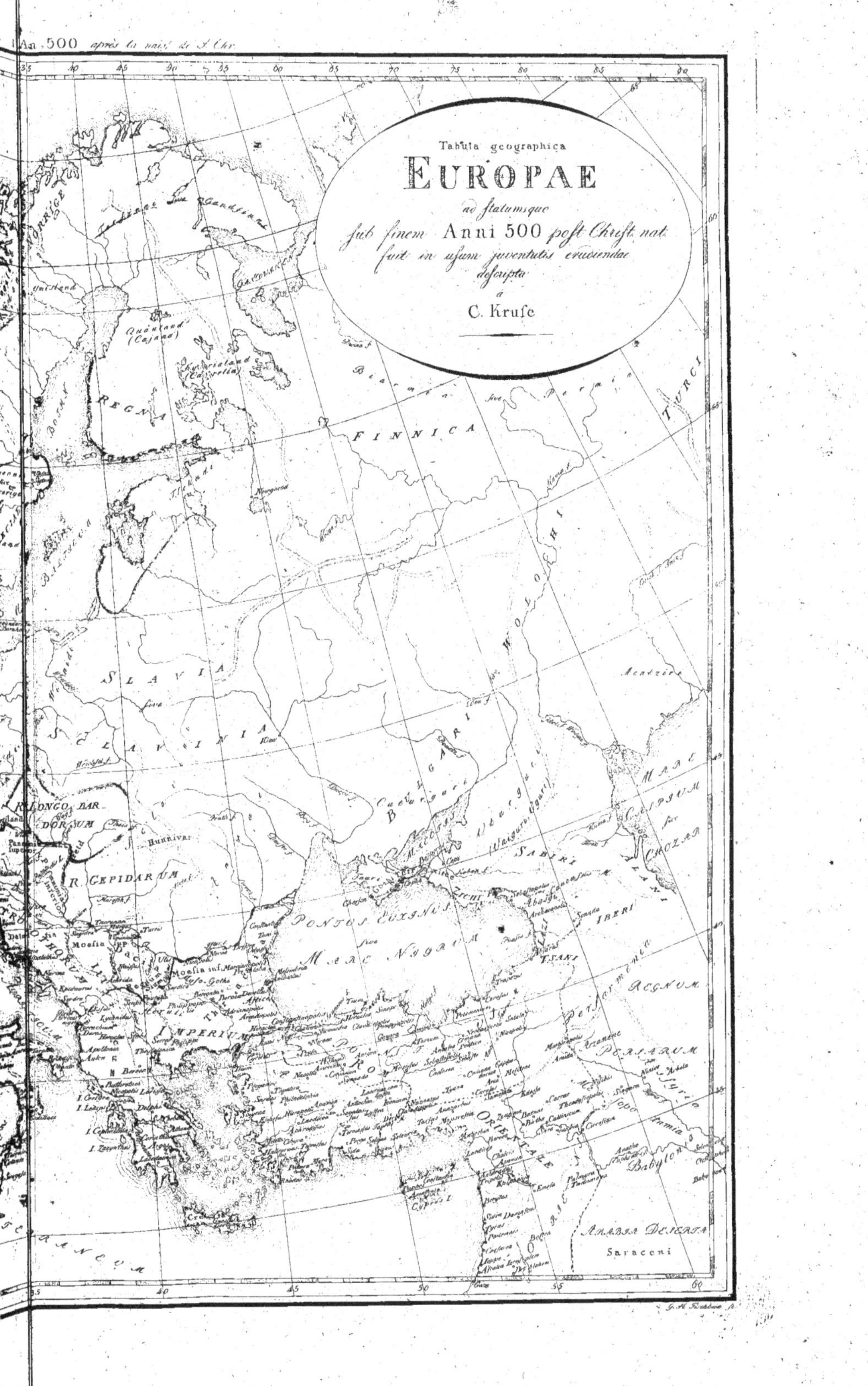
An. 500 après la nais. de J. Chr.
Tabula geographica
EUROPAE
ad statumque
sub finem Anni 500 post Christ. nat.
fuit in usum juventutis erudiendae
descripta
a
C. Kruse
FINNICA
SLAVIA
sive
SCLAVINIA
PONTUS EUXINUS
sive
MARE NIGRUM
IMPERIUM
ORIENTALE
PERSARUM
REGNUM
MARE CASPIUM
SABIRI
IBERI
ALANI
ARABIA DESERTA
Saraceni
R. GEPIDARUM
Babylonia
Mesopotamia
Bulgari
Cyprus I.
Creta
G. H. Tischbein sc.

L'Europe à la fin de l'an

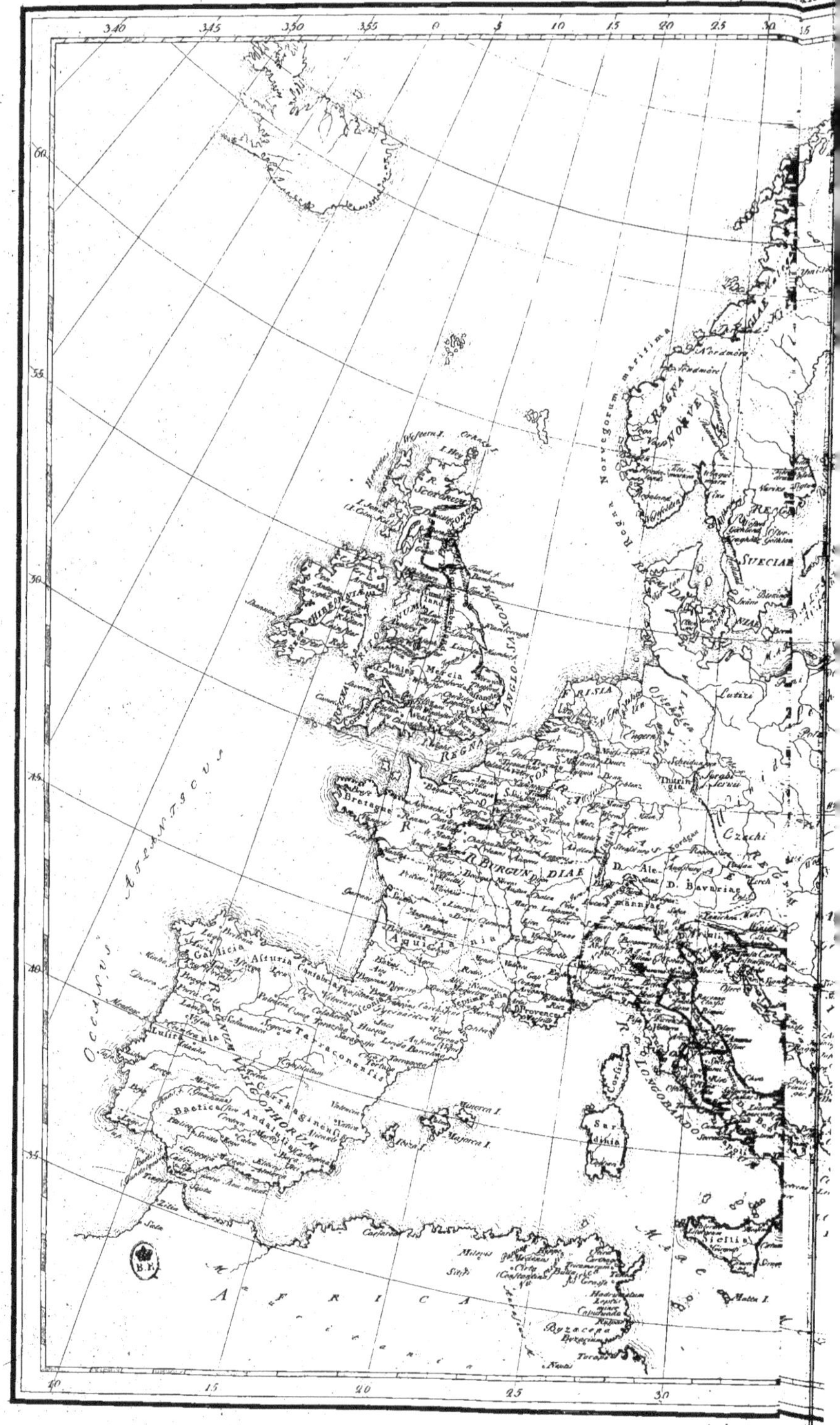

340 345 350 355 0 5 10 15 20 25 30 35

60 55 50 45 40 35

Oceanus Atlanticus

R. Scotiae
Hibernia
Wales
Mercia
Anglo Saxonum Regna
Regna Norvegiae
Norvegorum maritima
Suecia
Frisia
Bretagne
R. Burgundiae
Aquitania
Provence
D. Alemannia
D. Bavariae
Czachi
Thuringi
Galicia
Asturia
Lusitania
Baetica
Regnum Visigothorum
Tarraconensis
Carthaginensis
Corsica
Sardinia
Sicilia
Minorca I.
Majorca I.
Africa
Byzacena
Malta I.
B.F.

10 15 20 25 30

An 600 après la naiss de J. Chr.

Tabula geographica

EUROPAE

ad statum, quo
sub finem Anni 600 post Christ. nat.
fuit in usum

C. K

REGNA FINNICA

SLAVIA

AVARORUM

IMPERIUM

PONTUS EUXINUS sive MARE NIGRUM

MARE CASPIUM sive CHOZAR

OCEANUS OCCIDENTALIS

Saraceni

L'Europe à la fin de l'An 70

M a u r i t a n i a

A F R I C A

B e r b e r s

An 700 après la naiss. de J. Chr.

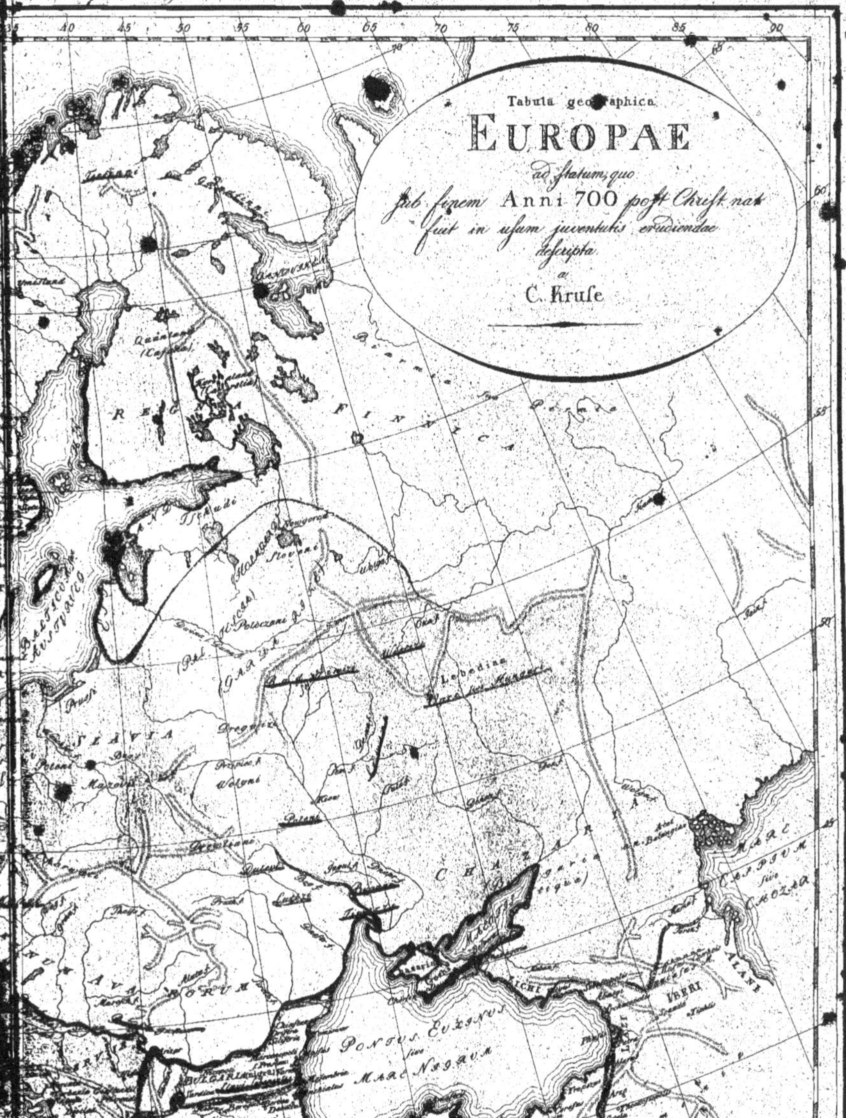
Tabula geographica
EUROPAE
ad statum, quo
sub finem Anni 700 post Christ. nat.
fuit in usum juventutis erudiendae
descripta
a
C. Kruse
PONTUS EUXINUS
sive
MARE NIGRUM
ARABIA
DESERTA
IBERI
Lebedias
MARE
CASPIUM
sive
CHOZAR

L'Europe à la fin de l'An 8
OCEANUS ATLANTICUS
SCOTIAE
Mercia
Flandria
Bretagne
IMPERIUM CAROLI
Bohemia
SUECIAE
R. ASTURIAE sive OVIEDO
Gallicia
Navarra
Gascogne
Provence
Hispania
R. CORDOVA
Minorca
Majorca
Corsica
Sardinia
Tuscia
R. FEZ sub Edrisitis
MOGREB sive AFRICA
Berberes
Barbarii
Tunis
I. Malta

l'An 800 après la naiss. de J. Chr.

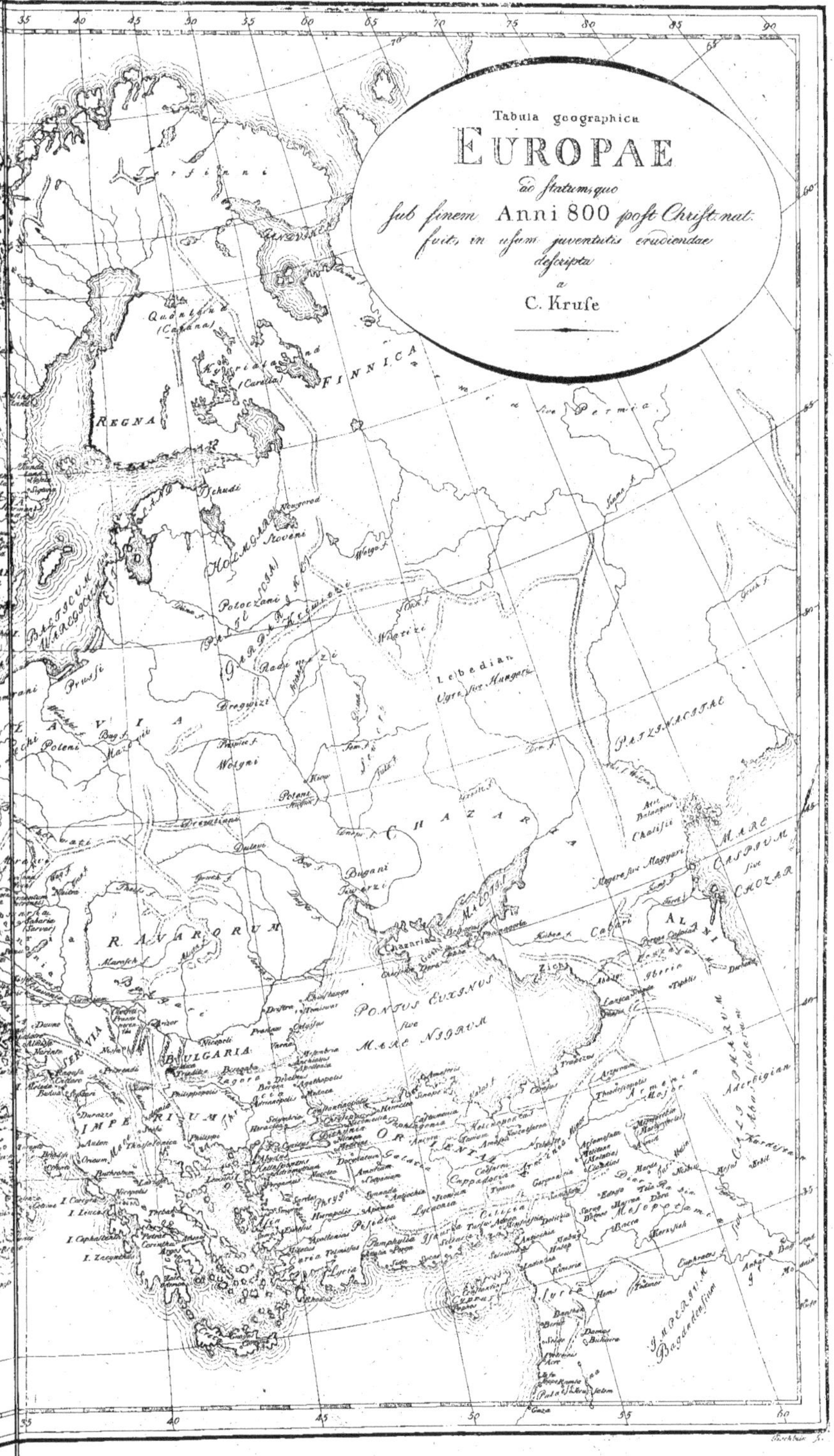
Tabula geographica
EUROPAE
ad statum, quo
sub finem Anni 800 post Christ. nat.
fuit, in usum juventutis erudiendae
descripta
a
C. Kruse
FINNICA
REGNA
BALTICUM
Prussi
SLAVIA
CHAZARIA
PONTUS EUXINUS
sive
MARE NIGRUM
MARE CASPIUM
sive
CHOZAR
ALANI
BULGARIA
SERVIA
IMPERIUM ORIENTALE
AVARORUM

L'Europe à la fin de l'An 900

Island

Normanni

REGNUM DANIAE

SUECIAE

HIBERNIAE

SCOTIAE

ANGLIAE

OCEANUS ATLANTICUS

REGNUM FRANCIAE

Aquitania

REGNUM GERMANIAE

Saxonia

OVIEDO

NAVARRA

Barcelona Com.

REGNUM CORDOVA sub Caliphis Ommiadis

Corsica

Sardinia

Barbarii

R. FEZ sub Edrissitis

R. KAIRWAN sub Aglabitis

Sufa

D. Ducatus. Pr. Principatus. M. Marchio

An 900 après la naiss. de J. Chr.

M. Marchionatus. C. Comitatus.

L'Europe à la fin de l'An 1

D. Ducatus, Duché, Pr. Principatus, M.

Tabula geographica
EUROPAE
ad ſtatum quo
ſub finem Anni 1000 poſt Chriſt. nat.
fuit, in uſum juventutis erudiendae
deſcripta
a
C. Kruſe
MAGNUS DUCATUS
PONTUS EUXINUS
MARE NIGRUM
HUNGARIAE
IBERIA
ZICHI

www.ingramcontent.com/pod-product-compliance
Ingram Content Group UK Ltd.
Pitfield, Milton Keynes, MK11 3LW, UK
UKHW031050260726
13965UKWH00006B/1333